BERND HENNECKE

**Das Sondervermögen der Gesamthand**

Schriften zum Bürgerlichen Recht

Band 33

# Das Sondervermögen der Gesamthand

Beispiel einer Vermögenssonderung im Zivil- und Handelsrecht

Von

Dr. Bernd Hennecke

DUNCKER & HUMBLOT / BERLIN

CIP-Kurztitelaufnahme der Deutschen Bibliothek

**Hennecke, Bernd**
Das Sondervermögen der Gesamthand: Beispiel e.
Vermögenssonderung im Zivil- u. Handelsrecht. —
1. Aufl. — Berlin: Duncker und Humblot, 1976. —
(Schriften zum Bürgerlichen Recht; Bd. 33)
ISBN 3-428-03783-9

D 21
Alle Rechte vorbehalten
© 1976 Duncker & Humblot, Berlin 41
Gedruckt 1976 bei Buchdruckerei Bruno Luck, Berlin 65
Printed in Germany
ISBN 3 428 03783 9

**Vorwort**

Die vorliegende Arbeit entstand während meiner Assistententätigkeit bei Prof. Dr. Joachim Gernhuber und hat im Sommer 1975 dem Fachbereich Rechtswissenschaft der Eberhard-Karls-Universität Tübingen als Dissertation vorgelegen. Herrn Prof. Dr. Gernhuber möchte ich an dieser Stelle für die großzügige Freistellung zu eigenen Arbeiten danken. Vor allem aber bin ich Herrn Prof. Dr. J. Broermann zu Dank verbunden für die Aufnahme der Arbeit in die Reihe „Schriften zum Bürgerlichen Recht".

Tübingen/Offenbach, im August 1976

*Bernd Hennecke*

# Inhaltsverzeichnis

**Einleitung**      11

*Erster Teil*

**Schuld und Haftung — Grundsätze der Haftungsordnung — Identität von Rechts- und Verpflichtungsträger — Anlaß und Technik bei Bildung von Sondervermögen wie bei Sonderung von Teilen eines Vermögens**

§ 1 Haftungsbegriff und Vermögenssonderung — Schuld und Haftung .. 21

    1.1 Haftungsbegriff und Vermögenssonderung ................. 21

    1.2 Haftung als Element der Schuld ........................... 21

§ 2 Theorie der Schuld mit beschränkbarer Haftung und Prinzipien der Haftungsordnung: Haftungsbegriff und Schuldinhalt — Prinzip der Identität von Rechts- und Verpflichtungsträger .................... 23

    2.1 Haftungsbegriff und Schuldinhalt ......................... 23

    2.2 Prinzip der Identität von Rechts- und Verpflichtungsträger ... 24

§ 3 Prinzip der unbeschränkten persönlichen Vermögenshaftung und Ausbildung von Vermögenseinheiten — Rechts- und Verpflichtungsträgerschaft in der Haftungsordnung der juristischen Personen .... 25

§ 4 Theorie der Schuld mit beschränkter Haftung und vertragliche Haftungsbeschränkung — Bildung von Sondervermögen im Recht der Zwangsvollstreckung ............................................. 27

    4.1 Zulässigkeit und Wirkung von Prozeßverträgen, insbesondere vollstreckungsbeschränkenden Verträgen .................. 28

    4.2 Vertragliche Haftungsbeschränkung und Interessen des haftungsfreien Gesamthänders ................................ 29

§ 5 Anlässe und Techniken der gesetzlichen Vermögenssonderung in Fällen der Verbundenheit von Rechtsträgerschaft und Verfügungsbefugnis ......................................................... 30

    5.1 Haftungsbeschränkung durch gegenständliche Vermögenssonderung im Verfahrensrecht — vollstreckungsrechtliche Fortwirkung ehemaliger Rechtsträgerschaft ..................... 30

    5.2 Haftungseinheiten kraft Rechtsträgerschaft im materiellen Recht — Rechtsträgerschaft und Schuldenordnung — Beispiel der Gütergemeinschaft ...................................... 33

## Inhaltsverzeichnis

§ 6 Anlässe und Techniken der gesetzlichen Vermögenssonderung in Fällen der Trennung von Rechtsträgerschaft und Verfügungsbefugnis — Schuldenordnung und Haftungsordnung — Anlaß und Konstruktion der Haftungsbeschränkung .......................... 35

    6.1 Vermögenssonderung bei Testamentsvollstreckung — Umfang von Verwaltungsmacht und Haftungsbeschränkung .......... 36

    6.2 Vermögenssonderung bei Konkurs und bei Nachlaßverwaltung — Verwaltungsmacht der Amtstreuhänder — Massenverwaltungsschulden insbesondere .......................... 40

§ 7 Zusammenfassender Überblick und einleitende Vorschau auf Fragestellungen bei der dogmatischen Erfassung der Gesamthandsvermögen ................................................................ 43

## Zweiter Teil

### Rechtsträgerschaft bei Personenmehrheiten — Anteil an gemeinschaftlicher Sache bei Gesamthand und bei Bruchteilsgemeinschaft — Anteil am Gesamthandsvermögen

§ 8 Juristische Person, Personalgesellschaft, Rechtsträgerschaft, Rechtssubjektivität und Handlungsfähigkeit — Abgrenzung .............. 45

§ 9 Gesamthänderische Rechtsträgerschaft — Theorie der konkurrierenden Vollrechtsträgerschaft der Gesamthänder — Widersprüchlichkeiten .......................................................... 47

    9.1 Dualistische Theorie und Rechtsträgerschaft von Personenmehrheiten ............................................... 47

    9.2 Verselbständigung der Rechtszuständigkeit oder der Verfügungsbefugnis ............................................ 49

    9.3 Aufgliederung der verselbständigten Rechtszuständigkeit — Identität von Personen- und Zuständigkeitsordnung ......... 51

§ 10 Gesamthänderische Rechtsträgerschaft — Theorien der Anteilsberechtigung der Gesamthänder — Widersprüchlichkeiten .......... 52

    10.1 Theorie der Rechtsträgerschaft vermittels gegenstandsbezogener Anteile ................................................ 53

    10.2 Theorie der Rechtsträgerschaft vermittels ideeller Bruchteile 54

§ 11 Erstes Strukturmodell der Gemeinschaftlichkeit: Bruchteilsgemeinschaft — Vergemeinschaftung durch Ausbildung atypisch beschränkter subjektiver Rechte ............................................. 55

    11.1 Dingliche Berechtigungslage des Bruchteilsberechtigten ...... 56

    11.2 Regelung der Verwaltung und Verfügung .................. 57

    11.3 Strukturmodell der Bruchteilgemeinschaft und Erscheinungsbild in Sondergesetzen ...................................... 59

§ 12 Zweites Strukturmodell der Gemeinschaftlichkeit: Gesamthandsgesellschaft — Vergemeinschaftung durch Ausbildung eigener Rechtssubjektivität .................................................... 61

12.1 Berechtigungslage des einzelnen BGB-Gesellschafters ...... 61

12.2 Rechtsträgerschaft der Gesamthand — Anteil ............... 62

§ 13 Zusammenfassender Überblick und einleitende Vorschau .......... 63


*Dritter Teil*

**Die personalen Gemeinschaften in der Haftungsordnung — Dogmatik der Sondervermögen bei rechtsgeschäftlichem Handeln und bei vertraglichen Verpflichtungen — Haftung des Sondervermögens und Haftung der Gesamthänder**

§ 14 Haftungsordnung bei der Bruchteilsgemeinschaft — Fehlen von Gesamthandsschuld und gemeinschaftlicher Rechtssubjektivität .... 65

14.1 Anlässe zur Eingehung von Verbindlichkeiten — Gesamthandsschuld und interdependente Problemkreise ........... 65

14.2 Fehlen einer Gesamthandsschuld .......................... 66

14.3 Fehlen gemeinschaftlicher Rechtssubjektivität .............. 70

§ 15 Haftungslage der BGB-Gesellschaft — Rechts- und Verpflichtungsträgerschaft — Dogmatik der Haftungsbeschränkung .............. 72

15.1 BGB-Gesellschaft als handlungsfähiges Rechts- und Schuldsubjekt — Abgrenzung von Gesellschafts- und Individualsphäre ................................................... 72

15.2 Schulden und Haften bei der BGB-Gesellschaft — Dogmatik der Haftungsbeschränkung ................................. 74

15.3 Materielle Haftungsordnung — Geltungsgrund der Gesamthänderhaftung — Nichtanwendbarkeit des § 427 ........... 76

§ 16 Haftungsordnung bei der oHG — Rechtsnatur der oHG und Schuldenordnung ...................................................... 78

16.1 Rechtssubjektivität der oHG — Unterschiede zu den juristischen Personen ........................................... 79

16.2 Haftungslage nach Abschluß von verpflichtenden Verträgen .. 80

§ 17 Haftungslage bei den nichtrechtsfähigen Vereinen — Abstraktion der Haftungsordnung zu den regierenden Prinzipien .............. 81

17.1 Dogmatischer Ausgangspunkt — Entstehungsgeschichte der Normen, §§ 54, 705, 714, 427 ................................ 81

## Inhaltsverzeichnis

17.2 Dogmatik der beschränkten Haftung bei Idealvereinen ...... 82

17.3 Dogmatik der unbeschränkten Haftung bei Wirtschaftsvereinen .................................................................. 84

§ 18 Haftungsordnung bei Gründungsgesellschaften vor AG, GmbH, Genossenschaft und rechtsfähigem Verein — Abstraktion der Haftungsordnung zu den regierenden Prinzipien ..................... 86

    18.1 Bedeutung der Mitgliederhaftung ......................... 86

    18.2 Fallgruppen der Haftung im Gründungsstadium ............ 86

    18.3 Beschränkte Haftung bei echter Gründungsgesellschaft ...... 89

    18.4 Unbeschränkte Haftung bei unechter Gründungsgesellschaft .. 91

    18.4.1 Begriff der unechten Gründungsgesellschaft ................ 91

    18.4.2 Rechtsnatur der unechten Gründungsgesellschaft ............ 92

    18.4.3 Haftungsordnung der unechten Gründungsgesellschaft ...... 96

§ 19 Haftungslage bei der ehelichen Gütergemeinschaft — Gesamthand als handlungsfähiges und vertretungsfähiges Subjekt .............. 98

    19.1 Berechtigungsseite — Dogmatik des gesamthänderischen Erwerbes von Rechten — Rechtssubjektivität der Gesamthand .. 98

    19.1.1 Gemeinschaftliche Verwaltung und Struktur der gemeinschaftlichen Rechtsträgerschaft — Auftreten der Gesamthand im rechtsgeschäftlichen Verkehr ............................ 98

    19.1.2 Einzelverwaltung und Struktur der gemeinschaftlichen Rechtsträgerschaft — Auftreten des Alleinverwalters und Auftreten der Gesamthand im rechtsgeschäftlichen Verkehr ............ 102

    19.1.3 Anwendung der Ergebnisse — Rechtsfolgen bei Fehlen der Verfügungsmacht bzw. der Vertretungsmacht — Verkehrsschutz .................................................... 104

    19.2 Verpflichtungsseite — Dogmatik der Entstehung von Gesamtgutsverbindlichkeiten und der gesetzlichen Anordnung von Haftungsbeitritten — Festlegung der primären Schuld durch den Entstehungstatbestand ................................. 111

    19.2.1 Gemeinschaftliche Verwaltung und Struktur der Schuldenordnung — primäre Schuld und Haftungsbeitritt ............ 111

    19.2.2 Alleinverwaltung und Struktur der Schuldenordnung — primäre Schuld und Haftungsbeitritt ........................ 116

§ 20 Haftungsordnung bei der Miterbengemeinschaft — Rechtssubjektivität der Gesamthand ........................................ 119

    20.1 Berechtigungsseite — Struktur der gemeinschaftlichen Rechtsträgerschaft — rechtsgeschäftliches Handeln der Miterbengemeinschaft .............................................. 119

    20.2 Verpflichtungsseite — Gesamthandsschuld, Gesamtschulden und Teilschulden — Haftungsbeschränkungen ............... 122

## Vierter Teil

### Gesamthand im Erkenntnis- und Vollstreckungsverfahren — Identität der Gesamthand im materiellen Recht

§ 21 Gesamthandsklage; Bedeutungsmehrheit — Gesamthandsgemeinschaften im materiellen Recht und in der Prozeßordnung .......... 124

    21.1 Gesamthänder und Gesamthand als Schuldner im Erkenntnis- und Vollstreckungsverfahren ............................... 124

    21.2 Haftungsbeschränkungen des Prozeßrechtes und Schuldenordnung des materiellen Rechts — Urteilstenor ................ 132

§ 22 Identität des Gesamthandvermögens im materiellen Recht — Regelungsbereich des Anwachsungsprinzips ........................ 136

    22.1 Identität des Gesamthandvermögens ....................... 136

    22.2 Regelungsbereich des Anwachsungsprinzips .................. 138

**Literaturverzeichnis** .................................................... 140

**Schlagwortverzeichnis** ................................................. 153

EINLEITUNG

## Aufgegriffene Problemstellungen — eingeschlagener Untersuchungsgang — Relevanz der vorgeschlagenen Lösungen

### 1. Rechtstatsächliche Bedeutung der Gesamthand

Das Prinzip der gesamten Hand ist das Rechtsprinzip aller Gesellschaften, die nicht juristische Personen sind. Sein Anwendungsgebiet reicht vom Familien- und Erbrecht bis zum Handels- und Wirtschaftsrecht. Wichtige Bedeutung gewinnt der in den §§ 705 ff. geregelte Grundtypus für die Organisation gemeinsamer Geschäftsvorhaben in personalen Handelsgesellschaften, Konsortien, Kartellen und Konzernen[1].

### 2. Untersuchungsgegenstand

Das Gesamthandsprinzip ermöglicht nicht nur einen Zusammenschluß von natürlichen und juristischen Personen, die einen gemeinsamen Zweck verfolgen (personenrechtlicher Aspekt). Vielmehr gestattet das Gesetz auch die Bildung eines gemeinschafts- und zweckbezogenen Sondervermögens (vermögensrechtlicher Aspekt). Es wird Streit darüber geführt, ob die Eigentümlichkeit der Gesamthand aus diesem oder jenem Aspekt[2] zu erklären sei. Dazu nimmt die vorliegende Arbeit keine Stellung. Ihr Untersuchungsgegenstand ist der *vermögensrechtliche Aspekt* der Gesamthand.

### 3. Methodischer Ausgangspunkt

Die Erörterung des Themas kann ihren Anfang bei zwei verschiedenen Punkten nehmen: bei dem Prinzip der gesamten Hand oder bei den Prinzipien des Vermögensrechts. — Bearbeitungen, die den ersten Weg gehen, versuchen vor Behandlung der vermögensrechtlichen Fragen

---

Kommentare, Lehrbücher und Monographien werden nach den Namen ihrer Verfasser zitiert, in Zweifelsfällen unter Hinzufügung eines klärenden Stichwortes, das im Literaturverzeichnis ausgewiesen ist. Bei Aufsätzen und Abhandlungen in Periodika werden Verfasser, Schrift, Jahrgang und Seite genannt.

[1] *Westermann* Rdz. 35 ff.
[2] Personenrechtlichkeit als Wesensmerkmal: *Flume* FS Raiser (1974), S. 30; a. A. *Wieacker* FS Huber (1973), S. 342.

den ungewissen Inhalt des Gesamthandprinzips aus historischer oder dogmatischer Sicht[3] zu bestimmen. Dabei kommen sie zu gegensätzlichen Ergebnissen[4]. Der erste Ausgangspunkt erweist sich somit als unbrauchbar. Er bietet keine anerkannten vermögensrechtlichen Einordnungskriterien, keine juristischen Aufbauprinzipien[5] an. Die systemgerechte Einfügung des Sondervermögens in das Zivil- und Handelsrecht kann daher nicht gelingen, wenn man den vermögensrechtlichen Aspekt des Personenverbandes allein vom Gesamthandsprinzip her zu verstehen sucht. Das Symbol der gesamten Hände ist in seiner Weite ungeeignet für eine präzise Beschreibung der Gesamthand im allgemeinen Vermögensrecht. Hindernisse versperren den angezeigten ersten Weg und veranlassen zur Wahl des zweiten.

Für ihn spricht noch ein weiterer Gesichtspunkt: Die Aufgabe rechtlicher Dogmatik besteht darin, den Rechtsstoff gleichartig, logisch durchgängig zu strukturieren mit dem Ziel der rationalen Werterfassung und Wertkontrolle. Für die Gesamthand darf demnach kein Sonderrecht gelten; sie muß vielmehr bruchlos in das allgemeine Vermögensrecht eingepaßt werden. Demgemäß wendet sich vorliegende Arbeit zuerst der Bildung von anderen Sondervermögen zu. Anlaß und Technik bekannter vertraglicher und gesetzlicher Vermögenssonderungen sind herauszuarbeiten. Das dort anerkannte dogmatische Instrumentarium wird dann auch bei der Sonderung des Gesamthandsvermögens zu verwenden sein.

#### 4. Interdependenzen der Sonderung auf Aktiv- und Passivseite

Das Sondervermögen einer Gesamthand kann Aktiva und Passiva umfassen. Gefragt sind also die Prinzipien der Vermögenssonderung auf der Berechtigungsseite wie auf der Verpflichtungsseite. Die zahlreichen Monographien und Abhandlungen[6] über die Struktur der Gesamthand beschränken sich zu Unrecht auf die Aktivseite. Dies haben

---

[3] *Buchda* Erster Teil, S. 1 - 218 Geschichte der deutschen Gesamthandlehre; *Schulze-Osterloh* § 12, S. 163 ff. Entwicklung des Prinzips der gesamthänderischen Bindung.

[4] *Buchda* S. 265 mit dem Ergebnis, die Gesamthand sei ein Prinzip rechtsgeschäftlichen Handelns ohne Aussage bzw. gegenständlicher Rechtszuständigkeit; a. A. *Schulze-Osterloh* S. 171 ff. (173/174) mit dem Ergebnis, die Gesamthand sei ein Prinzip der gegenständlichen Zweckbindung.

[5] Vgl. *Esser* Grundsatz S. 87 ff. (90, 105) zu Wert- und Aufbau-, Strukturprinzip.

[6] Insb. *Steinlechner* (1876 und 1878); *Joerges* (1900 und 1902); *Sohm* (1905); *Affolter* (1910); *Kattausch* (1911); *Saenger* (1913); *Engländer* (1914); *Larenz* (1933); *Buchda* (1936); *Fabricius* (1966); *Schulze-Osterloh* (1972); zu der Verschiedenheit der jeweiligen methodischen Ansätze vgl. unten § 8 mit FN. 1.

alle Arbeiten gemeinsam, wenn sie auch sonst zu Recht in zwei Gruppen eingeteilt wurden[7]. Die erste umfaßt Bibliotheken von Betrachtungen des Rechtssubjektes, die andere stellt auf verschiedene Weise den Versuch an, das subjektive Recht nach den Anforderungen der Gesamthand auszuformen. Gesamthandstheorien finden nur halben Anschluß an das Vermögensrecht, wenn sie lediglich Theorien der gemeinschaftlichen Berechtigung sind. Die vorliegende Abhandlung will insoweit aufzeigen, welche Interdependenzen zwischen gemeinschaftlicher Rechts- und Verpflichtungsträgerschaft bestehen. Die Untersuchung wird auf das Prinzip der Identität von Rechts- und Verpflichtungsträger hinführen. Es hat große Bedeutung für die Haftungsordnung: Gemeinschaftliche Berechtigung mehrerer Rechtssubjekte auf der einen Seite und individuelle Verpflichtung auf der anderen Seite würden die Grundsätze der Haftungsordnung wie auch den Funktionszusammenhang von Rechts- und Verpflichtungsträgerschaft aufheben. Dies muß aber verhindert und ein „durchlaufender Funktionszusammenhang"[8] zwischen Rechten und Pflichten der Gesamthand hergestellt werden, wie er auch sonst im Vermögensrecht besteht.

### 5. Vermögenssonderung auf der Aktivseite — aufgegriffene Probleme insbesondere

Bei der Abgrenzung des gemeinschaftlichen Sondervermögens gegenüber den Privatvermögen der Gesamthänder stellt sich auf der Aktivseite das vieldiskutierte Problem der gesamthänderischen Rechtszuständigkeit: Wer ist Rechtsträger? Wer ist Ausübungsberechtigter? Lassen sich Rechtsträgerschaft und Ausübungsberechtigung voneinander trennen? Wer ist Vertragspartner in den Verträgen mit dem Sondervermögen? — Die dualistische Theorie der Rechtssubjekte anerkennt allein natürliche und juristische Personen als mögliche Rechtsträger. Ihr zufolge befinden sich die Gesamthandsrechte zugleich in allen Privatvermögen der Gesamthänder. Die Rechtsträgerschaft wird als Prinzip der Vermögensabgrenzung zwischen Gesamthänder- und Gesamthandsvermögen verworfen. Stattdessen erklärt man die Bildung des Sondervermögens durch die gesamthänderische Bindung, die sich ihrerseits aus einer Zweckwidmung ergebe[9]. Das Gesamthandsrecht steht danach jedem Gesamthänder zu, verfügen darf jedoch nur die Gesamthand. Rechtsträgerschaft und Verfügungsbefugnis werden getrennt[10] und verschieden zugeordnet. Die Gemeinschaftlichkeit der

---

[7] *Buchda* S. 226, 275.

[8] Vgl. Begriff bei *Kasper* § 14 I 3, S. 176.

[9] *Schulze-Osterloh* S. 171 ff.

[10] *Kunz* S. 16 ff., 19 ff. unterscheidet zwischen Rechtszuständigkeit als formeller und Verfügungsmacht als materieller Zuordnung.

Verfügung wird angeblich zum konstituierenden Prinzip des Gesamthandsvermögens. — Die vorliegende Arbeit möchte hinsichtlich der gemeinschaftlichen Rechtsträgerschaft eine doppelte Aufgabe erfüllen. Angesichts der Vielzahl vertretener Theorien will sie einmal das vorhandene Schrifttum aufarbeiten, indem sie Einteilungsmerkmale sucht, nach denen sich die Elemente aller Theorien gruppieren lassen. Ein solcher Diskussionsrahmen scheint bislang noch nicht gefunden zu sein[11]. Zum anderen soll hier ein Ergebnis erreicht werden, das einen Ausgleich schafft zwischen gemeinschaftlicher Rechtsträgerschaft und Struktur des subjektiven Rechts. Das angestrebte Ergebnis kann nicht auf beliebigem Wege erreicht werden. Vielmehr sind die auch sonst im Vermögensrecht der natürlichen und juristischen Person anerkannten Prämissen, die in dem Begriff des subjektiven Rechts insoweit enthalten sind, herauszustellen[12] und zugrundezulegen. Die Prämissen mögen wegen ihres definitorischen Charakters wenig Überzeugungskraft ausstrahlen. Eine Preisgabe für den beschränkten Bereich der Gesamthand untersagt das dogmatische Vorhaben ebenso wie es die Anforderungen verbieten, die sogleich auf der Passivseite zu erläutern sind. — Die bisherigen Beschreibungen gesamthänderischer Rechtszuständigkeit vermeiden sorgsam den Eindruck, mit dem Gesamthandsvermögen würden auch die Gesamthänder zu einer rechtlich selbständigen Person erhoben: „Kraft der gesamten Hand ist die verbundene Personenmehrheit als solche rechtsfähig. Sie kann Rechte und Pflichten haben, die zwar keiner von den verbundenen Personen verschiedenen Verbandsperson, ebensowenig aber den einzelnen Gemeinen für sich zustehen[13]." Im Nachsatz wird genommen, was der Vorsatz gab. Unverständlich bleibt auch die gängige Formulierung: „Träger des Gesellschaftsvermögens sind die Gesellschafter in ihrer gesamthänderischen Verbundenheit und nicht die Gesellschaft als solche[14]." Offen bleibt, ob der Anteil am Gesamthandsvermögen Inbegriff aller Mitgliedschaftsrechte gegenüber der Gesamthand ist, eine verbandsrechtliche Stellung in der Gesamthand beschreibt oder die Rechtsträgerschaft einer Mehrheit von Subjekten in bezug auf ein Objekt[15] meint. — Hier werden aus den §§ 705 ff. und den §§ 741 ff. zwei Strukturmodelle der Gemeinschaftlichkeit entnommen.

---

[11] Vgl. *Liselotte Ernst* (1973), S. 5 - 44, die ihre Darstellung nach Autoren gliedert; mit Einschränkung ebenso *Schulze-Osterloh* (1972), S. 9 - 11.

[12] Vgl. unten § 9.1.

[13] *Gierke* DPR I, S. 682.

[14] *Fischer* Großkomm. HGB § 105 Anm. 7.

[15] Die gesamthänderische Rechtsträgerschaft ist bei Erwerb eines GmbH-Anteiles durch eine Erbengemeinschaft, § 15 I GmbHG, ebenso erklärungsbedürftig geworden (vgl. z. B. OLG Hamm GmbHRdsch 1975, S. 83 [84]) wie bei Inanspruchnahme des Schachtelprivilegs nach § 9 I KStG auf Grund von Beteiligungen an einer OHG (vgl. BFH BStBl 1975 II S. 584 [586] und BStBl 1974 II S. 645).

### 6. Vermögenssonderung auf der Passivseite — aufgegriffene Probleme insbesondere

Mit mehrfachen Ungewißheiten ist auch die *Vermögensabgrenzung auf der Passivseite* belastet. — Die dualistische Lehre[16] versucht mit einer Unterscheidung von Schuld und Haftung die Vermögenssphären von Gesamthand und Gesamthänder voneinander zu trennen. Ihr zufolge sind die verpflichteten Subjekte stets die Gesamthänder. Eine Gesamthandsschuld als eigenständige Verpflichtung sei nicht existent. Soll eine Schuld aber nur aus dem Sondervermögen erfüllt werden, dann können die Gesamthänder angeblich die „Haftung" begrenzen. Der Gesamthänder ist danach Rechtsträger und schuldet, haftet aber persönlich nicht; die Verfügungsgemeinschaft haftet, ohne zu schulden. Die verschiedenen Vermögenssphären werden nicht durch Gesamthandsschuld und Gesamthänderschuld gegeneinander abgegrenzt, sondern durch vertragliche Haftungsbeschränkungen[17]. Es wird nachzuweisen sein, daß die Haftung bei den nichtrechtsfähigen Vereinen, bei den Vorgesellschaften etc. in Wahrheit nach normativen Grundsätzen bestimmt wird. — Bei alleiniger Anerkennung von Schulden der Gesamthänder soll der Haftungsbegriff darüber hinaus Platz schaffen für verschiedene Schuldinhalte. Ist nämlich Erfüllung nur der Gesamthand möglich, so haben nach der dualistischen Theorie alle Gesamthänder zusammengenommen mit dem primären Leistungsgegenstand und jeder einzelne habe mit dem Interesse zu erfüllen. Bei einheitlicher Verpflichtung sollen sich Schuld- und Haftungsinhalt unterscheiden. — Bei Ausschluß der persönlichen Haftung wäre es sinnwidrig, gegenüber dem Gläubiger dennoch eine Pflicht des Gesamthänders zur Einwirkung auf die Gesamthand anzunehmen, daß sie erfüllen möge. Eine solche Pflicht würde, auch mit sekundärem Inhalt, das Privatvermögen nicht belasten dürfen. Es wird darzulegen sein[18], daß die dualistische Theorie, die auf der Aktivseite in Widerspruch zum subjektiven Recht gerät, deswegen auf der Passivseite Zuflucht bei einer Haftungstheorie und bei Lehren von besonderen Schuldinhalten suchen muß. — Die vorliegende Arbeit bestimmt das Verhältnis von Schuld- und Haftungsbegriff nach geltendem Recht. Sie will nachweisen, daß die Haftung ein Element der Schuld ist und beide keineswegs unterschiedliche Leistungsgegenstände betreffen. Haftungsbeschränkungen gehören andererseits in das Recht der Zwangsvollstreckung.

---

[16] Bezüglich der Nachweise siehe i. E. die Hauptteile.
[17] *Buchner* AcP 175 (1975), S. 267.
[18] Vgl. §§ 9, 10 und insb. § 9.2 mit FN. 28; § 15.2; § 19.2.1.

## 7. Prinzipien der Vermögenssonderung

Vermögenssonderungen können im materiellen Recht oder im Verfahrensrecht erfolgen, sie können die Aktiv- bzw. die Passivseite einzeln oder zusammen erfassen. In einer vorangehenden Zusammenstellung sollen Anlaß und Technik vertraglicher und gesetzlicher Vermögenssonderungen erfaßt werden. Der Überblick wird als Ergebnis zeitigen, daß Haftungsbeschränkungen erst im Vollstreckungsrecht zur Bildung von Sondervermögen führen. Das Gesamthandsvermögen aber hebt sich bereits im materiellen Recht von den Privatvermögen der Gesamthänder ab[19]. — Die Trennung von Rechtsträgerschaft und Verfügungsbefugnis kann sich aus dem Gesetz ergeben, nicht aber durch Vertrag — etwa den Gesellschaftsvertrag, § 705 — erreicht werden, § 137 S. 1. Die gesetzliche Trennung bewirkt Vermögenssonderungen im materiellen Recht. Sie beeinflußt jedoch in keinem Falle die Verpflichtungsträgerschaft. Es handelt sich um eine Vermögenssonderung, die sich nur im Aktivvermögen vollzieht. Bei der Gesamthand aber betrifft die Vermögensabgrenzung zugleich Aktiva und Passiva. Als konstituierendes Prinzip der materiellrechtlichen Vermögenseinheit wird sich die individuelle oder gemeinschaftliche Rechtsträgerschaft erweisen.

## 8. Haftungsordnung der Gesamthandsgesellschaften

Beschreibt man die Gesamthand als vermögensrechtlichen Verband von selbständigen Rechtssubjekten, so entspricht ihrem Erscheinungsbild auf den ersten Blick die persönliche Haftung der Gesamthänder[20]. Der Vielheit der Berechtigten wird eine Vielheit von Schuldnern gegenübergestellt. Die Durchsicht der einzelnen Typen wird ergeben, daß dieses Ergebnis tatsächlich nicht den Regelfall darstellt. — Unter dem Stichwort „Haftungsordnung" will die vorliegende Arbeit untersuchen, bei welchen Gesamthandstypen die Gläubiger auf welche Vermögenskreise zugreifen dürfen. Die Haftungsordnung wird hier unterschieden von der Schuldenordnung, in der die Existenz selbständiger Gesamthands- und Gesamthänderschulden zur Debatte stehen soll. Die Darstellung der Haftungsordnung wird anschaulich machen, daß der Schluß von struktureller Vielheit auf persönliche Haftung bislang die Analyse wertender Prinzipien verhinderte. Das „Ob" der

---

[19] *Buchner* AcP 175 (1975), S. 267 leugnet die Gesamthandsschuld, geht von gesamtschuldnerischer Haftung aus, die beschränkbar sei; er stellt nicht klar, daß diese Haftungsbeschränkung in das Vollstreckungsrecht gehört.

[20] Methodisch so *Buchner* AcP 169 (1969), S. 489; die Unbrauchbarkeit dieser Methode zeigt sich angesichts der Entscheidung BGHZ 56, 355 (357): Rechtsanwälte einer Sozietät üben ihren Beruf als „Einheit" aus, haften deswegen als Gesamtschuldner; vgl. dazu auch *Kornblum* S. 9 FN. 5.

persönlichen Haftung neben der Haftung des Sondervermögens erklärt sich etwa bei der unechten Gründungsgesellschaft und bei der Erbengemeinschaft aus anderen Wertungszusammenhängen. — Angesichts ihres dem § 427 entnommenen Grundsatzes privater Haftung der Gesamthänder mußte die h. L. Konstruktionen der vertraglichen Haftungsbefreiung anbieten. Die Dogmatik der Haftungsbeschränkung hat trotz gleicher Problemlage bei allen Gesamthandstypen verschiedene Wege eingeschlagen. Dadurch bereits verliert sie an Überzeugungskraft und Richtigkeit. Immanente Fehler der in der Literatur angebotenen Lösungen möchte die vorliegende Arbeit herausstellen[21]. Das Problem der Haftung bei gesetzlichen Verbindlichkeiten bleibt dabei ausgespart. — Die vorliegende Arbeit erhebt mehrere Einwände gegen die Anwendung des § 427 auf die Gesamthand. Sie lassen sich dahin zusammenfassen, daß bei Verträgen mit der Gesamthand nur einer kontrahiert, nämlich die Gesamthand als Rechtsträgerin. Demgegenüber handeln bei der Bruchteilsgemeinschaft rechtsgeschäftlich mehrere, so daß § 427 auf die Gemeinschafter anwendbar ist. Im Einzelfall bleibt dann zu prüfen, ob die Voraussetzungen gesamtschuldnerischer Haftung vorliegen oder die in § 427 vorausgesetzten Zweifel entkräftet werden. — Die Darstellung der einzelnen Gesamthandstypen verfolgt als weiteres wichtiges Anliegen, den Funktionszusammenhang gesamthänderischer Berechtigung und Verpflichtung zu beschreiben. Weiter sollen Argumente zusammengetragen werden, aus denen sich die eigene rechtsgeschäftliche Handlungs- und Verpflichtungsfähigkeit der Gesamthand ergeben.

### 9. Gesamthand als Rechtsträger im materiellen Recht und im Prozeß

Die Dogmatik der Gesamthandsschuld als eigenständige materielle Rechtsbeziehung und eine Theorie gesamthänderischer Rechtssubjektivität müssen sich in vielfältigen Problemzonen bewähren. Kritische Argumente sind aus der Regelung des Prozeßrechts abgeleitet worden und bestätigende aus den Überlegungen zum Schuldinhalt. In ihrem letzten Teil will die vorliegende Arbeit darlegen, wie sich bei den verschiedenen Gesamthandstypen Haftungsbeschränkungen und Schuldenordnung prozessual auswirken. Es ist die Gesamthand im Erkenntnis- und Vollstreckungsverfahren darzustellen. Praxisbezogene Beispiele aus dem Bereich des materiellen Rechts werden belegen, daß die eigenständige Rechtsträgerschaft Identitätsmerkmal der Gesamthand ist.

---

[21] Vgl. insb. §§ 15.2 u. 15.3, § 17.

## 10. Relevanz der vorgeschlagenen Lösungen

Die vorstehende Einführung greift aktuell diskutierte Probleme auf, sie wiederholt Fragestellungen aus dem Vermögensrecht der Gesamthand. Die Relevanz der vorerst nur angedeuteten Antworten leitet sich einmal aus dem speziellen Bezug zu den in Literatur und Rechtsprechung problematisierten Topoi ab. Darüber hinaus, nämlich die einzelnen Problemzonen übergreifend, erhalten die erarbeiteten Lösungen Relevanz durch ihren allgemeinen Charakter: Es geht um die praktische Bedeutung rechtsdogmatischen Denkens[22]. Sie soll ausgehend von einigen Beispielen aus dem Bereich der Handelsgesellschaften erläutert werden.

Die Personalgesellschaften werden weithin in Literatur und Rechtsprechung[23] in Gegensatz gestellt zu den juristischen Personen. Der BGH[24] betont, daß Träger der Rechte und Pflichten die Gesellschafter seien. Es bestehe nur eine „einheitliche" Schuld der Gesamthänder mit verschiedenen Haftungskreisen. Dies gelte grundsätzlich auch, wenn ein Gesellschafter aus dem Gesamthandsverband ausgeschieden ist[25]. Ein Gesamtschuldverhältnis zwischen (Alt-)Gesellschafter und Gesellschaft[26] liege nicht vor. In denselben Entscheidungen[27] bedeutet das Gericht, daß es seine Ergebnisse nicht aus der Darstellungsweise gewinne, derzufolge „nur eine Schuld mit zwei verschiedenen Haftungsobjekten (Gesellschaftsvermögen und Privatvermögen der Gesellschafter)" besteht. Zur Streitentscheidung erlaubt sich BGHZ 36, 224 (227) den unmittelbaren Durchgriff auf die „Interessenlage der Beteiligten". Seine dogmatische Beschreibung der gesamthänderischen Vermögenssonderung erweist sich mithin als praktisch unbrauchbar. — Gleichwohl stellt BGHZ 34, 293 (296 f.) die Rechtsnatur der Gesamthand in den Entscheidungsmittelpunkt. Zur Frage, ob dem Gläubiger einer Personalgesellschaft ein Konkursvorrecht sowohl im Konkurs über das Gesellschaftsvermögen als auch im Konkurs über das Vermögen des persönlich haftenden Gesellschafters zusteht, heißt es: „Die Lösung ergibt sich aus der rechtlichen Struktur der Kommanditgesellschaft als

---

[22] Vgl. dazu *Wieacker* FS Gadamer II (1970), S. 311; *Esser* AcP 172 (1972), S. 97; *Simitis* AcP 172 (1972), S. 131; *Pleyer* AcP 172 (1972), S. 155; *Pawlowski* AcP 175 (1975), S. 189.

[23] Nachweise unten § 16.

[24] BGHZ 5, 35 (37); 34, 293 (296).

[25] BGHZ 36, 224 (226) erklärt § 425 für unanwendbar; die durch die verbliebenen Gesellschafter verschuldete Unmöglichkeit der Leistung werde auch dem Ausgeschiedenen zugerechnet. BGHZ 39, 319 (324) wendet § 426 II analog zugunsten des Altgesellschafters an, damit er gegenüber Neugläubigern in den Genuß der für die erfüllte Schuld bestellten Sicherheiten gelangt.

[26] Vgl. auch BGHZ 37, 299; 47, 376; 48, 203.

[27] Vgl. unten § 16.

einer Personalgesellschaft ... Die Personalgesellschaft ist von der Persönlichkeit der Gesellschafter nicht zu trennen. Daraus ergeben sich mehrere Folgerungen ..." In den genannten Entscheidungen werden zwei Dinge getan, die man schlechterdings nicht vereinbaren kann[28]: In einer Problemzone ein gesamthänderisches Strukturmodell verwerfen und es in der anderen als Baustein juristischer Logik verwenden.

Ein Denkmodell der Gesamthand, demzufolge mehrere Personen sich durch mehrseitigen Vertrag zusammenschließen, leugnet eine juristische Persönlichkeit der Gesellschaft und verneint eine Trennung und Trennbarkeit der Gesamthand von den Gesellschaftern. Die heutige Rechtspraxis hat dieses alte Vorstellungsbild in Frage gestellt. BGHZ 44, 229 faßt die gesamthänderische Mitgliedschaft als subjektives Recht gegenüber der Personalgesellschaft auf, das abgetreten, verpfändet oder auch mit einem Nießbrauch belastet werden kann[29]. Weiter berühre eine gleichzeitige Auswechslung aller (!) Gesamthänder Identität und Fortbestand der Personalgesellschaft nicht. Wenn aber — so ist zu fragen — diese Gesellschafter in ihrer Verbundenheit nicht mehr das personale Substrat bilden, beliebige an ihre Stelle treten können, ist dann vielleicht doch eine gesamthänderische Rechtspersönlichkeit Mittelpunkt und Träger des Gesamthandsvermögens?

Der Rechtswissenschaft stellt sich die Aufgabe, Ergebnisse praktischer Rechtsentwicklung dogmatisch „nachzuformulieren". Die Dogmatik „bildet ... das positive Entscheidungssystem als das ausschließliche Milieu, in welchem Wertungen und Urteile die Qualität des Subjektiven und den Verdacht des Emotionalen verlieren und objektive Bedeutung gewinnen"[30]. Als „Verfahren zur rationalen Verifizierung"[31] der gefällten Entscheidung übernimmt die Rechtsdogmatik eine unersetzbare Vermittlerrolle: Das im Individuum und dem Gesellschaftsganzen lebendige Gerechtigkeitsbedürfnis wird übersetzt in „Denk- und Wahrheitsfragen"[32]. Ausgehend von diesem Verständnis der Rechtsdogmatik muß die vorliegende Arbeit materielle Vorstellungen von Recht und Unrecht, die Prinzipien der Haftungsordnung[33] skizzieren. Daran knüpft der Versuch an, die heute gültigen Modellvorstellungen der Gesamthand so zu korrigieren, daß sie für eine praktische Rechtsanwendung im Rahmen aller Gesamthandstypen brauchbar werden. In einem durchgängigen System der Vermögenssonderung stellt die vorgeschla-

---

[28] Vgl. *Esser* AcP 172 (1972), S. 120.
[29] *Hackenbroch*, Die Verpfändung von Mitgliedschaftsrechten, 1970; *Flume* FS Larenz (1973), S. 769 (insb. S. 782 ff. Nießbrauch, S. 790 ff. Pfandrecht).
[30] *Esser* AcP 172 (1972), S. 98.
[31] *Wieacker* FS Gadamer II (1970), S. 316, 319.
[32] *Esser* AcP 172 (1972), S. 101, der damit *Wieacker* aaO. zustimmt.
[33] Vgl. unten § 3 und § 4.1.

gene Gesamthandsdogmatik „jene Kontrollinstanz dar, welche die Verträglichkeit von Lösungen mit anderweit vorgegebenen Regelungen sichert ..."[34]. In Einzelbereichen des gesamthänderischen Vermögensrechts[35] wird die Kontrolltauglichkeit der erarbeiteten Gesamthandsdogmatik[36] erprobt.

---

[34] *Esser* AcP 172 (1972), S. 104.
[35] Vgl. insb. §§ 17, 19, 22.
[36] Auf die Entwicklung einer solchen hat die zweite Kommission ausdrücklich verzichtet: Vgl. *Mugdan* II, S. 992.

ERSTER TEIL

**Schuld und Haftung — Grundsätze der Haftungsordnung —
Identität von Rechts- und Verpflichtungsträger — Anlaß und Technik
bei der Bildung von Sondervermögen wie bei Sonderung
von Teilen eines Vermögens**

§ 1 Haftungsbegriff und Vermögenssonderung — Schuld und Haftung

*1.1 Haftungsbegriff und Vermögenssonderung*

Die Begriffe Schuld und Haftung begegnen uns in verschiedenen Zusammenhängen. Der Schuldner „haftet" für verschuldete Unmöglichkeit: Gemeint ist das Recht der Leistungsstörungen. Der Bürge „haftet" für den Hauptschuldner: Gemeint ist das Einstehenmüssen für eine andere Person. In beiden Fällen dient der Haftungsbegriff der sprachlichen Abwechslung, ohne eine dogmatisch festgelegte Funktion zu übernehmen.

Der Erbe haftet für Nachlaßverbindlichkeiten, § 1967 I. Unter bestimmten Voraussetzungen kann er seine Haftung beschränken. Die Regelung der Haftungsbeschränkung führt in das Prozeßrecht, §§ 780 bis 785 ZPO. Das Mitglied eines nichtrechtsfähigen Vereins oder der Gesellschafter einer BGB-Gesellschaft kann nach gebräuchlicher Terminologie[1] seine Haftung auf das Gesamthandsvermögen beschränken: Es handelt sich angeblich um eine Schuld mit beschränkter Haftung[2]. Die Gesamthänder schulden, können aber die „Haftung" auf den gemeinschaftlichen Vermögenskreis beschränken. Es ist die Herkunft des Haftungsbegriffs zu untersuchen und zu fragen, was er zur Beschreibung der gesamthänderischen Vermögenssonderung beitragen kann.

*1.2 Haftung als Element der Schuld*

Die literarische Diskussion über Schuld und Haftung — geführt namentlich in den ersten drei Jahrzehnten nach Inkrafttreten des BGB[3] — hat ihren Ursprung im germanischen Recht[4]. Dort wurde neben

---

[1] Vgl. *Ernst* S. 3 m. w. N.
[2] *Enneccerus / Lehmann* § 2, S. 9 f., § 89 III, S. 359.
[3] Chronologische Übersicht bei *Enneccerus / Lehmann* § 2, S. 9 vor FN. 1.

der Schuld ein Haftungsverhältnis erst durch einen besonderen Haftungsvertrag begründet[5]. Das Schulden als Leistensollen, als Willensgebundenheit des Verpflichteten und die Haftung als Zugriffsrecht des Gläubigers blieben ohne notwendige Verbindung. Demgegenüber sind die Elemente des schuldrechtlichen Anspruches heute anders zu beschreiben.

Das Forderungsrecht muß aus der Sicht von Gläubiger und Schuldner verschieden charakterisiert werden: Der Schuldner wird zur Leistung verpflichtet, der Gläubiger zum Einfordern der Leistung berechtigt. Trotz der Verschiedenheit ist jedesmal dasselbe ausgesagt. Die Formulierungen erfassen zwei Kehrseiten desselben Gegenstandes[6]. Kommt der Verpflichtete dem Leistungsgebot nicht freiwillig nach, so stehen dem Gläubiger Zwangsmittel zur Verfügung. Die eben gegebene Beschreibung der Schuld wird nun um das Element des Zwanges erweitert. Die Erweiterung vollzieht sich nach der Rechtsordnung regelmäßig, ohne daß es einer Vereinbarung bedürfte. Der das Leistungsgebot sanktionierende Rechtszwang soll als Haftung bezeichnet werden[7].

Die Formen der Haftung sind vielfältig. Sie reichen von der Zwangsvollstreckung, der Aufrechnung §§ 387 ff., den pfandartigen Befriedigungsrechten § 1003, § 371 HGB, der Selbsthilfe §§ 229, 230, den Zurückbehaltungsrechten §§ 273, 320 bis zu dem Einfordern einer Vertragsstrafe, §§ 339 ff.

Das Leistensollen, die Willensgebundenheit des Schuldners und das variantenreiche Zugriffsrecht des Gläubigers sind die beiden Elemente[8] in der Struktur des schuldrechtlichen Anspruches. Die Haftung ist Bestandteil der Schuld. Für eine Haftung ohne Schuld ist im System des geltenden Schuldrechts kein Platz[9].

Die weitgehend definitorische Abklärung ergibt, daß mit einer Unterscheidung von Schuld und Haftung keine Kriterien benannt werden, mit denen sich das Vermögen des Gesamthänders von dem der Gesamthand unterscheiden läßt.

---

[4] *Karl v. Amira* Bd. I, S. 22 ff.; *Isay* JJ 48 (1904), S. 187; *Siber* JJ 50 (1906), S. 55; *Strohal* JJ 57 (1910), S. 274; *Esser* SAT § 7, S. 43; *Fikentscher* § 7, 4, S. 27; *v. Lübtow* S. 1088 FN. 1 m. w. N.

[5] *v. Gierke* DPR Bd. III, S. 15; *Planitz* S. 29.

[6] *Enneccerus / Lehmann* § 2 I, S. 10; ebenso *Kreller* AcP 146 (1941), S. 97 f.

[7] Ebenso *Enneccerus / Lehmann* § 2 II, S. 10.

[8] *Iber* S. 13 spricht von dem Leistensollen und dem Zugriffsrecht als dem rechtlichen Gesamtgehalt einer Schuld.

[9] *Enneccerus / Lehmann* § 2 III 3 e, S. 13.

## § 2 Theorie der Schuld mit beschränkbarer Haftung und Prinzipien der Haftungsordnung: Haftungsbegriff und Schuldinhalt — Prinzip der Identität von Rechts- und Verpflichtungsträger

Die Theorie der Gesamthänderschuld mit beschränkter Haftung gerät zu den Prinzipien der Haftungsordnung in Widersprüche. Ihre Darstellung soll von zwei Fällen ausgehen: Hat eine oHG das auf sie eingetragene Grundstück verkauft, dann ist der Inhalt der Ansprüche des Käufers im Ergebnis unstreitig[10]. Die Gesamthand schuldet Übereignung und der Gesamthänder „haftet" auf das Interesse. — Gleiches gilt bei dem zweiten Sachverhalt: Ein Gesellschafter schuldet die Einbringung eines Grundstückes in das Gesellschaftsvermögen. Er kann die Erfüllung auf Grund eines Zurückbehaltungsrechtes aufschieben. Vor Eigentumserwerb verkauft die Gesellschaft. Würde man den unmittelbaren Zugriff des Käufers auf das Grundstück zulassen, dann würde der Gesellschafter sein Zurückbehaltungsrecht verlieren. Dieses unerwünschte Ergebnis wird dadurch vermieden, daß man auch in diesem Fall den Gesellschafter nicht zur Erfüllung mit dem Grundstück verpflichtet, sondern nur auf das Interesse haften läßt. Gegenüber der Gesellschaft kann er sein Grundstück weiterhin zurückbehalten und der Käufer kann von ihm nur das Erfüllungsinteresse verlangen.

Die Ausgangsfälle nötigen zu der Unterscheidung von Schuld- und Haftungsinhalt im Rahmen einer einheitlichen Verpflichtung. Darauf ist näher einzugehen.

### 2.1 Haftungsbegriff und Schuldinhalt

Haftung ist Zugriff auf den geschuldeten Gegenstand im Aktivvermögen des Schuldners. Konsequent gliedert die ZPO die Arten der Zwangsvollstreckung nach dem Schuldinhalt: 1. Die Vollstreckung wegen Geldforderungen, §§ 803 ff. ZPO, 2. die Vollstreckung zur Erwirkung der Herausgabe oder Leistung von Sachen[11], § 883 I (bestimmte Sache), § 884 (bestimmte Quantität vertretbarer Sachen), § 885 (unbewegliche Sache) und 3. die Vollstreckung wegen eines Anspruches auf Handlung oder Unterlassung, §§ 887 ff. ZPO und die Vollstreckung der Ansprüche auf Abgabe einer Willenserklärung, § 894 ZPO.

Der zweiten und dritten Gruppe gemeinsam ist das Merkmal, daß Vollstreckung nur möglich ist, wenn sich der Schuldinhalt (gegenständlich!) im Rechtskreis des Schuldners befindet[12].

---

[10] Vgl. Zum Inhalt der Gesellschafterhaftung *Hueck* § 21 II, S. 311 ff.; *Hauer* Diss. 1966; *Nielsen* Diss. 1957; *Jahn* Diss. 1957; *Iber* Diss. 1956 und die in § 16.2 FN.70 angegebene Rechtsprechung.

[11] Sachen, die nicht Geld sind, vgl. *Lent / Jauernig* S. 87.

[12] Die Fiktion des § 894 ZPO ist insoweit wohl eine Besonderheit, braucht aber nicht weiter verfolgt zu werden.

24    1. Teil: Bildung von Sondervermögen — Strukturen

Steht der geschuldete Gegenstand nicht im Eigentum (§ 883 I Besitz, aber letztlich § 771 ZPO) des Schuldners oder hängt die unvertretbare Handlung nicht ausschließlich vom Willen des Schuldners ab, so ist eine Vollstreckung ausgeschlossen. Der Gläubiger ist auf einen Schadensersatzanspruch nach materiellem Recht, §§ 280, 286, 325, 326 angewiesen, § 893 I ZPO. Erst nach Umschlag des primären Schuldinhaltes in den sekundären, nämlich erst bei der Schadensersatzforderung ist eine Vollstreckung wegen Geldforderung gem. §§ 883 ff. ZPO möglich. Diese Vollstreckungsart besitzt nun die Besonderheit, daß sie unmittelbar auf Gegenstände zugreift, die nicht geschuldet sind. Erst durch die Verwertung wird der gepfändete Gegenstand in den geschuldeten verwandelt.

Die vorstehende Betrachtung ergibt, daß die Haftung keine Abweichung vom Schuldinhalt erlaubt. Die Änderung des primären Schuldinhaltes nach materiellem Recht und die vollstreckungsrechtliche Verwandlung des Schuldnervermögens ebenfalls in Geld ermöglichen im Zusammenspiel eine unbeschränkte Vermögenshaftung des Schuldners. Der Haftungsbegriff erlaubt keineswegs die Annahme, bei einheitlicher Verpflichtung von zwei verschiedenen Leistungsgegenständen zu sprechen. Schuldinhalt und Haftungsinhalt sind ausnahmslos gleichartig. Die Leugnung der selbständigen Gesamthandsschuld gerät zu dieser Aussage in Widerspruch.

### 2.2 Prinzip der Identität von Rechts- und Verpflichtungsträger

Die Theorie der Schuld mit beschränkbarer Haftung geht auf der Passivseite des Vermögens von individuellen Schulden aller Gesamthänder aus. Auf der Aktivseite steht dem die gemeinschaftliche Berechtigung der Gesamthänder gegenüber. Es soll überprüft werden, ob dieses Vorstellungsbild mit der Struktur der Haftungsordnung in Einklang steht.

Der Grundsatz der unbeschränkten persönlichen Vermögenshaftung besagt, daß der Schuldner sein gesamtes Vermögen zur Bestreitung der Schuld herzugeben hat[13]. Prozessual findet der Grundsatz seine Grenze an den Pfändungsschutzvorschriften, §§ 811 ff., 850 ff. ZPO.

Demzufolge hat der Schuldner bei der freiwilligen wie bei der erzwungenen Erfüllung sein gesamtes Vermögen bereitzustellen. Das Vermögen wird individualisiert durch die Rechtsträgerschaft. Der Gläubiger kann unbeschränkt auf alle Rechte zugreifen, die gerade *dem* Rechtsträger zugeordnet sind, der zugleich das Verpflichtungs-

---

[13] Vgl. *Schönke / Baur* § 18 vor A, S. 84.

subjekt seiner Forderung ist. Diese Identität erweist sich als konstruktives Prinzip des materiellen Haftungsgrundsatzes.

Bei allen Haftungsformen ist dem Identitätserfordernis Rechnung getragen. In der Zwangsvollstreckung wird nur das Vermögen des Schuldners[14] betroffen. Übergriffe werden mit der Interventionsklage, § 771 ZPO, abgewehrt. Für die Aufrechnung stellt § 387 die Gegenseitigkeit als Wirksamkeitsvoraussetzung auf. Mit dem Zurückbehaltungsrecht gem. § 273 oder § 320 I übt der Gläubiger Zwang nur gegen den Verpflichtungsträger aus, in dessen Vermögen sich das Forderungsrecht gegen ihn selbst befindet.

Im Bereich des Gesamthandsrechts soll das angeblich alles anders sein. In der Zwangsvollstreckung gegen die Gesamthand[15], §§ 735, 736, 740, § 124 II, 129 IV HGB ist das Privatvermögen des Schuldners/Gesamthänders gar nicht betroffen. Schuldner und Vollstreckungsgegner sollen nicht identisch sein. Die Aufrechnung ist trotz angeblicher Identität von Berechtigtem und Verpflichtetem ausgeschlossen: Bei „Beschränkung der Haftung" auf das Gesamtvermögen kann der Gläubiger mit seiner Forderung nicht gegen eine Forderung eines der Gesamthänder aufrechnen, vgl. §§ 719 II, 1419 II, 2040 II. Spricht man im Falle der Haftungsbeschränkung von einer Schuld der Gesamthand[16], dann gelten auch im Gesamthandsrecht die gewohnten Strukturvorstellungen: Die Zwangsvollstreckung gegen die Gesamthand trifft den Gesamthänder nicht, weil er nicht Schuldner ist. Die Aufrechnung gegen eine Forderung des Gesamthänders mit einer Forderung der Gesamthand ist mangels Identität von Berechtigtem und Verpflichtetem ausgeschlossen.

**§ 3 Prinzip der unbeschränkten persönlichen Vermögenshaftung und Ausbildung von Vermögeneinheiten — Rechts- und Verpflichtungsträgerschaft in der Haftungsordnung der juristischen Personen**

Das Prinzip der unbeschränkten persönlichen Vermögenshaftung stellt in unserer Wirtschaftsverfassung einen entscheidenden materiellen Grundsatz dar. Haftung ist nicht nur Voraussetzung für die Wirtschaftsordnung des Wettbewerbs, sondern überhaupt für eine Gesell-

---

[14] Vermögen i. S. des Gesetzes ist grundsätzlich das Aktivvermögen; nur im Zusammenhang mit der Aufstellung von Verzeichnissen faßt das Gesetz darunter auch die Schulden; näher dazu: *Iber* S. 12, 14; *Schmitz* S. 35 m. w. N.; *Enneccerus / Nipperdey* § 131, S. 840 ff. m. w. N.; *Binder* S. 7 - 39.
Aus diesem Vermögensbegriff und der Beschränkung der Regelung des § 718 auf das Aktivvermögen leitet *Buchner* AcP 169 (1969), 483 ff. ab, daß die Gesamthand nicht schuldfähig sei, Gesamthandsschulden systemwidrig seien. — Vgl. zum Vermögensbegriff aber auch *Kaufmann* (1907), S. 55 ff.
[15] Vgl. im einzelnen unten § 21.
[16] Dies verlangt allerdings nach einer Fähigkeit der Gesamthand zur Rechts- und Verpflichtungsträgerschaft: vgl. ZWEITER TEIL.

schaftsordnung, in der Freiheit zur Selbstgestaltung herrscht[17]. In der Wirtschaft verhindert unbeschränkte persönliche Vermögenshaftung eine Vergemeinschaftung individueller Verluste, erweist sich als Prinzip des Schutzes anderer Wirtschaftssubjekte und hat den Effekt eines vielfältigen Ausleseverfahrens[18]. Darin liegt der Geltungsgrund des Prinzips der unbeschränkten persönlichen Haftung.

Dieses Prinzip wird durch ein Bündel von Normen materiellen und prozessualen Charakters verwirklicht. Gegenüber der Haftung als Zugriff des Gläubigers besitzt es ebenso begriffliche Selbständigkeit wie gegenüber dem Schulden als Leistungsgebot an den Schuldner. Infolge der unbeschränkten Vermögenshaftung mit ihrer wirtschaftlichen Bedrohung der Schuldnerexistenz[19] kann bei natürlichen Personen auf eine Bindung des Vermögens verzichtet werden. Abgrenzungsmerkmal der Vermögenssphären ist die Rechtsträgerschaft. Auf sie läßt sich der Personenbegriff im Vermögensrecht reduzieren[20].

Dasselbe Abgrenzungsmerkmal hat der Gesetzgeber bei der Anerkennung juristischer Personen benützt: Durch die Bildung eines Zuordnungssubjektes für Rechte und Pflichten entsteht ein gesondertes Vermögen, eine selbständige Risikoeinheit, über die die Gläubiger in der Regel nicht hinausgreifen können[21].

Die gesonderte Rechtsträgerschaft ist das dogmatische Prinzip für die Zusammenfassung des Vermögens als Wirtschafts- und Haftungsein-

---

[17] *Eucken* S. 285. — Das sozialistische Recht behandelt diese Fragen von seiner Grundtendenz her als Probleme sozialistischer Gesinnung und Erziehung, vgl. *Zweigert / Kötz* S. 356 (politische Funktion des Rechts), S. 376, 379 ff. (Erziehungsfunktion des Rechts); ebenso *Posch* S. 12 ff., 16 ff., 169/170.
Bei Vertragsstörungen bedient sich das sozialistische Recht strafrechtlicher Sanktionen, die zu persönlicher Haftung im alten Sinne führen, vgl. *Berman* S. 79 zu economic crimes: "... there is no statute declaring mere breach of contract unlawful. On the other hand, the Criminal Code does prohibit 'thriftlessness', on the part of managers of enterprises and 'malicious nonfulfillment of contracts', as well as delivery of goods of poor quality." Bei uns nur noch selten Haft für die Person, vgl. *Schönke / Baur* § 20, S. 92.
[18] Zu den wirtschaftspolitischen Aspekten vgl. *Eucken* S. 280 f.
[19] Mit Minimalgarantie in den §§ 811 ff., 850 ff. ZPO.
[20] Näher vgl. unten § 8. — Die Literatur zur moralischen, philosophischen, juristischen Natur dieses Zuordnungspunktes ist uferlos, vgl. den Überblick bei *H. J. Wolff* I S. 88 ff., selten aber findet man Betrachtungen zur Funktion im Vermögensrecht, vgl. *Fabricius* S. 31 ff.
[21] Zu den Durchgriffsfällen, dem „disregard of legal entity" vgl. *Müller-Freienfels* AcP 156 (1957), S. 522; *Serick*, Rechtsform und Realität, der auf S. 1 ff. (5 FN. 1, 2), 15 den hier herausgestellten Ausgangspunkt bestätigt: „Ein solcher Durchgriff auf das Substrat der juristischen Person ist aber deswegen so problematisch, weil die Rechtsordnung diese als selbständiges, von ihren Mitgliedern scharf zu scheidendes Rechtssubjekt ausgebildet hat. Den Gläubigern der juristischen Person haftet also ausschließlich deren Vermögen ...", heißt es auf S. 1; Vgl. auch *Rittner* S. 273.

heit[22]. Ganz allgemein wird die Haftungsfreiheit der Mitglieder mit der eigenständigen Rechts- und Verpflichtungsträgerschaft der juristischen Person begründet[23]. Angesichts dessen richtet das Gesetz stets einen Gläubigerschutz ein durch Bestimmungen über die Aufbringung, die Erhaltung eines Mindestkapitals und auch über die Prüfung der Geschäftsführung[24].

Das Institut der „Schuld mit beschränkter Haftung" hat nun ebenfalls zur Aufgabe, das Gesamthandsvermögen als Risikoeinheit zu beschreiben. Nach der Struktur der Vermögens- und Haftungsordnung müßte dies dadurch geschehen, daß die Gesamthand zum selbständigen Rechtsträger ausgebildet wird.

### § 4 Theorie der Schuld mit beschränkter Haftung und vertragliche Haftungsbeschränkung — Bildung von Sondervermögen im Recht der Zwangsvollstreckung

Bei einem nichtrechtsfähigen Idealverein oder auch bei einer echten Gründungsgesellschaft „haftet" nur das Gesamthandsvermögen[25]. Das Privatvermögen des Gesamthänders ist freigestellt. Die wirtschaftliche Freistellung könnte rechtlich mit vertraglichen Haftungsbeschränkungen zu erfassen sein. Die Theorie der „Schuld mit beschränkter Haftung" würde durch sie eine Erklärung finden. Der Abschluß solcher Verträge soll vorerst unterstellt werden[26]. Zu prüfen bleibt, welche Voraussetzungen sie erfüllen müssen und ob sie den Interessen der Betroffenen gerecht werden.

---

[22] Zu den rechtstheoretischen Voraussetzungen, zum subjektiven Recht als Basis dieses Systems vgl. *Kasper*, Das subjektive Recht — Begriffsbildung und Bedeutungsmehrheit, 1967.
Die Interdependenz zwischen dem Begriff des subjektiven Rechts und der Lehre von der juristischen Person zeigt sich, wenn man z. B. mit *Schwarz* ArchBürgR 32 (1908), S. 12 das subjektive Recht verneint, die Rechtsträgerschaft der juristischen Person leugnet und dann genötigt ist, den „Zweck" als Konstitutivum einer Vermögenseinheit darzustellen. Darauf ist zurückzukommen (ZWEITER TEIL), wenn die Lehren mehrheitlicher Rechtsträgerschaft dargestellt werden.
[23] *Serick* S. 1 ff.; *Müller-Freienfels* AcP 156 (1957), S. 522; *Kraft* KölnerKomm AktG § 1 Rdn. 1 und 60 f.; *Meyer / Landrut* Großkomm. AktG § 1 Anm. 22 f.; *Hachenburg / Schilling* GmbHG § 13 Anm. 4; *Laband* ZHR 30 (1885), S. 469, 498 ff.; *Huber* S. 97.
[24] *Fabricius* S. 85 f.; *Enneccerus / Nipperdey* § 116 IV 6, S. 708; *Eucken* S. 279 f., 282 f.
[25] Im einzelnen vgl. unten § 17.2 zum nichtrechtsfähigen Verein, § 18.3 zur echten Gründungsgesellschaft und § 15.3 zur „Ideal"-BGB-Gesellschaft.
[26] Dazu, daß der Abschluß solcher Verträge eine Fiktion ist, vgl. unten §§ 17.1 und 17.2.

28    1. Teil: Bildung von Sondervermögen — Strukturen

*4.1 Zulässigkeit und Wirkung von Prozeßverträgen, insbesondere vollstreckungsbeschränkenden Verträgen*

Dem Abschluß von Prozeßverträgen standen Rechtsprechung und Lehre um die Jahrhundertwende ablehnend gegenüber[27]. Unter dem Regiment der Parteiwillkür sah man die Friedensfunktion des staatlichen Gerichtswesens gestört. Eine wissenschaftliche Bearbeitung, die Bedenklichkeiten dogmatisch präziser einkreiste, führte zu einem Wandel der Auffassung. Rechtsprechung und Lehre sammelten Erfahrung in der Mißbrauchskontrolle wirtschaftlicher Macht. Frühe Autoren[28] deckten bald auf, daß die öffentlichrechtliche Rechtsnatur prozessualer Vorschriften angesichts der Dispositionsmaxime und des Verhandlungsgrundsatzes kein Hindernis für Parteivereinbarungen sein darf. In diesem Verständnis besitzen Normen über erlaubte Prozeßverträge[29] beispielhaften Charakter.

Die heute im Prinzip erreichte Einstimmigkeit wird im Detail von Streit begleitet. Die folgende Darstellung beschränkt sich auf die Vollstreckungsverträge, die eine Gruppe unter den Prozeßverträgen bildet. Dabei setzt die Gesamthandsproblematik ein Eingehen nur auf Vermögenssonderungen durch gegenständlich-haftungsbeschränkende Verträge[30] voraus. Ihre *Zulässigkeit* folgt aus der Dispositionsmaxime[31]. Der Vollstreckungsgläubiger bestimmt Beginn und Umfang der Vollstreckung. Seine Bestimmungsfreiheit kann er im Vertrage mit dem Schuldner einengen. Nach dem *Inhalt* des Vertrages sollen positiv oder negativ beschriebene Gegenstände zugunsten des Schuldners von jeder Vollstreckung ausgenommen sein[32]. Das Bestimmtheitserfordernis ist bei der Beschreibung der verschonten Gegenstände nach sachenrechtlichen Anforderungen zu erfüllen. Mit Zulässigkeit und Inhalt sind jedoch gleichsam vorweg nur die Wirksamkeitsvoraussetzungen erläutert, ist aber noch nichts ausgesagt über die umstrittene *Wirkung* der Verträge. Es ist zu fragen, ob die Vollstreckungsvereinbarung nur innerhalb der Parteien rechtliche Folgen zeigt oder im Vollstreckungsverfahren Wirkungen entfaltet, die von Vollstreckungsorganen zu beachten sind[33].

---
[27] *B. K. Hellwig* FG Gierke Bd. II (1910), S. 41 (88 - 90) die öffentlichrechtliche Natur der ZPO widerspreche einer Parteivereinbarung; *Dittrich* S. 5 ff.
[28] *Niese*, Prozeßhandlungen und Verträge über Prozeßhandlungen, Diss. 1931, spricht von freistellenden Normen der ZPO.
[29] Vgl. §§ 38, 40, 108 I S. 2, 224 I, 404 IV, 794 I Nr. 5, 816 I, II, 876 S. 3, 1025 - 1026 ZPO und weitere Beispiele bei *Emmerich* ZZP 82 (1969), S. 413 (415 FN. 9).
[30] Hinweis auf Vollstreckungsverträge mit Wirkung ausschließlich für den Konkurs bei *Scherf* S. 71.
[31] *Emmerich* aaO. S. 429.
[32] *Scherf* S. 70 f.; *Emmerich* aaO. S. 414.

Die älteren Autoren leugneten grundsätzlich, daß Vollstreckungsverträgen verfahrensrechtliche Bedeutung zukommen könne[34]. Die Bindung des Gläubigers sei allein schuldrechtlicher Art. Als Folgeproblem erweist sich die Vollstreckung eines Urteiles gegen den Gläubiger, das die vertragswidrige Zwangsvollstreckung untersagt. Die dem Schuldner zugestandene Verschonung wird zudem durch die Langwierigkeit eines neuerlichen Verfahrens in Frage gestellt. Der vertragswidrigen Zwangsvollstreckungsmaßnahme muß schnell und unmittelbar begegnet werden. — So mißt die neuere Lehre den Verträgen verfahrensrechtliche Wirkung bei[35]. Die Begründung wird zu Recht auf beispielhafte Regelungen im Gesetz gestützt (kein argumentum e contrario). Vereinbarungen über Ort und Zeit, § 816 ZPO, oder besondere Verwertungsarten binden den Gerichtsvollzieher unmittelbar. Ein Vergleich zur Behandlung von Verträgen, die das Konkurs- oder das Offenbarungseidsverfahren ausschließen, erhärtet das Ergebnis. Die Abmachungen bewirken dort die Zurückweisung des dennoch gestellten Antrages, §§ 105 II KO, § 900 V ZPO, als unzulässig[36]. Unentschieden ist in der Literatur bislang, mit welchem *Rechtsmittel*[37] der Schuldner dem vertragswidrigen Vollstreckungsakt begegnen muß. Die Abwägung der Argumente für die Vollstreckungsgegenklage, § 767 ZPO, oder die Erinnerung, § 766 ZPO, bleibt anderweitiger Erörterung vorbehalten.

*4.2 Vertragliche Haftungsbeschränkung
und Interessen des haftungsfreien Gesamthänders*

Der haftungsfreie Gesamthänder hat das anerkannte Interesse, von den Verbindlichkeiten z. B. seines Vereins bzw. seiner Gesellschaft nicht belastet zu werden. Haftungsbeschränkungsverträge lassen den Bestand einer Schuld unberührt. Sie schränken nur die Vollstreckungsbefugnis des Gläubigers ein, die als Einzelbefugnis *innerhalb* der „komplexen Struktur des materiellen Anspruches"[38] aufzufassen ist. Anderen Haftungsformen bleibt der Gesamthänder grundsätzlich ausgesetzt. Nur im Einzelfall kann der Vollstreckungsbeschränkung zu-

---

[33] Der Alternative entsprechend ist streitig, ob der Vertrag materiellrechtliche oder prozessuale Natur besitzt, vgl. *Scherf* S. 71.
[34] *Heim* S. 144 FN. 1; *Dackweiler* JW 1934, S. 1155; *Roquette* ZZP 49 (1925), S. 160 (166 ff.).
[35] *Emmerich* ZZP 82 (1969), S. 413 (420, 434 f.); BGH LM Nr. 3 zu § 780; *Baumgärtel* S. 206 ff., 260 ff.
[36] h. M., vgl. *Emmerich* ZZP 82 (1969), S. 435.
[37] Speziell und ausführlich *Bürk* ZZP 85 (1972), S. 391; allgemein und rechtsvergleichend *Gaul* ZZP 85 (1972), S. 251.
[38] *Emmerich* ZZP 82 (1969), S. 435 nach *Jahr* ZZP 79 (1966), S. 347 (377 ff.), mit dem Hinweis auf die Brauchbarkeit dieser Dogmatik für das IPR; *Stein / Jonas / Münzberg* § 766 Bem. II 1 — und oben Schuld und Haftung, § 1.

gleich ein Aufrechnungsverbot gegenüber einer bestimmten, verschonten Forderung entnommen werden[39]. Solche Forderungen wie auch das übrige verschonte Vermögen bezeichnen die Parteien im Rahmen der Verträge mit Vereinen, Gründungsgesellschaften etc. in der Praxis jedoch nicht. Damit werden zumeist die Voraussetzungen eines Haftungsbeschränkungsvertrages fehlen. Im Wege der Auslegung könnte man sich auf die individuelle oder gemeinschaftliche Rechtsträgerschaft beziehen: Dann aber wird evident, daß auch die Erörterung der Haftungsbeschränkungsverträge letztlich in die Diskussion der Rechtsträgerschaft einmündet.

Der Vertrag über das Schuldelement „Vollstreckungsbefugnis" führt zu einer prozessualen Vermögenssonderung. Die Fragen der gesamthänderischen Vermögenssonderung werden damit aus dem materiellen Recht herausgenommen und in das Zwangsvollstreckungsrecht verlagert. Der haftungsfreie Gesamthänder wäre auf die Rechtsmittel nach § 767 ZPO oder § 766 ZPO verwiesen. Dies wäre ein sehr unpraktisches Ergebnis, das soweit als möglich zu vermeiden ist[40].

### § 5 Anlässe und Techniken der gesetzlichen Vermögenssonderung in Fällen der Verbundenheit von Rechtsträgerschaft und Verfügungsbefugnis

Die Darstellung wendet sich nun von den vertraglichen Vermögenssonderungen ab und beginnt mit dem Überblick über die gesetzlichen. Das Gesetz kennt Vermögenssonderungen auf der Aktiv- und der Passivseite. Auf der Aktivseite können Rechtsträgerschaft und Verfügungsbefugnis in einer Hand vereint oder getrennt an verschiedene Personen zugeordnet sein. Im Falle der Vereinigung betrifft die Vermögenssonderung allein die Passivseite: Bei bestimmten Schulden ist die Vollstreckungsbefugnis auf Teile des Schuldnervermögens begrenzt.

*5.1 Haftungsbeschränkung durch gegenständliche*
*Vermögenssonderung im Verfahrensrecht — vollstreckungsrechtliche*
*Fortwirkung ehemaliger Rechtsträgerschaft*

Bei Geltung des Grundsatzes der unbeschränkten persönlichen Haftung erscheinen Sondervermögen wie Haftungsbeschränkungen als Ausnahmen. Sie müssen sich im Einzelfall gegenüber dem Grundsatz dogmatisch (konstruktiv) absetzen und mit den geltenden Wertverhältnissen legitimieren.

Übernimmt jemand durch Vertrag das Vermögen eines anderen, § 419, so haftet er als Gesamtschuldner und hat die Möglichkeit, den

---

[39] *Scherf* S. 72.
[40] Zum Verfahrensrecht vgl. unten § 21.

### § 5 Gesetzliche Vermögenssonderung

Zugriff des Gläubigers auf den Bestand des übernommenen Vermögens und seine Ansprüche aus dem Übernahmevertrag zu beschränken, § 419 II mit §§ 780 I, 781, 785, 786 ZPO.

Nach Teilung des Gesamtgutes haften dem Gläubiger einer Gesamtgutsverbindlichkeit zusätzlich der andere Ehegatte, bzw. die Abkömmlinge im Falle der Auseinandersetzung einer fortgesetzten Gütergemeinschaft (§§ 1480, 1498, 1504), auch wenn zur Zeit der Teilung eine solche Verpflichtung noch nicht bestand (Gesamtschuldnerschaft kraft Gesetzes). Die Eheleute bzw. Abkömmlinge, die das Gesamtgut ohne Berichtigung einer Gesamtgutsschuld auseinandergesetzt haben, sollen dem Gesamtgutsgläubiger für die Erfüllung einstehen. Da infolge der gesamtschuldnerischen Verpflichtung der Gläubiger grundsätzlich auf das gesamte Privatvermögen zugreifen könnte, gibt das Gesetz dem Neuverpflichteten die Möglichkeit, den Zugriff auf die ihm aus dem Gesamthandsvermögen zugeteilten Gegenstände zu beschränken (§§ 1480, 1504, 1498). Trotz Gesamtschuld ist damit der haftende Vermögenskreis im Ergebnis nicht erweitert. Die Beschränkung seiner Haftung macht der Ehegatte, bzw. der Abkömmling prozessual mit der Vollstreckungsgegenklage geltend (§§ 1480, 1504 mit §§ 780 I, 781, 785, 786 ZPO).

Bei Fortsetzung der Gütergemeinschaft nach dem Tode eines Ehegatten begründet § 1489 I die persönliche Haftung des überlebenden Ehegatten für die Gesamtgutsverbindlichkeiten i. S. v. § 1488. Soweit jedoch die Haftung des Überlebenden nur infolge des Eintrittes der fortgesetzten Gütergemeinschaft begründet wurde, kann der Ehegatte den Zugriff des Gläubigers wieder begrenzen auf das Gesamtgut in dem Bestande, den es zur Zeit der Fortsetzung hatte (§ 1489 II mit §§ 1975 ff. — §§ 780 I, 781 - 785 ZPO). Trotz Neubegründung der persönlichen Schuldnerschaft bleibt der dem Gläubiger offenstehende Vermögenskreis unverändert[41].

Zuletzt sei der in diesem Zusammenhang bedeutendste Fall, die Beschränkung[42] der Erbenhaftung, aufgeführt (§§ 1975 ff.) und die Haftung des Erbschaftskäufers angesprochen (§§ 2382, 2383). Alle Mittel der Haftungsbeschränkung, die Nachlaßverwaltung, der Nachlaßkonkurs (§§ 1975 ff.) und die Dürftigkeitseinrede (§ 1990) führen zu dem Ergeb-

---

[41] Im einzelnen zu dem Sinn der Anordnung der persönlichen Schuldnerschaft, Verpflichtung bei gleichzeitiger Haftungsbeschränkung auf die Gegenstände des ehemaligen Gesamtgutes vgl. unten § 14.2 FN. 8, § 19.2.1.

[42] Von der Normierung materiellrechtlicher Haftungsbeschränkungen im BGB ist zu unterscheiden der Regelung des Vollstreckungsverfahrens in der ZPO, die differenziert: 1. Fortsetzung der ZV, § 779 I ZPO, 2. Neubeginn der ZV a) vor Annahme der Erbschaft, § 778 ZPO und b) nach Annahme der Erbschaft, § 782 ZPO; vgl. näher *Schönke / Baur* § 18, S. 84 f.

nis, daß trotz obligatorischer Verpflichtung des Erben (§ 1989) der Zugriff des Gläubigers auf den Vermögenskreis des Erblassers begrenzt wird[43].

In allen genannten Fällen bewirkt die gegenständliche Beschränkung des dem Zugriff offenstehenden Vermögenskreises eine Ausnahme von dem Prinzip der unbeschränkten persönlichen Vermögenshaftung. Die persönliche Verpflichtung ordnet das Gesetz an, weil der neue Schuldner das Aktivvermögen insgesamt oder zum Teil übernommen hat. Bei Wechsel der Rechtszuständigkeit unter Lebenden tritt Gesamtschuldnerschaft ein (§§ 419 II, 1480, 1498). Beim Erbfall vollzieht sich zugleich mit dem Erwerb der Aktiva ein Schuldübergang ex lege (§§ 1922, 1967). Abgrenzungskriterium, Konstitutivum für das Vermögen, *innerhalb* dessen eine Sonderung eintritt, ist die Rechtsträgerschaft des Schuldners[44]. In seinem Vermögen wird „gegenständlich" der Teil ausgesondert, der zum Vermögen des Erblassers, Übergebers gem. § 419 I etc. gehörte. Genau die Gegenstände unterliegen dem Zugriff, die sich in der Rechtszuständigkeit des Erblassers, Übergebers, der Gesamthänder etc. befanden. Beschränkungskriterium[45] der Haftung ist die ehemalige Rechtsträgerschaft dessen, der dem Gläubiger vor dem Erbfall, der Vermögensübernahme oder der Gesamtgutsauseinandersetzung schuldete. Diese leicht aufspürbare Rechtsträgerschaft und nicht eine sachenrechtliche vage Zweckwidmung bestimmt die Haftungsgrenzen. Ziel der Regelungen ist stets, dem Gläubiger trotz Wechsels in den Vermögenszugehörigkeiten (d. h. Rechtszuständigkeiten) *die* Vermögenseinheit offenzuhalten, auf die er bei Entstehung der Schuld zugreifen konnte[46]. Die Verwirklichung des allgemeinen Haftungsprinzips, demzufolge jeder nur für seinen eigenen Rechtskreis einzustehen hat, verlangt eine Ausnahme von dem Prinzip der unbeschränkten persönlichen Vermögenshaftung.

Die Haftungssonderungen berühren weder die Schuld noch ihren Inhalt[47]. „Die Schuld erlischt auch nicht, wenn die Haftungsmasse voll

---

[43] Haftungsbeschränkung *allen* oder einzelnen Nachlaßgläubigern gegenüber *v. Lübtow* S. 1117 ff., 1128 ff.; Haftungsbeschränkung durch Einrede S. 1165 ff., 1175 ff., Miterbe bes. S. 1183 ff.

[44] Bezeichnenderweise wird der Begriff „Vermögen" vom Gesetz grundsätzlich als Bezeichnung für das Aktivvermögen, als Sammelbegriff für die dem Vermögensinhaber als Rechtsträger zuständigen Rechte gebraucht; vgl. oben § 2 FN. 14.

[45] Zum Verfahren der Haftungsbeschränkung durch den Erben, der erst die Haftungsbeschränkung im Urteil aufnehmen lassen muß und dann eine Vollstreckungsgegenklage anzustrengen hat, zur Vereinfachung im Entwurf 1931 vgl. *Schönke / Baur* § 18 A I 4, S. 86.

[46] Weitere Fälle der gegenständlichen Haftungsbeschränkung: § 27 GmbHG — Kürzung der gesellschaftsrechtlichen Verpflichtungen durch Zurverfügungstellung des Geschäftsanteiles; §§ 970 ff., 944 ff., 1000 ff., 2022 — Haftung nur mit dem betroffenen Gegenstand.

ausgeschöpft ist, ein Gläubigerzugriff also auf Grund persönlicher Haftung des Schuldners überhaupt nicht mehr möglich ist[48]."

Die Geltendmachung der Haftungsbeschränkung geschieht im Zwangsvollstreckungsverfahren. Der Schuldner kann in allen Fällen, §§ 419, 1480, 1489, 1504, 2187, der Zwangsvollstreckung entgegentreten, wenn er in das Urteil einen entsprechenden Vorbehalt hat aufnehmen lassen[49], § 780 I ZPO. Seine Einwendungen werden mit dem Verfahren der Vollstreckungsgegenklage erledigt, §§ 785, 767 ZPO[50].

### 5.2 Haftungseinheiten kraft Rechtsträgerschaft im materiellen Recht — Rechtsträgerschaft und Schuldenordnung — Beispiel der Gütergemeinschaft

Im Recht der Gütergemeinschaft lassen sich Vorbehalts-, Sonder- und Gesamtgut nach dem Kriterium „Tendenz zur Vergemeinschaftung" als drei Vermögensmassen bezeichnen[51]. In der Haftungsordnung sind aber nur zwei Vermögen unterscheidbar, nämlich individuelles und gesamthänderisches Vermögen. Die gesetzliche Regelung der Gütergemeinschaft befaßt sich im Gegensatz zu den §§ 705 ff. auch mit den Individualvermögen. Ihr ist zu entnehmen, ob Haftungsbeschränkungen oder die Unterscheidung von Rechts- bzw. Verpflichtungsträgern der gesamthänderischen Vermögensabgrenzung dienen.

Als gemeinschaftliches Vermögen der Ehegatten beschreibt das Gesetz in § 1416 I das eheliche Gesamtgut. Auch hier ist mit Vermögen das Aktivvermögen gemeint. In dem folgenden Absatz, § 1416 II, wird deutlich als Prinzip des Aufbaues eines gemeinsamen Vermögenskreises die Rechtsträgerschaft angesehen: „Die einzelnen Gegenstände werden gemeinschaftlich, sie brauchen nicht durch Rechtsgeschäft übertragen zu werden."

Sondergut und Vorbehaltsgut werden in den §§ 1417 I, 1418 I als Ausnahmen vom ehelichen Gesamtgut bezeichnet. Damit tritt allerdings

---

[47] *v. Lübtow* S. 1091, 1189, der sich auf *Enneccerus / Lehmann* § 2 III 3 S. 12 beruft.

[48] *Gernhuber* S. 11 — die Schuld bleibt Grundlage für akzessorische Rechte, kann erfüllt werden; der Weiterbestand folgt auch aus §§ 1989, 1973 — vgl. *Kipp / Coing* S. 442 zur Rechtslage des Erben nach Abwicklung von Nachlaßkonkurs und Nachlaßverwaltung.

[49] *Schönke / Baur* § 18 A I, S. 86; ohne Vorbehalt im Titel kann der Erbe Haftungsbeschränkung einwenden, wenn die Zwangsvollstreckung auf Grund eines gegen den Erblasser erstrittenen und auf den Erben umgeschriebenen Titels, § 727 ZPO, durchgeführt wird.

[50] Zur Kritik am Verfahren *Schönke / Baur* § 18 A I 4, S. 86; *Gaul* ZZP 85 (1972), S. 251 (256 f.).

[51] Sondergut ohne Erhaltungsinteresse, im Gegensatz zum Vorbehaltsgut, vgl. *Gernhuber* LB § 38 IV, V, S. 404 f.

eine begriffliche Unklarheit ein, weil der Terminus Vermögensgut kein Aufbauprinizp benennt und die negative Ausgrenzung aus einem Vermögenskreis nur scheinbar zur Erfassung der beiden neuen Vermögenskreise genügt. Daß das Gesetz gleichwohl das subjektive Recht und damit auch seine Zuordnung an *einen* Ehegatten, die individuelle Rechtsträgerschaft zur Kennzeichnung von Vorbehalts-/Sondergut im Gegensatz zum gemeinschaftlichen Gesamtgut heranzieht, machen erst Schlußfolgerungen aus den §§ 1417 II, III und 1418 II, III deutlich. Mangels Übertragbarkeit müssen Sondergutsgegenstände, § 1417 II, in individueller Rechtszuständigkeit verbleiben trotz der grundsätzlichen Übereinkunft zur Vergemeinschaftung, § 1415. Die selbständige Verwaltungs-, Verfügungs- und die rechenschaftslose Verpflichtungsfreiheit[52] im Bereich dieser Vermögenskreise weisen individuelle Rechtsträgerschaft aus.

Die Unterscheidung von *zwei* Vermögenskreisen innerhalb gleicher Rechtszuordnung wurde durch konstruktive Nöte verursacht[53] oder sie sollte einem Ehegatten einen Bereich der vermögensrechtlichen Selbstbestimmung freihalten. Sondergut besteht aus rechtsgeschäftlich unübertragbaren Gegenständen. Vorbehaltsgut verbleibt in individueller Rechtsträgerschaft, weil es die Ehegatten so wollten (§§ 1415, 1418 II Nr. 1) oder weil das Gesetz ausnahmsweise den Willen eines Dritten für maßgeblich erklärt (§ 1418 II Nr. 2 — letztwillig Verfügender oder unentgeltlich Zuwendender). Die Unterscheidung von zwei Vermögenskreisen wird nicht durch eine Zuordnung von Gläubigergruppen veranlaßt.

Hat sich die Betrachtung vorstehend auf die Abgrenzung der Aktivvermögen erstreckt, so soll nun die Haftungslage in den Mittelpunkt der Untersuchung rücken. Es ist aufzuzeigen, welche Vermögenssonderung die Schuld- und Haftungsordnung berührt.

Bei gleicher Rechtszuordnung an eine einzelne Person werden Sonder- und Vorbehaltsgut voneinander unterschieden durch gegenständliche Beschreibungen, §§ 1417 II, 1418 II. Diese Konstituierung von Vermögenskreisen bleibt in der Haftungsordnung ohne Belang[54]. Die Zwangsvollstreckung in Vorbehalts- und Sondergut verlangt einen

---

[52] Zur Verfügungs- und Verpflichtungsfreiheit bez. der Individualvermögen vgl. *Gernhuber* LB § 38 VII 3, S. 411 ff.

[53] *Lutter* AcP 161 (1962), S. 163 (167 f.): „Sondervermögen als Notgütermassen zur Beseitigung von Widersprüchen" (unter Geltung der nach *Lutter* restringierbaren Prämisse, daß rechtsgeschäftlich unübertragbare Rechte durch § 1416 II nicht vergemeinschaftet werden dürften. Es ist auf den Schutzweck der jeweiligen Unübertragbarkeit abzustellen, vgl. z. B. § 1059 gegen §§ 1059 a ff.); vgl. auch Motive IV S. 344 ff.

[54] Dies im Gegensatz zu den Fällen der gegenständlichen Haftungsbeschränkung mit Vermögenssonderung in der Zwangsvollstreckung, §§ 780 bis 786 ZPO, vgl. oben § 4.2.

Titel gegen den schuldenden Ehegatten[55]. Die Abgrenzung Gesamtgut/ Individualvermögen erfolgt nach der Rechtsträgerschaft[56], § 1416 II. Zur Ausbalancierung der Haftungsordnung folgt eine „Anlehnung"[57] von Schulden, §§ 1437 - 1440 und §§ 1459 - 1462, bei der ex lege die Identität von Rechts- und Verpflichtungsträger hergestellt wird. Zur Zwangsvollstreckung in das Gesamtgut unter Alleinverwaltung ist ein Titel gegen den Verwalter erforderlich und genügend, § 740 I ZPO. Bei gemeinschaftlicher Verwaltung müssen beide Ehegatten zur Leistung verurteilt sein, § 740 II ZPO. Übergriffe der Zwangsvollstreckung in das Individualvermögen eines Gatten auf Gesamtgut bzw. Vorbehalts- und Sondergut des anderen Gatten werden mit der Widerspruchsklage, § 771 ZPO, abgewehrt.

Für die weitere Untersuchung der Haftungsordnung wie zugleich für Verwendung des Vermögensbegriffes kann zusammengefaßt werden: Das individuelle oder gemeinsame Schulden wird nicht problematisch zwischen Sonder- und Vorbehaltsgut[58]. In der Schuldenordnung relevante Vermögenskreise (Frage nach Gesamtschuld und Gesamthandsschuld) unterscheiden sich durch die ungleiche Rechtsträgerschaft! Der Veränderung der Rechtsträgerschaft wird Rechnung getragen durch eine sog. „Ablehnung" von Schulden, wenn der Kreis der haftenden Vermögen erweitert werden soll. Die Anlehnung stellt die Identität von Rechts- und Schuldträger wieder her.

### § 6 Anlässe und Techniken der gesetzlichen Vermögenssonderung in Fällen der Trennung von Rechtsträgerschaft und Verfügungsbefugnis — Schuldenordnung und Haftungsordnung — Anlaß und Konstruktion der Haftungsbeschränkung

Die h. L. sieht die Gesamthandsgemeinschaften als Fall der Trennung von Rechtsträgerschaft und Verfügungsbefugnis an[59]. Rechtsträger seien die Gesamthänder, verfügungsbefugt sei die Gemeinschaft. Im Falle der „Schuld mit beschränkter Haftung" soll die Haftung auf die Verfügungsgemeinschaft beschränkt sein.

---

[55] Der persönliche Gläubiger kann auch einen Nießbrauch im Sondergut pfänden, § 1059 S. 2, § 857 III ZPO; vgl. *Schönke / Baur* § 17 IV, S. 82; *Gernhuber* LB § 22 II, S. 207 m. w. N. zur Zwangsvollstreckung gegen Ehegatten und zu den Rechtsmitteln der §§ 771, 766 ZPO.
[56] Nutzungen des Sondergutes gehen in gesamthänderische Rechtsträgerschaft über, § 1417 III 2, die Schuldenordnung wird entsprechend strukturiert in den §§ 1437 I - 1440 S. 2 Alt. 2 und §§ 1459 I - 1462 S. 2 Alt. 2.
[57] Zu Begriff und Nachweisen vgl. unten § 19.2.1.
[58] Zur Umwandlung von Vorbehalts- in Sondergut vgl. *Gernhuber* LB § 38 II, S. 400.
[59] Nachweise oben Einleitung und unten § 9.2.

Das Gesetz trennt bei Testamentsvollstreckung, Nachlaß- und Konkursverwaltung Rechtsträgerschaft und Verfügungsbefugnis und kennt in allen drei Fällen Haftungsbeschränkungen. Die folgende Darstellung soll ergeben, ob Parallelen zur gesamthänderischen Vermögenssonderung bestehen.

### 6.1 Vermögenssonderung bei Testamentsvollstreckung — Umfang von Verwaltungsmacht und Haftungsbeschränkung

Mit dem Tode des Erblassers geht das Vermögen als Ganzes auf den Erben über, § 1922. Der Erbe erlangt mit der Rechtsträgerschaft regelmäßig die Verfügungsbefugnis. Anders gestaltet sich die Rechtslage jedoch, wenn der Nachlaß der Verwaltung durch einen Testamentsvollstrecker[60] unterliegt. Dann geht die Rechtsträgerschaft zwar auf den Erben über, aber von ihr ist die Verfügungsbefugnis[61] kraft Gesetzes abgespalten, § 2211 I. Der Erbe verliert sie unmittelbar mit dem Erbfall, nicht erst mit Ernennung des Testamentsvollstreckers und seiner Annahme des Amtes[62].

Die Testamentsvollstreckerschaft führt grundsätzlich[63] zu einer Absonderung des Nachlaßvermögens vom Erbenvermögen, § 2205 S. 2. Die separatio bonorum[64] dient der Verwaltung des Nachlasses im Sinne der letztwilligen Verfügung und bewirkt einen Schutz der Erblassergläubiger; gem. § 2214, § 748 I ZPO können Privatgläubiger des Erben auf Nachlaßgegenstände unter Verwaltung des Testamentsvollstreckers nicht mehr zugreifen. Die Vermögenssonderung im Aktivvermögen des Erben führt zur Bildung von Gläubigergruppen.

Im Normalfall der gesetzlichen Regelung hat der Testamentsvollstrecker den gesamten Nachlaß zu verwalten, §§ 2205 S. 1, 2208. Im Rahmen der ordnungsgemäßen Verwaltung ist er berechtigt, *Verbindlichkeiten „für den Nachlaß"* einzugehen[65], § 2206 I. Dabei handelt

---

[60] Zu den Arten der Testamentsvollstreckung vgl. *Bartholomeyczik* § 42 I 4, S. 282; zum Streit zwischen Amts- und Vertretertheorie, *ders.* § 42 I 3, S. 281; *v. Lübtow* S. 923 ff. unter B) ausführlich.

[61] Nach h. M. spricht § 2211 I den Entzug der Verfügungsbefugnis aus mit der Folge absoluter Unwirksamkeit von Verfügungen des Erben vgl. *Bartholomeyczik* § 42 X 1 a, S. 293; *v. Lübtow* S. 979; *Kipp / Coing* § 70 I, S. 313; *Raape* S. 84, 99 ff.; *Eccius* Gruchot 50 (1906), S. 488; für gesetzliches Veräußerungsverbot und Rechtsfolge des § 135 *Strohal* I § 40 a, S. 286 f.; *Dernburg / Engelmann* V § 141 VI, S. 406; *Erman / Westermann* § 136 Rdn. 2, 4.

[62] Verfügungen wider den letzten Willen des Erblassers werden auch in der Zwischenzeit verhindert, *v. Lübtow* S. 980.

[63] *v. Lübtow* S. 947.

[64] Vgl. *Kipp / Coing* § 72 I S. 319.

[65] Zum verschiedenen Umfang von Verfügungs- und Verpflichtungsmacht *Erman / Hense* § 2205 Rdn. 6; die Verpflichtungsmacht erreicht jedenfalls den Umfang der Verfügungsmacht, § 2206 I 2.

## § 6 Gesetzliche Vermögenssonderung

er nach der Vertretertheorie[66] im Namen des Erben, während die herrschende Amtstheorie[67] von einem Auftreten im eigenen Namen ausgeht. Die Verpflichtungen treffen nach beiden Theorien den Erben. Die Vertretertheorie kann zur Begründung mühelos auf die Fremdwirkung des Vertreterhandelns zurückgreifen, während sich die Amtstheorie meist auf ausdrückliche gesetzliche Regelung[68] stützt, § 2206 I 1. Andernfalls, wenn die Amtstheorie von einer Schuld in der Person des Amtsträgers ausgeht, dann taucht der Streit um Schuld und Haftung[69] unversehens wieder auf. Die Verschiedenheit von Rechts- und Verpflichtungsträger soll — wie bei der Gesamthand[70] — durch eine Eröffnung von Haftung neben der Schuld kompensiert werden: Der Testamentsvollstrecker schulde ohne mit seinem Vermögen zu haften, der Erbe hafte, ohne daß ihn eine Verbindlichkeit belastet. Der Mindermeinung kann hier das Gesetz entgegengehalten werden[71], das die Leistungsklage sowohl gegen den Erben persönlich als auch gegen den passiv prozeßführungsbefugten[72] Testamentsvollstrecker zuläßt, § 2213 I. Der Klage liegt in beiden Fällen die Schuld des Erben zugrunde. Identität von Rechts- und Verpflichtungsträger ist gewahrt.

---

[66] Dieselbe Streitfrage bei allen Verwaltern (Konkursverwalter, Nachlaßverwalter, Prozeßpfleger bei herrenlosen Grundstücken, § 58 ZPO, Zwangsverwalter nach § 152 ZVG) — Vertretertheorie: *Lent* ZZP 62 (1941), S. 129 ff.; *Ballerstedt* AcP 151 (1950/51), S. 501 (525) läßt die Frage wohl offen; *Enneccerus / Nipperdey* § 180 I 1 e, S. 1106; *Jaeger / Lent* Vorb. I - IV vor §§ 6 - 9.

[67] Zwei Spielarten sind zu unterscheiden, die für die Arbeit ohne Belang sind: Der Testamentsvollstrecker handelt im eigenen Namen, so *Bartholomeyczik* § 42 I 3 b, S. 281 und § 54 III, S. 3 zum Nachlaßverwalter; *Stein / Jonas* Bem. II 3 vor § 50; *Soergel / Schultze-v. Lasaulx* Bem. 28, 29 vor § 164 vermittelnd; abweichend, der Testamentsvollstrecker handele mit objektbezogener Rechtsmacht, neutrales Handeln *Dölle* FS Schulz II (1951), S. 269 ff., *v. Lübtow* S. 924 ff. und *ders.* JZ 1960, S. 151; *Staudinger / Coing* Vorb. 55 ff. vor § 164; *Coing* Treuhand, S. 20, 51 ff. bejaht Dölles Lehre in bezug auf Abgrenzung Treuhand — Stellvertretung.

[68] Unklar, ob private Schuldübernahme ex lege logisch der Schuldbegründung in eigener Person nachfolgt, vgl. *v. Lübtow* S. 950 (der bei Testamentsvollstreckung persönliche Schuld des Erben annimmt, aber bei Nachlaßverwaltung zwischen persönlicher Schuld und Haftungsbeschränkung auf den Nachlaß ungenügend trennt, S. 1138) oder gesetzliche Verpflichtungsermächtigung vorliegt, so *Bartholomeyczik* § 42, S. 298 — gegen eine solche allgemein *Enneccerus* § 204 I 3 b, S. 1236; speziell beim Konkursverwalter *Jaeger / Lent* Vorb. B X 3 vor §§ 6 - 9.

[69] *Dölle* FS Schulz II (1951), S. 280; vgl. *v. Tuhr* I S. 120; *Hamburger* S. 146 f., der Erbe schulde nur bei Einwilligung nach § 2206 II.

[70] Unterschied im Detail: Mangels Rechtsfähigkeit (h. M.) kann die Gesamthand nicht Schuldnerin sein, wohl aber haften — die Haftungstheorie schafft Ausgleich für den Mangel der Rechtsfähigkeit. Der Testamentsvollstrecker werde nach den Grundsätzen des Allgemeinen Teiles des BGB selbst Schuldner — der Mangel der Fremdwirkung amtlichen Handelns soll ausgeglichen werden durch die Differenzierung von Schuld und Haftung.

[71] Zu Recht *v. Lübtow* JZ 1960, S. 151.

[72] *Kipp / Coing* § 71 II S. 317.

Die Anordnung der Testamentsvollstreckung berührt unstr.[73] die Verpflichtungsbefugnis, die Privatautonomie des Erben nicht. Er kann sich zu Verfügungen über Nachlaßgegenstände verpflichten, die seiner Verfügungsbefugnis entzogen sind[74]. Freilich liegt Unvermögen des Erben zur Erfüllung vor. Nachlaßverbindlichkeiten kann der Erbe soweit nicht begründen, als das Recht zur Verwaltung des Nachlasses bei dem Testamentsvollstrecker liegt. Wie dargelegt, geht der Testamentsvollstrecker Nachlaßverwaltungsschulden unmittelbar für die Person des Erben ein. Der Erbe wird Schuldner ohne sein Dazutun. Schutz bietet ihm nicht nur die Pflicht des Testamentsvollstreckers zu ordnungsgemäßer Verwaltung[75], § 2216, sondern auch die Ausformung einer gesetzlichen Haftungsbeschränkung im Verfahrensrecht.

Die Nachlaßverwaltungsschulden kann der Gläubiger nach freier Wahl[76] gegen den Erben oder gegen den Testamentsvollstrecker einklagen, § 2213 I. Erhebt er Klage gegen den Testamentsvollstrecker, so wird dieser Partei kraft Amtes[77]. Der gesonderte Titel gegen den Prozeßführungsbefugten erlaubt die Vollstreckung in den Nachlaß, § 748 I ZPO. Will der Gläubiger mit demselben Urteil gegen den Erben vorgehen, kann er sich bei währender Testamentsvollstreckung eine vollstreckbare Ausfertigung gegen den Erben erteilen lassen, § 728 II 2 ZPO. Ein Vorbehalt der beschränkten Haftung ist in diesem Fall nicht nötig, § 780 II ZPO, im Gegensatz zu dem Urteil, das im Verfahren gegen den Erben ergeht. Dort muß der Erbe die Haftungsbeschränkung einwenden und in den Tenor aufnehmen lassen, § 780 I ZPO.

Die Testamentsvollstreckschaft als solche führt zu keiner Beschränkung der Erbenhaftung. Die Beschränkung tritt nach den gewöhnlichen Regeln ein[78], §§ 1975 ff., bei (a) Anordnung der Nachlaßverwaltung, § 1981, oder Eröffnung von Nachlaßkonkurs- oder Nachlaßvergleichsverfahren, § 1980, (b) Dürftigkeit oder Überbeschwerung des Nachlasses, §§ 1990, 1992, oder bei (c) Erhebung der Ausschluß- bzw. Verschweigungseinrede gegenüber einem Gläubiger.

---

[73] *Bartholomeyczik* § 42 X 2, S. 293; *Kipp / Coing* § 70 III, S. 314.
[74] RG HRR 1929 Nr. 1833.
[75] Der Erbe kann auf Vornahme einer erforderlichen, ordnungsgemäßen Verwaltungshandlung klagen, BGHZ 25, 283 bzw. bei schuldhafter Pflichtverletzung Schadenersatz verlangen, *Kipp / Coing* § 73 II 5, S. 323; *v. Lübtow* S. 987 f.
[76] Zur Klage gleichzeitig gegen Erben und Testamentsvollstrecker *v. Lübtow* S. 967 und zur Klage ausschließlich gegen den Erben bei Verwaltung nur einzelner Nachlaßgegenstände, § 2213 I 2; § 748 II ZPO und *v. Lübtow* S. 967.
[77] Zur Amtstheorie vgl. oben FN. 67; *v. Lübtow* S. 965; *Bartholomeyczik* § 42 I 3 c, S. 281.
[78] *Bartholomeyczik* § 53 II 3, S. 374.

## § 6 Gesetzliche Vermögenssonderung

Entscheidend ist nun, daß der Erbe bei Testamentsvollstreckung in bezug auf Nachlaßverwaltungsschulden die Haftung mit seinem Eigenvermögen ausschließen kann. Die Nachlaßverwaltungsschulden gehören bei Testamentsvollstreckung zu den Nachlaßverbindlichkeiten[79], während sie bei (Eigen-) Verwaltung durch den Erben Nachlaßeigenschulden[80] werden. Für Nachlaßeigenschulden haftet der Erbe stets mit seinem Privatvermögen. Bei Zwangsvollstreckung wegen Nachlaßverbindlichkeiten aber kann er im Wege der Vollstreckungsgegenklage, §§ 785, 767 ZPO, die Pfändung privaten Vermögens aufheben lassen.

Zusammenfassend sind zwei ganz verschiedene Vermögenssonderungen voneinander zu unterscheiden. Die Abspaltung der Verfügungsbefugnis[81] bezweckt eine Vermögenssonderung innerhalb des gesamten Aktivvermögens ohne jede Bedeutung für die Schulden- und Haftungsordnung, in der der Erbe steht. Erst die Einräumung einer Verpflichtungsmacht an den Testamentsvollstrecker hat in gleichem Umfange eine Haftungsbeschränkung des Erben als *Rechtsträger* und *verpflichtetes Subjekt* zur Folge. Die Haftungsbeschränkung rechtfertigt sich aus der Selbständigkeit des Testamentsvollstreckers gegenüber dem Erben[82]. — Die Testamentsvollstreckung erweist sich als eine Sonderung zugleich im Aktivvermögen des Erben[83]. Sie dient der Ausführung

---

[79] Dies selbst bei der sog. Verwaltungsvollstreckung, *Kipp / Coing* § 69 II 2, S. 310; wegen der Haftungsbeschränkung auf den Nachlaß kann der Testamentsvollstrecker nach Rspr. und h. L. ein Handelsgeschäft nicht betreiben, *ders.* § 68 III 2, S. 300; *Erman / Hense* § 2205 Rdn. 9 - 16 m. w. N. der verschiedenen Lösungen; *Baur* FS Dölle I (1963), S. 249.

[80] *Bartholomeyczik* § 50 VI 2, S. 356; RGZ 146, 343 (345, 346), das im übrigen fehlerhaft von einer Eigenverbindlichkeit neben einer Nachlaßverbindlichkeit spricht. Es handelt sich um eine prozessuale Haftungsbeschränkung! Noch zweifelhafter, wenn *Staudinger / Keßler* § 1922 Bem. 214 von einer „eigenartigen, gesamtschuldnerischen Haftung" des Nachlasses und des Erbenvermögens sprechen, weil sie den Charakter der Haftungsbeschränkung innerhalb einer einheitlichen Schuld völlig verschleiern.

[81] Mangelnde Verfügungsbefugnis des Rechtsträgers wird in verschiedenem Maße durch den Rechtsschein überwunden, §§ 2211 II (voller Verkehrsschutz), 1984 I und 7 KO (Gutglaubensschutz nur im Grundstücksrecht). Rechtsgeschäftlich kann eine derartige Abspaltung nicht erreicht werden, §§ 137, 185. — Bei Veräußerungsverboten ist zu unterscheiden: Die absoluten, § 134, kennen keinen Verkehrsschutz. Die relativen der §§ 135, 136 bieten vollen Verkehrsschutz; die relativen der §§ 59, 62 - 64 VglO unterscheiden: bei allgemeinem Veräußerungsverbot Gutglaubensschutz nur gem. §§ 892, 893, bei gegenständlichem Verfügungsverbot genereller Verkehrsschutz, § 63 III 2 VglO; zu weiteren Fällen vgl. *Enneccerus / Nipperdey* § 144, S. 885 ff., zum Umfang des Gutglaubensschutzes *Staudinger / Lehmann* § 1984 Rdn. 7; *Baumbach / Hefermehl* Art. 16 Anm. 3 C; *Bartholomeyczik* § 54 III 3 b, bb.

[82] Der Testamentsvollstrecker verpflichtet einen Dritten ohne dessen Einwilligung; vgl. zur aufsichtsfreien Stellung des Testamentsvollstreckers *Kipp / Coing* § 68 III, S. 299 ff., S. 303.

[83] Von der Finalität der Testamentsvollstreckung her dies sogar die bedeutendere Vermögenssonderung, in unserem Untersuchungszusammen-

letztwilliger Verfügungen des Erblassers und privilegiert die Nachlaßgläubiger. Als sonderndes Prinzip benutzt das Gesetz die Trennung von Rechtsträgerschaft und Verfügungsbefugnis. — Pendant der gesetzlichen Verwaltungsmacht des Vollstreckers, mit der Schulden in der Person des Erben begründet werden, ist die gesetzliche Haftungsbeschränkung. Der Erbe setzt sie klageweise im Vollstreckungsverfahren durch. Sonderndes Kriterium auf der Passivseite wird die verwaltungsmäßige Herkunft, der wirtschaftliche Begründungstatbestand der Schuld durch den Testamentsvollstrecker.

### 6.2 Vermögenssonderung bei Konkurs und bei Nachlaßverwaltung — Verwaltungsmacht der Amtstreuhänder — Massenverwaltungsschulden insbesondere

Mit der Eröffnung des Konkurses, § 102 ff. KO, bzw. der Anordnung der Nachlaßverwaltung, § 1981, verlieren der Gemeinschuldner resp. der Erbe die Verfügungsbefugnis, §§ 6 I KO, 1984 I. Der Verlust der Befugnis betrifft die Gegenstände, die zur Konkursmasse, § 1 KO, bzw. zum Nachlaß gehören, § 1922. Kraft Gesetzes wird die Rechtsmacht an den Verwalter delegiert, vgl. § 6 II KO. Der Zeitpunkt[84] bestimmt sich nach § 108 KO bzw. § 1983. Rechtsträgerschaft und Verfügungsbefugnis sind voneinander getrennt[85], soweit es sich nicht um Privatvermögen des Erben oder konkursfreies Vermögen des Gemeinschuldners handelt.

Verfügungen, die gleichwohl ohne Verfügungsmacht vorgenommen werden, sind nach richtiger Ansicht[86] gegenüber jedermann unwirksam. Es handelt sich um einen Fall der Verfügung des Berechtigten ohne Verfügungsmacht, nicht um ein relatives Veräußerungsverbot[87] nach § 135.

---

hang aber werden Sonderungen vorrangig behandelt, die zugleich Aktiv- und Passivseite erfassen, zielen die Ausführungen auf die Erkenntnis hin, wann und warum (Aufbau und Wertung) die Sonderung doppelter Art ist.

[84] Für entsprechende Anwendung des § 108 KO auf die Anordnung der Nachlaßverwaltung *Strohal* II § 79 II 1; *v. Lübtow* S. 1139. a. A. die h. M., die auf den Zeitpunkt der Zustellung an den Erben, § 16 II FGG, abstellt, vgl. *Soergel / Schippel* § 1983 Rdn. 1; *Erman / Bartholomeyczik* § 1984 4 m. w. N.

[85] Abzulehnen die Versuche, von Rechtsfähigkeit der Masse zu sprechen *Bötticher* ZZP 77 (1964), S. 55 m. w. N.

[86] So *Jaeger / Lent* § 7 Rdn. 8; *Mentzel / Kuhn* § 7 Anm. 6; *Erman / Bartholomeyczik* § 1984 Rdn. 3; *Lent / Jauernig* § 40 III 2, S. 135; RGZ 157, S. 294 (295); absolute Unwirksamkeit bei solchen Verfügungen, die dem Zweck der Befriedigung der Gläubiger zuwiderläuft: *Schönke / Baur* § 55 II 2, S. 267 abwägend; *Erman / Westermann* §§ 135, 136 Rdn. 6.

[87] Im Gegensatz zu diesen wird nicht die Verfügung verboten, sondern die Rechtsmacht einer anderen Person zugeteilt. *Lent* § 40 III 2, S. 115; *Lehmann / Hübner* § 27 II 4 b, S. 180 — beide für ein Veräußerungsverbot.

## § 6 Gesetzliche Vermögenssonderung

Den Verwaltern wird zugleich eine Verwaltungsmacht[88] über den in der Rechtszuständigkeit des Erben stehenden Nachlaß bzw. über die Konkursmasse eingeräumt, §§ 6 II KO, 1985 I. Die Formulierung des Gesetzes darf keinen Zweifel daran aufkommen lassen, daß der Begriff „Verwaltungsmacht" eine subjektbezogene Rechtsmacht bezeichnet. Gemeint ist (auch) die gesetzliche Vertretungsmacht des Verwalters[89]. Die Verpflichtungsbefugnis, das privatautonome Handeln des Gemeinschuldners oder Erben wird durch den Verwalter andererseits in keiner Weise eingeschränkt[90]. Verbindlichkeiten aus Verpflichtungsgeschäften des Verwalters entstehen unmittelbar in der Person des Erben bzw. Gemeinschuldners[91].

Im Unterschied zum Testamentsvollstrecker wird hier die gesetzliche Vertretungs- und Verpflichtungsmacht nicht durch das Tatbestandsmerkmal einer ordnungsgemäßen Verwaltung, § 2206 I 1, eingeschränkt. Grenzen haben Lehre[92] und Rechtsprechung[93] teils durch Beschränkung der Vertretungsmacht, teils durch Nichtigkeit zweckwidriger Rechtsgeschäfte herausgearbeitet. Der Nachlaßverwalter[94] kann den Erben nicht mit seinem Privatvermögen, der Konkursverwalter den Gemeinschuldner nicht mit dem Neuerwerb oder konkursfreien Vermögen verpflichten. Der Umfang der Vertretungsmacht wird nach richtiger Ansicht durch den Zweck der Verwaltung inhaltlich bestimmt. Darüber hinausgehende Rechtsgeschäfte schließt der Verwalter ohne Vertretungsmacht mit den Rechtsfolgen aus den §§ 177 ff. ab[95].

Wie bei der Testamentsvollstreckung tritt eine hier nicht weiter zu verfolgende Einteilung der Gläubiger in Gruppen ein. Anspruchsberechtigte, die nicht Nachlaß- oder Konkursgläubiger sind, erhalten keine Befriedigung aus dem gesonderten Aktivvermögen „Nachlaß" bzw.

---

[88] Inhalt ist das Besitznahmerecht, §§ 1985, 1986, § 117 KO, die tatsächliche Fürsorge für den Nachlaß ebenso wie eine Verpflichtungsmacht, Vertretungsmacht. Zum Begriff der Verwaltungsmacht vgl. unten § 19.1.1.

[89] Zum Streit zwischen Vertreter- und Amtstheorie vgl. oben § 6.1 mit FN. 66 und *Jaeger / Lent* Vorb. I - IV zu §§ 6 - 9; *Schönke / Baur* § 56 I, S. 281 ff.; *Hanisch* Rechtszuständigkeit der Konkursmasse, 1973; *Kisch* FG Reichsgericht 1929 VI, S. 15 ff.; *Kipp / Coing* § 97 VI 1 a, S. 438.

[90] *Schönke / Baur* § 55 I 1, S. 266.

[91] *Erman / Bartholomeyczik* § 1975 Rdn. 3; *Jaeger / Lent* Vorb. X 3 vor §§ 6 - 9; Vertreter und Amtstheorie stimmen in diesem Ergebnis überein.

[92] *Jaeger / Lent* § 6 Rdn. 24 ff.; *Mentzel / Kuhn* § 6 Anm. 37.

[93] Allerdings selten unter dem Gesichtspunkt mangelnder Vertretungsmacht, vgl. RGZ 53, 190 (192); 57, 195 (199); 72, 260 (261) gegen Einengung der Vertretungsmacht; BGH LM Nr. 3 zu § 6 KO.

[94] Seine Rechtsmacht durch Unterstellung unter Pflegschaftsrecht begrenzt, §§ 1975, 1915, 1812, 1821, 1822, *Bartholomeyczik* § 54 III 3 b, dd, S. 382; RGZ 72, 260 (262); differenzierend RGZ 135, 305 (306, 307); *Kipp / Coing* § 97 VII, S. 440.

[95] *Jaeger / Lent* § 6 Rdn. 24.

"Konkursmasse", §§ 3 I KO, 1984 II. Die durch Abspaltung der Verfügungsmacht gebildeten Sondervermögen bleiben den Nachlaß- und Konkursgläubigern vorbehalten.

Aus Verpflichtungsgeschäften der Verwalter wird der Rechtsträger — Erbe oder Gesamtschuldner — persönlich verpflichtet[96]. Zu prüfen bleibt, ob diese Verwaltungsgläubiger in der Zwangsvollstreckung auch auf Gegenstände des Privatvermögens zugreifen können, die unter der Verfügungsmacht des Rechtsträgers verblieben sind. In der Literatur wird die Frage knapp behandelt und indirekt bejaht. — Wie bei der Testamentsvollstreckung zählen Verwaltungsschulden des Nachlaßverwalters zu den Nachlaßverbindlichkeiten[97], denen gegenüber der Erbe unter den allgemeinen Voraussetzungen, §§ 780 ff. ZPO, die Haftungsbeschränkung auf den Nachlaß geltend machen kann. — Im Konkurs lautet die entsprechende Frage dahin, ob der Gemeinschuldner mit seinem konkursfreien Vermögen für Masseansprüche aus Rechtsgeschäften haftet, die der Konkursverwalter in Zwangsvertretung für ihn abgeschlossen hat. Die richtige Ansicht[98] verneint in Wertungsharmonie mit den anderen Fällen der gesetzlichen Verwaltung ein Zugriffsrecht dieser Massegläubiger[99] auf das Privatvermögen des Gemeinschuldners. Zur Begründung wird jedoch dogmatisch verfehlt auf die Grenzen der Vertretungsmacht des Konkursverwalters hingewiesen. Nicht sie soll gegenständlich eingeschränkt werden, sondern der Grundsatz der Unbeschränktheit persönlicher Haftung. Dogmatisch ist er in der Struktur des Anspruches als Befugnis des Gläubigers enthalten[100]. Die Befugnis ließe sich nicht durch einseitigen Akt, sondern nur durch eine Haftungsbeschränkungsvereinbarung mit dem Gläubiger aufheben. Bei Begründung der Schuld entsteht mangels abweichender

---

[96] Ergebnis besonders der Diskussion um das Verpflichtungssubjekt bei Massenschulden, §§ 57 ff. KO, vgl. Motive II S. 240; *Jaeger / Lent* § 57 Rdn. 2; *Wolff* ZZP 22 (1896), S. 207; RGZ 52, 330 (332); a. A. die Konkursgläubiger als Gesamthand sind Schuldner *Kohler* LB S. 281 ff.; *Hellmann* S. 193 ff., 639 f.

[97] Ausdrücklich *v. Lübtow* S. 1138 unter Berufung auf *Kipp / Coing* § 97 VI 1 a, die aber allgemein formulieren; vgl. weiter OLG Colmar OLGE 12, S. 361 (362); *Grossfeld-Rohlff* JZ 1967, S. 706, 707.

[98] *Jaeger / Lent* § 57 Rdn. 4; *Siber* JJ 67 (1917), S. 147; *Sieveking* Die Haftung des Gemeinschuldners für Masseansprüche (1937, Beitr. z. ZZP Heft 17); *Mentzel / Kuhn* § 57 Anm. 11; a. A. *Wolff* ZZP 22 (1896), S. 213 auch Zugriff auf konkursfreies Vermögen.

[99] Sowohl während als auch nach dem Konkurs. *Jaeger / Lent* § 57 Rdn. 4 weisen zu Recht darauf hin, daß die Haftungsbeschränkung nur für Masseschulden gilt, die nicht schon vor Konkursbeginn existent waren und erst zu bevorrechtigten Schulden wurden — Konkurs darf den Schuldner nicht von Haftung befreien, die ihn vor Konkurseröffnung voll belastete — a. A. *Fitting* § 14 N. 35 Masseschulden schlechthin gegenüber konkursfreiem Vermögen nicht verfolgbar.

[100] Vgl. oben § 1.2.

Vereinbarung aber eben auch die unbeschränkte Vollstreckungsbefugnis des Gläubigers.

Eine abweichende Vereinbarung müßte die positive oder negative Beschreibung der Konkursmasse als ausschließliche Haftungsgrundlage enthalten. Diese Bedingung wird tatsächlich nicht erfüllt. Rechtsprechung[101] und Lehre knüpfen an die Nichterfüllung keine Folgen. Die Dogmatik der beschränkten Vertretungsmacht[102] des Konkursverwalters verdeckt den normativen Charakter der Haftungsbeschränkung. In Parallelität zu Testamentsvollstrecker und Nachlaßverwalter handelt es sich um eine gesetzliche Haftungsbeschränkung[103], die der Gemeinschuldner im Vollstreckungsverfahren analog §§ 785, 767 ZPO geltend machen *kann*[104].

Die Vermögenssonderungen bei Konkurs und Nachlaßverwaltung sind wie bei der Testamentsvollstreckung zweifacher Art. Die Trennung von Rechtsträgerschaft und Verfügungsbefugnis führt zur Sonderung des Aktivvermögens. Sie dient dem jeweiligen Zweck der eröffneten Verfahren (Befriedigung der Nachlaß- bzw. Konkursgläubiger). Die Trennung beeinflußt Schuld- und Haftungsordnung in keiner Weise. — Ein Wertungszusammenhang besteht zwischen der Einräumung einer Zwangsvertretungsmacht und der gesetzlichen Haftungsbeschränkung des Vermögensträgers. Die Identität von Rechtsträger und Verpflichtungsträger wird durch den Beginn und die Durchführung der Verwaltungsverfahren nicht aufgehoben. Die Durchsetzung der Haftungsbeschränkung obliegt dem Schuldner, der konkreten Vollstreckungsakten im Rahmen der Zwangsvollstreckungsverfahren begegnen kann. Parallelen zur Vermögenssonderung bei der Gesamthand lassen sich nicht ziehen.

**§ 7 Zusammenfassender Überblick und einleitende Vorschau auf Fragestellungen bei der dogmatischen Erfassung der Gesamthandsvermögen**

Die Rechtsordnung kennt Vermögenssonderungen im materiellen Recht und andere im Vollstreckungsrecht[105].

---

[101] z. B. OLG Hamburg OLGE 25, S. 336.
[102] Ebenso § 17.2.
[103] *Kiehl* ZZP 30 (1902), S. 289 (298) weist auf Forthaftung von Vermögensgegenständen hin, die nach Beendigung des Konkurses in freie Verfügungsgewalt des Gemeinschuldners gelangen. Zwangsvollstreckungsakten kann der Schuldner insoweit eben nicht mit der Vollstreckungsgegenklage analog §§ 785, 767 ZPO entgegenwirken.
[104] Zum Haftungsvorbehalt vgl. oben § 5.1.
[105] Konträr *Kunz* § 7, S. 31 ff., der methodisch nicht von einer Untersuchung der Vermögenssonderungen ausgeht, deduktiv einen Zuordnungsdualismus ableitet (formelle und materielle Rechtszuordnung) — methodische Kritik erhebt *Reinhardt* S. 20.

Das materielle Recht begründet Haftungseinheiten durch Rechtsträgerschaft. Als Beispiele sind die natürliche und die juristische Person wie auch die gemeinschaftliche Rechtsträgerschaft von Ehegatten behandelt worden. Die Aufzählung legt bereits nahe, bei gemeinschaftlicher Rechtsträgerschaft eine von den Gemeinschaftern unterscheidbare Rechtssubjektivität anzuerkennen (Rechtsträgerschaft der Gesamthand). Bedeutung und Inhalt von Rechtsträgerschaft und Rechtssubjektivität sind sogleich eingehender zu behandeln.

Das Zwangsvollstreckungsrecht kennt Vermögenssonderungen innerhalb gleicher Rechtszuständigkeit. Beschränkungen der Haftung auf Teile seines Vermögens macht der Schuldner durch die Vollstreckungsgegenklage gegen bestimmte Vollstreckungsakte geltend. Die Haftungsbeschränkungen im Falle der Fortwirkung ehemaliger Rechtsträgerschaft und bei den Amtsverwaltungen wehren den Zugriff solcher Gläubiger ab, denen der Rechtsträger/Schuldner sich nicht in eigener Bestimmungsfreiheit verpflichtet hat.

Weiter ist festzuhalten, daß das Gesetz eine Trennung von Rechtsträgerschaft und Verfügungsbefugnis bei Anordnung von Amtsverwaltungen kennt. Die Trennung ist nicht die Ursache für Haftungssonderungen innerhalb des Schuldnervermögens[106].

Haftungsbeschränkungen werden im Vollstreckungsverfahren berücksichtigt. Ihrer Rechtsnatur nach betreffen sie eine Befugnis des Gläubigers, die in der Struktur der Schuld enthalten ist. Die Haftungsbeschränkungen müssen gegenständlich bestimmt oder wenigstens bestimmbar sein. Der Bestand von Schulden ist als materiellrechtliche Frage Gegenstand des Erkenntnisverfahrens. Die Anerkennung einer Schuld setzt Rechtsträgerschaft/Rechtssubjektivität voraus.

Das systematische Zusammenspiel von Rechtsträgerschaft und Verpflichtung in der Haftungsordnung des Vermögensrechts ist aufgezeigt. Für die Einordnung der Gesamthandsvermögen in die gesetzlichen Kategorien folgt, daß eine Untersuchung der Verpflichtungszuständigkeit (Problem der Gesamthandsschuld — Qualität als Pflichtsubjekt) die Klärung der Rechtsträgerschaft fordert. Die Bestimmung der gesamthänderischen Rechtsträgerschaft hat zentrale Bedeutung für den Zugriff auf das Sondervermögen wie auch für die freiwillige Erfüllung der Schulden — und damit auch für den Schuldinhalt[107].

---

[106] Vgl. oben § 6.2 a. E.

[107] Will man nicht die Rechtszuständigkeit ihres regelmäßigen Gehaltes berauben und etwa wie *Kunz* Über die Rechtsnatur der Gemeinschaft zur gesamten Hand, 1963, zwischen formeller und materieller Rechtszuständigkeit unterscheiden, dazu in §§ 9.1 und 9.2.

ZWEITER TEIL

**Rechtsträgerschaft bei Personenmehrheiten — Anteil an gemeinschaftlicher Sache bei Gesamthand und bei Bruchteilsgemeinschaft — Anteil am Gesamthandsvermögen**

### § 8 Juristische Person, Personalgesellschaft, Rechtsträgerschaft, Rechtssubjektivität und Handlungsfähigkeit — Abgrenzung

Der Grundsatz der Identität von Rechts- und Verpflichtungsträger wie die Rechtsträgerschaft als herausragendes Prinzip der Vermögenssonderung[1] drängen auf Klärung der gesamthänderischen Rechtsträgerschaft. Zur Einführung in diesen Problembereich und um präzise Grenzen des Arbeitsfeldes zu beschreiben, steht am Anfang die Bestimmung eines Verhältnisses von juristischer Person und Personalgesellschaft, Rechtsträgerschaft, Rechtssubjektivität und Handlungsfähigkeit.

Juristische Person und Personalgesellschaft, welche immer Gesamthandsgesellschaft ist, sollen als verschiedenartige, umfassende Regelungstypen verstanden werden[2]. — *Ein* Regelungsbereich innerhalb der Typen ist die Rechtsträgerschaft mit der identisch anzuknüpfenden Verpflichtungszuständigkeit. Durch den Terminus „Rechtsträgerschaft" wird ggf. die Fähigkeit von Personenmehrheiten beschrieben, im Vermögensrecht eigener Zurechnungspunkt von Rechten und Pflichten zu sein. Ein anderer Funktionsbereich der beiden Regelungskomplexe

---

[1] Vorliegende Arbeit hat einen systematisch-funktionalen Ansatz, erstreckt sich auf Aktiv- und Passivseite des Gesamthandsvermögens, vgl. oben Einleitung. Darin liegen Unterschiede zu den Werken folgender Autoren: *Fabricius,* der um Klärung der Teilrechtsfähigkeit (Zuordnungsfähigkeit von Personenmehrheiten) bemüht ist, vgl. S. 2 ff., 111, 117 m. N. der Vorgänger; *Schulze-Osterloh,* der sich das Ziel gesetzt hat, Bruchteilsgemeinschaft und Gesamthand einheitlich darzustellen, vgl. S. 5 ff. und der keine Aussage zur Funktion gemeinschaftlicher Rechtsträgerschaft im Vermögensrecht macht; *Brecher,* der von der Vermögensselbständigkeit und dem Grad der Personifizierung ausgeht, von einer Stufenleiter der Verselbständigung spricht, vgl. FS A. Hueck (1959), S. 242, 243 f.; *Huber,* der das Sondervermögen als Grundlage der Gesamthand herausstellt, vgl. S. 106 — a. A. *Flume* ZHR 136 (1972), S. 185 und *Gierke* Genossenschaftstheorie S. 467; *Rittner,* der inspiriert von soziologischer Arbeitsweise, vgl. S. IV, 216, den systematischen Begriff „Rechtssubjekt" mit sozialen Sachverhalten und ethischen Zielbestimmungen verbindet; zur Ideengeschichte des Rechtssubjektes vgl. *Fabricius* S. 37 ff.

[2] Im Anschluß an *Huber* S. 93 ff., der von zwei gesetzlichen Lösungsmodellen spricht; ebenso vorher *Buchda* S. 262 f.

besteht in ihrer Haftungsordnung. Nur bei den juristischen Personen bedeutet selbständige Rechtsträgerschaft zugleich Vermögenseinheit in der Haftungsordnung[3].

Die Untersuchung der Rechtsträgerschaft betrifft die Zuordnungsfähigkeit von Personenmehrheiten — Bruchteilsgemeinschaften und Gesamthandsgesellschaften — in bezug auf ein subjektives Recht. Bei dem Zuordnungsproblem bieten sich zur Lösung zwei Möglichkeiten an, die beide in der Literatur seit langem aufgezeichnet sind[4]: Ein Eingriff in die Struktur des subjektiven Rechts oder eine Reform des Personenbegriffes. Die zweite Lösungsmöglichkeit wird hier als die richtige angesehen. Die Zuordnungsfähigkeit der Gesamthand ist anzuerkennen. Das soll einmal (ZWEITER TEIL) auf Grund einer logisch strukturellen Betrachtung des subjektiven Rechts gefolgert werden. Zum anderen (DRITTER TEIL) wird für diese Lösung in anderen Regelungsbereichen Bestätigung gesucht: In dem dogmatischen Erfordernis eines einheitlichen Schuldbegriffes[5], in dem Funktionszusammenhang von Recht und Schuld[6] und in dem Bedürfnis, die Gesamthand als handlungs- und vertretungsfähiges Subjekt anzuerkennen[7]. Im Zusammenhang mit der gesamthänderischen Rechtsträgerschaft ist herauszuarbeiten, ob der Anteil am Einzelgegenstand oder am Gesamthandsvermögen eine schuldrechtliche, mitgliedschaftliche oder gegenstandsrechtliche[8] Rechtsstellung beschreibt, §§ 719 I, 747, 1419 I, 2033 I.

In der Literatur sind Tendenzen festgestellt worden[9], denen zufolge die Person (das Rechtssubjekt) nicht aus sich selbst heraus, sondern vom Vermögen her bestimmt wird. Damit ist eine Wende von einem ethischen zu einem vermögensrechtlichen Personenbegriff hin beschrieben. In diese neue Richtung gehen die hier vorgetragenen Überlegungen. Sie zielen auf die Prinzipien der Vermögensbildung bzw. -sonderung ab. Mithin kann das Vermögen selbst kein Bezugselement sein. Vielmehr wird die Zuordnung des einzelnen Rechts und der einzelnen Verpflichtung behandelt. Das Rechtssubjekt wird nicht durch das Vermögen erklärt, sondern als Zuordnungsfähigkeit (= Rechtsträgerschaft) definiert.

[3] Zur Schuld der juristischen Person soll vom Regelungstypus seiner kapitalbezogenen Ausgestaltung her keine Haftung der Mitglieder treten, vgl. §§ 29, 179 - 240 AktG.

[4] Vgl. *Buchda* S. 225, der die Gesamthandstheorien ordnet in solche, die vom Subjekt ausgehen, die Gesamthand zur persona moralis machen, und solche, die das subjektive Recht aufteilen, also von der Objektseite ausgehen.

[5] Vgl. insb. oben Einleitung und unten §§ 15. und 15.2.

[6] Vgl. insb. unten § 15.1.

[7] Vgl. insb. unten § 15.1 a. E. und § 19.1.

[8] Zur Einteilung vgl. *Brecher* a.a.O. S. 244.

[9] *Brecher* a.a.O. S. 244.

Damit wird weniger als eine Theorie der Gesamthandsgemeinschaften erarbeitet. Die gemeinschaftliche Rechtsträgerschaft erklärt Personengemeinschaften nur unter dem Aspekt der verfügbaren Aktivrechte. Verfügungsmacht und Ausübung der zugeordneten Rechte werden in der Literatur gegenüber der eigenen Zuordnungsfähigkeit (= Rechtsträgerschaft) so sehr in den Vordergrund gerückt, daß das „juristische Handlungsvermögen" als Rechtsfähigkeit definiert wird[10]. Dem ist aus zwei Gründen nicht zu folgen: Einmal betrifft die Rechtsträgerschaft Rechte *und* Verbindlichkeiten. Zum anderen besitzt das Problem „Handlungsfähigkeit" unabhängig von Rechten und Pflichten Bedeutung. Über den Bereich verfügbarer Aktivrechte hinaus schließt es die Frage ein, ob die Personenmehrheit selbst Zurechnungspunkt von Rechtsgeschäften (z. B. den Verträgen, § 305) sein kann. Die damit angesprochene rechtsgeschäftliche Handlungsfähigkeit wird angesichts des § 124 I HGB bei der oHG einhellig bejaht, bei der ehelichen Gütergemeinschaft angesichts des § 1416 I 2, II heftig bestritten. Darauf ist erst im folgenden Teil über die Haftungsordnung einzugehen[11].

Für den Begriff der Rechtssubjektivität bleibt hiernach kein eigenes Bedeutungsfeld[12]. Negativ ausgegrenzt entscheidet er nicht zwischen dem Ordnungsprogramm der juristischen Person oder Gesamthandsgesellschaft. Positiv verwandt mag er besagen, daß Zuordnungsfähigkeit und Handlungsfähigkeit der Personenmehrheit vorliegen.

## § 9 Gesamthänderische Rechtsträgerschaft — Theorie der konkurrierenden Vollrechtsträgerschaft der Gesamthänder — Widersprüchlichkeiten

### 9.1 Dualistische Theorie und Rechtsträgerschaft von Personenmehrheiten

Die dualistische Theorie[13] anerkennt allein natürliche und juristische Personen als Rechtsträger. Die Theorie der konkurrierenden Vollrechtsträgerschaft[14] aller Gesamthänder soll erklären, wie ein einheitliches Recht einer Personenmehrheit zuzuordnen ist, ohne dieser eigene Rechtssubjektivität zu verleihen.

---

[10] *Fabricius* S. 3 FN. 1; *Hanke* S. 59 ff., 67.
[11] a. A. konsequent *Fabricius* S. 117, der die Handlungsfähigkeit nicht besonders untersucht, sondern bei seiner begrifflichen Gleichsetzung von Handlungsfähigkeit und Rechtsfähigkeit die eine aus der anderen folgert.
[12] *Kunz* S. 12 differenziert und spricht von der Rechtsträgerschaft als aktualisierter Rechtsfähigkeit.
[13] Begriff von *Wieland* I, S. 402, 426.
[14] Condominium plurium in solidum, Theorie der ungeteilten Mitberechtigung vertreten von der h. L., vgl. *Hueck* § 3 IV, S. 33 f.; RGRK-HGB-*Fischer* § 105 Anm. 7; *Schlegelberger / Geßler* § 105 Anm. 28, 34; Zusammenstellung

Die Zuständigkeit desselben ungeteilten Rechtes[15] bei mehreren Rechtssubjekten wurde schon früh als contradictio in adiecto beschrieben[16]. Ausgangspunkt der logischen Erwägung ist die Zusammenfassung von „Mitteln der Lebensgestaltung"[17] zu einer Einheit, zu einem Recht mit typisch oder rechtsgeschäftlich ausgegrenztem Inhalt[18]. Das konkrete Recht tritt in Gegensatz zu anderen, wenn auch inhaltsgleichen. Einheit und Einmaligkeit erlangt das Recht aber nicht nur durch seine Inhaltsbestimmung, sondern zugleich durch die Zuordnung[19]. Ohne Veränderung der Identität[20] des Rechtes kann eine Beziehung nur einmal und zu einer Einheit hergestellt werden. Einheit des Rechts und Einheit des Subjekts bedingen einander[21]. Der logische Sachverhalt wird in der Wendung „subjektives Recht" zusammengefaßt.

Die neuerlich herausgearbeiteten logischen Bedenken[22] spiegeln Äußerungen älterer Autoren wider, die auch die Richtung angaben, in der die Problemlösung zu finden ist. Es wurde der Lehre ungeteilter gesamthänderischer Rechtsträgerschaft nachgesagt, sie täusche eine

---

bei *Fabricius* S. 131 ff. (135); *Staudinger / Keßler* Vorb. 43 d vor § 705 und neuerdings wieder *Lieselotte Ernst* S. 5 ff., 44, die aber auf S. 42 bei der Erfassung gesamthänderischer Rechtsträgerschaft in eine „wirtschaftliche Teilung" ausweicht.

[15] Es geht nicht nur um das vom Inhalt her „elastische" Eigentumsrecht, *Kunz* S. 59; *Gierke* Genossenschaftstheorie S. 319: Zuordnung von Eigentumssplittern an die Gesamthänder.

[16] Ulpianstelle D 13, 6, 5, 15 berichtet von Celsus: et ait duorum quidem in solidum dominium vel possessionem esse non posse; *Sohm* S. 62; ähnlich *Kattausch* S. 63 unter Berufung auf *v. Tuhr* I S. 80 Anm. 11; relativierend *Steinlechner* S. 109: ausgeschlossen nur, daß der volle Eigentumsinhalt zugleich mehreren zustehe; ausführlich zu den Widersprüchlichkeiten *Fabricius* S. 118 ff.; vor ihm *Buchda* S. 252; *Binder* Persönlichkeit S. 81.

[17] *Fabricius* S. 136.

[18] *Fabricius* S. 119 weist darauf hin, daß es sich um eine synthetische Einheit handelt; Entstehungsgrund und -prozeß erörtert *Kasper* Das subjektive Recht — Begriffsbildung und Bedeutungsmehrheit; hier genügt herauszustellen, wo der Ausgangspunkt der logischen Erwägung gesehen wird. *Engländer* S. 35 f. spricht von Konstanz des Rechtsinhaltes im Gegensatz zur veränderlichen Zuständigkeit. Da *Schultze-Osterloh* S. 9, 10 das subjektive Recht als logischen Ausgangspunkt anerkennt, keine Denkfehler nachweist, kann seine Opposition gegenüber *Fabricius* nicht unterstützt werden. Logische Gebote kann auch die konkrete Ausgestaltung der Rechtsordnung nicht aufheben, will sie sich nicht selbst preisgeben. Freilich steht die logische Struktur des Rechtes unter der Lebendigkeit seiner Gehalte, *Brecher* FS A. Hueck S. 236.

[19] *Fabricius* S. 118, 119 spricht von Relation zwischen Subjekten oder Subjekt und Rechtsinhalt (= Objekt).

[20] z. B. Abspaltung von beschränkten dinglichen Rechten; vgl. *Fabricius* S. 121, 122.

[21] *Fabricius* S. 119 mit Bezug auf *Sigwart* § 66; *Rickert* S. 29; ebenso *Buchda* S. 252; a. A. *Larenz* AT § 9 II, S. 116 FN. 1, der letztlich auch eine durch Aufgliederung (vgl. unten § 9.3) erzeugte *Einheit* des Rechts der Einheit des Subjekts zuordnet!

[22] *Fabricius* a.a.O.

Lösung vor[23], sie laufe konsequent auf die Rechtssubjektivität der Gesamthand hinaus[24] oder sie sei „mit der Logik nicht in Einklang zu bringen"[25]. Klärung wurde durch eine Erneuerung der Lehre vom Rechtssubjekt erwartet[26].

### 9.2 Verselbständigung der Rechtszuständigkeit oder der Verfügungsbefugnis

Die vielfältigen Bedenken haben zwei Modifizierungen des condominium plurium in solidum auszuräumen versucht. — Die erste verselbständigt die Zuständigkeit des subjektiven Rechts gegenüber diesem[27]. Formal wird das subjektive Recht, das zuvor als Relation zwischen Subjekt und Rechtsinhalt gedacht wurde, verobjektiviert[28]. Die Zuständigkeit ist es nun, die eine Verbindung (Relation) herstellt zwischen Subjekt und Recht als Objekt[29].

Zutreffend ist diesem gedanklichen Objektivierungsprozeß vorgehalten worden, daß er jede funktionale Orientierung verloren hat[30]. Ein formales Weiterdenken würde zu einer Verobjektivierung auch der jüngst gefundenen Zuständigkeit führen und die Relation zum Objekt machen. Es ergäbe sich eine Stufung von Relation und Objekt ad infinitum. Die systematische Funktion der Zuständigkeit des Rechts besteht darin, seine Umlauffähigkeit zu beschreiben. „Die Zuordnung ist ein reiner Funktionsbegriff, kein Gegenstandsbegriff; sie bewirkt

---

[23] *Engländer* S. 64.
[24] *Larenz* JJ 83 (1933), S. 147 im Anschluß an *Schönfeld* FS Reichsgericht II (1929), S. 223 ff.
[25] *Buchda* S. 192, 208; *Sohm* S. 62.
[26] *Hübner* § 23 III 1 a. E., S. 173; *Schönfeld* FS Reichsgericht II (1929), S. 223, 225 Rechtsperson als ein juristisch zugearteter soziologischer Begriff, Rechtssubjekt als ein juristischer und damit formaler Begriff, gemeint i. S. eines rechtlichen Tatbestandes.
[27] *Engländer* S. 29 ff. (33); methodisch ebenso *Schulze-Osterloh* S. 10 oben; *Brecher* FS A. Hueck (1959), S. 249; a. A. *Buchda* S. 248.
[28] Bemerkenswert derselbe Objektivierungsprozeß auf der Verpflichtungsseite *Hueck* § 21.5, S. 315: Träger der Gesellschaftsverbindlichkeit sei der Gesellschafter; dieser sei aber nicht zur Erfüllung, sondern zur Fürsorge verpflichtet, daß die Schuld erfüllt werde. Der Schuldner wird in eine verobjektivierte Beziehung zur Verbindlichkeit gestellt — ein Umweg, auf den gedrängt wird, wer die Zuordnungssubjektivität der Personenmehrheit leugnet!
[29] Vorher war der gegenständliche Rechtsinhalt das Objekt und das subjektive Recht die Relation. *Engländer* S. 33 verselbständigt die Zuständigkeit, beläßt sie aber noch im Verband des subjektiven Rechts, macht sie zu einem inkonstanten Strukturglied; Kritik bei *Buchda* S. 251; *Fabricius* S. 119 - 121.
[30] Vgl. *Fabricius* S. 121. *Schulze-Osterloh* S. 10 setzt sich damit nicht auseinander; er erläutert den Objektcharakter des subjektiven Rechts mit Umlauffähigkeit und Konstanz des Inhaltes.

die Verknüpfung des ... vom Subjekt lösbaren ‚Bandes', das wir subjektives Recht nennen, mit dem Subjekt[31]."

Die zweite Modifizierung trennt Rechtsträgerschaft und Verfügungsbefugnis[32]. Den Geboten der dualistischen Theorie folgend werden die natürlichen Personen zu solidarischen Rechtsträgern, während sich die gesamthänderische Gemeinsamkeit in einer notwendigen Verfügungsgemeinschaft ausdrücke.

Die Kritik[33] wiederholt die logischen Argumente, die gegen die gleichzeitige Zuordnung eines subjektiven Rechtes an mehrere Personen erhoben worden sind. In der Tat werden die konstruktiven Schwierigkeiten von der Zuordnung z. B. des Eigentumsrechtes verschoben in die Zuordnung des Verfügungsrechtes[34]. — Hinzu kommt die Systemwidrigkeit, daß aus der Rechtsträgerschaft des Gesamthänders kein Schluß mehr gezogen werden darf auf seine Rechtsmacht. Die Rechtsträgerschaft wird inhaltslos[35]. — Grundsätzlich kennt das Rechtssystem Fälle der Trennung von Rechtsträgerschaft und Verfügungsbefugnis[36]. Bei ihnen handelt es sich der Finalität nach um vorübergehende Vermögenssonderungen unter Einsatz amtlicher Verwaltung. Sie hat eine Haftungsfreistellung des Rechtsträgers zur Folge. Bei der Gesamthand wird angeblich auch die Verfügungsmacht den Rechtsträgern entzogen. Die Entziehung geschieht aber nicht zur Übertragung an einen Amtstreuhänder, sondern zu abstrakter Zweckbindung in den Händen der Berechtigten[37]. Die Verwaltung des Sondervermögens hat regelmäßig

---

[31] *Fabricis* a.a.O. Eine andere Frage ist es, ob man bei obligatorischen Rechten die „Zuständigkeit als Funktion" unter den Schutz des Deliktsrechts stellen will wie Zuständigkeit und Inhalt bei dinglichen Rechten, vgl. *Löbl* AcP 129 (1928), S. 297; *Fabricius* AcP 160 (1961), S. 273; *Löwisch* Der Deliktsschutz relativer Rechte, 1970.

[32] Abgesehen von Unterschieden kehrt dieses Vorstellungsbild einheitlich bei der erdrückenden Überzahl von Autoren wieder: *Hueck* § 3 IV, S. 33; *Esser* § 95 IV 1, S. 286 f.; *Fikentscher* § 88 V 1, 4, S. 521 f.; *Enneccerus / Nipperdey* § 76 II 2, S. 448; *Enneccerus / Lehmann* § 179 II, S. 748; *Larenz* § 60 IV, S. 304 f.; *Schulze-Osterloh* S. 11 (unter B) und S. 32; anders aber *Buchda* S. 266/267.

[33] *Fabricius* S. 137.

[34] Verfügungsrecht als subjektives Recht, vgl. *Enneccerus / Nipperdey* § 73 I, S. 439 f.; *Kasper* S. 17 f., 28 ff. differenzierend.

[35] *Fabricius* S. 136; a. A. *Kunz* S. 31 ff. der Funktion und Aufgaben der Rechtsträgerschaft im Vermögensrecht nicht untersucht; Vergleiche zur Ermächtigung § 185 I, und Prozeßstandschaft gehen am Problem der Trennung vorbei. Die h. M. legt sich über die Trennung nicht weiter Rechenschaft ab, nimmt sie als Konsequenz konstruktiver Art hin. Vgl. auch *Schulze-Osterloh* S. 16 (Text mit FN. 30), 17 ohne endgültige Stellungnahme.

[36] Vgl. oben § 6.

[37] Dagegen *Fabricius* S. 136: „Das, was mit der Konstruktion der Zweckbindung subjektiver Rechte erreicht werden soll, bewirkt in unserer Rechtsordnung die Institution der juristischen Person." Nach *Brinz*, *Bekker*,

eine Zusatzhaftung der Privatvermögen zur Folge. — Die Verselbständigung der Verfügungsbefugnis bei Gesamthandsgemeinschaften ist denkwidrig und wäre eine atypische Struktur im Vermögensrecht.

*9.3 Aufgliederung der verselbständigten Rechtszuständigkeit — Identität von Personen- und Zuständigkeitsordnung*

Von der vorgeblichen Notwendigkeit[38], das gesamthänderische Recht den Gesamthändern zuzuordnen, geht die Aufgliederungstheorie[39] aus. „Die Gemeinschafter sind nicht zusammen ‚das Subjekt' des gemeinschaftlichen Rechts, sondern sie sind als miteinander verbundene Personen ‚die Subjekte' des Rechts. Der Einheit des Rechts vermag nur darum eine Vielheit der Berechtigten zu entsprechen, weil der Verbindung der Berechtigten untereinander eine Aufgliederung des Rechts in Anteile entspricht"[40].

Ausgangspunkt der Lehre ist eine zweigliedrige Struktur des subjektiven Rechts, derzufolge Rechtsinhalt und seine Zuordnung unterschieden werden. Der einzelne Gesamthänder hat Anteil an dieser Zuordnung. Damit sind aber keine selbständigen subjektiven Teilrechte gemeint[41]. Die Ausbildung von Anteilsrechten am Inhalt des Vollrechts würde sein Ende bedeuten und die Gemeinschafter nur noch schuldrechtlich oder sozialrechtlich zusammenhalten. Anteile bedeuten vielmehr „Bestandteile seiner Zuständigkeitsform"[42], die sich als „innere Ordnung"[43] des Ganzrechtes darstellt. — Der Stellenwert der inneren Ordnung wird von jüngeren Autoren[44] neu berechnet. Ihnen zufolge beschreibt sie ein doppelseitiges Verhältnis: „Von der Seite des gemeinschaftlichen Rechts und seiner Aufgliederung in Anteile aus betrachtet ist es *gegenstandsrechtlicher,* von der Seite der beteiligten Subjekte und ihres Zusammenschlusses zu einer Personenverbindung aus betrachtet aber *sozialrechtlicher* Natur[45]." Die Identität beider Ordnungen

---

*Schwarz* tritt der Zweck an die Stelle der juristischen Person, wird der Begriff des subjektiven Rechtes preisgegeben, *Wolff* I, S. 52 ff.; *Kasper* S. 93 ff.

[38] Von seinem Personenbegriff her erscheint die Rechtsfähigkeit einer Personenmehrheit als, contradictio in adiecto, *Engländer* S. 74.

[39] Vertreten von *Engländer* und *Larenz.*

[40] *Larenz* JJ 83 (1933), S. 165.

[41] *Engländer* S. 126 ff., 148; *Larenz* a.a.O. S. 128 f.

[42] *Engländer* S. 156.

[43] *Engländer* S. 161.

[44] *Larenz* a.a.O. S. 145; *Brecher* FS A. Hueck (1959), S. 247 Strukturaffinität der sich wechselseitig bedingenden personenrechtlichen und gegenstandsrechtlichen Ordnung.

[45] *Larenz* JJ 83 (1933), S. 145 — gerade in dem Mangel dieser Verbindung, der einseitigen Betrachtung der Zuständigkeitsbeziehung sah *Larenz* a.a.O. S. 112 das Versäumnis der Gesamthandsdogmatik; trotz Erweiterung des

schließt „nicht aus, daß die Rechtsordnung entweder die eine oder die andere Seite als die primäre, als die eigentlich bestimmende ansieht und demgemäß entweder den Zusammenschluß zu der Personenverbindung nur als die nicht weiter beachtete Folge der gemeinschaftlichen Rechtszuständigkeit oder die anteilsmäßige Aufgliederung des Rechtsinhaltes nur als die Folge des ... Zusammenschlusses zu einer Personenverbindung betrachtet"[46]. Die Verschiebung der Gewichte soll erlauben, Gesamthandsgesellschaft und Bruchteilsgemeinschaft grundsätzlich auf dasselbe Fundament zu stellen[47].

Soweit die Aufgliederungstheorie die Zuordnung im Rahmen des subjektiven Rechts verobjektiviert, will sie die eben geltend gemachten Bedenken gar nicht erst ausräumen. Neben sie tritt die Befremdlichkeit, in einem Rechtssystem mit durchgehender Unterscheidung von dinglichen und schuldrechtlichen Kategorien eine sog. innere Ordnung mit Doppelcharakter anzutreffen[48]. Sie präsentiert sich als ein „Gewirr von Normen, in denen das subjektive Recht seine Gestalt verliert"[49]. Ohne Überzeugungskraft bleibt die Ansiedlung sozialrechtlicher Organisation in der Struktur des subjektiven Rechts. Widersprüchlich ist die Einweisung des Gesamthänders in eine gegenstandsrechtliche Rechtsstellung ohne individuellen Zuweisungsgehalt.

### § 10 Gesamthänderische Rechtsträgerschaft —
### Theorien der Anteilsberechtigung der Gesamthänder —
### Widersprüchlichkeiten

Der Versuch, alle Theorien der gesamthänderischen Rechtsträgerschaft von ihren Strukturmerkmalen[50] her zu erfassen, kann sich nicht an den von ihren Vertretern gewählten Oberbegriffen orientieren[51]. Von der eben beschriebenen Gruppe, die um die Zuordnung des Vollrechts ringt, läßt sich eine zweite dadurch unterscheiden, daß sie Anteile nach Kopfzahl der Gesamthänder ausbildet. Streit besteht darüber, was in Teile zu zerlegen ist, worauf sich die Anteile beziehen. Diskutiert werden die Theorie gegenstandsbezogener Anteile und die

---

Blickfeldes gehen die Erörterungen über die Berechtigungsseite nicht hinaus; gegenüber *Engländer* werden nach *Buchda* S. 211 nur Akzente verschoben.

[46] *Larenz* JJ 83 (1933), S. 145.

[47] So der methodische Vorsatz von *Engländer* S. 6 f.; *Larenz* a.a.O. S. 110; *Schulze-Osterloh* S. 1, der nur zu leicht eine Vorwegnahme der Ergebnisse durch das Arbeitsprogramm bedeutet; vorzuziehen ist *Kattausch* S. 1, 48, der den Anteil bei §§ 741 und 705 auf den dingl. Zuweisungsgehalt hin untersucht und dann erst Gemeinschaft und Gesamthand beurteilt.

[48] *Kattausch* S. 4; zur Kritik vgl. auch *Fabricius* S. 127 - 130.

[49] *Buchda* S. 286.

[50] Darstellung bei *Buchda* S. 191 - 224; *Fabricius* S. 117 - 138.

[51] Wortgebrauch „geteilte" bzw. „ungeteilte Gesamtberechtigung" spiegelt Einmütigkeit vor, vgl. *Fabricius* S. 131.

Theorie ideeller Bruchteile. — Nahezu einmütig abgelehnt wird das Unterfangen, die Rechtsträgerschaft am einzelnen Gesamthandsgegenstand durch vermögensbezogene Anteile zu erklären[52]. Der Vermögensbegriff faßt keine „Mittel der Lebensgestaltung"[53] zusammen, so daß er nicht den Inhalt eines dinglichen Rechts abgeben kann[54]. „Es kann überhaupt in Wahrheit *keinen* Anteil ‚am Vermögen', sondern nur an den jeweils zum Vermögen gehörenden Gegenständen geben, denn das Vermögen als solches ist kein Gegenstand[55]."

### 10.1 Theorie der Rechtsträgerschaft vermittels gegenstandsbezogener Anteile

Bei Verkauf von Grundstücken durch einen Gesellschafter an die Gesamthand z. B. fragt sich, ob die Verpflichtung auf Vollrechtsübertragung gerichtet und formgebunden ist, § 313, oder ob es sich um eine Anteilsauflassung handelt. Bei Umwandlung von Bruchteils- in Gesamthandseigentum ist zu überlegen, ob eine Vollrechtsübertragung geschieht oder nur ein obligatorischer Vertrag geschlossen wird[56].

Auch die Theorie der Rechtsträgerschaft vermittels gegenstandsbezogener Anteile[57] geht — meist ohne Diskussion — von der dualistischen Theorie aus. Sie muß eine zweigliedrige Struktur des subjektiven Rechts mit konstantem Inhalt und mit variabler Zuständigkeitsform voraussetzen. Geteilt wird innerhalb des subjektiven Rechts die Zuständigkeit[58]. Damit ist diese wiederum[59] funktions- und denkwidrig objektiviert. — Zudem verliert die Rechtsträgerschaft des einzelnen Gesamthänders ihre dingliche Bedeutung angesichts der

---

[52] Vgl. *Sohm* S. 68 f.; *Kattausch* S. 59 f.; *Larenz* JJ 83 (1933), S. 153 f.; *Buchda* S. 204, 312; *Schulze-Osterloh* S. 15. Anders aber *Gierke* Genossenschaftstheorie S. 364 ff., 461, 497 und übereinstimmend Protokolle V S. 837: Rechtsobjekt bei der Gesamthand sei nicht der Einzelgegenstand, sondern das Vermögen als Ganzes.

[53] Begriff von *Fabricius* S. 136.

[54] Das Vermögen kann aber Vertragsgegenstand sein, §§ 310, 311, 312, wobei der Vermögensbegriff durch die Person des Verpflichteten und seine aktuelle Rechtsträgerschaft auf einen Kreis von subjektiven Rechten bestimmten Inhalt bekommt.

[55] *Sohm* S. 68; allgemein zu Rechtsgegenständen *Larenz* AT § 22.

[56] Beispiele bei *Kattausch* S. 93; *v. Lübtow* S. 816; Einbringung als Vollrechtsübertragung *Staudinger / Keßler* § 706 Rdn. 12; *Sudhoff* NJW 1956, S. 321 (322 f.); Umwandlung in eine Gesamthand erfordert Vollrechtsübertragung *Hueck* § 16 IV 2, S. 227; RGZ 105, 251; vgl. auch *Staudinger / Vogel* § 741 Rdn. 12.

[57] Vertreten von *Sohm, Schulze-Osterloh.*

[58] So ausdrücklich *Sohm* S. 62; wohl auch *Schulze-Osterloh* S. 14 ff., 16 (oben), der auf S. 23 (unter b), 29 (vor II) die gegenstandsbezogenen Anteile sogar als (neue?) subjektive Rechte bezeichnet, dann das Ziel, die Zuständigkeit eines subjektiven Rechts zu erklären, verfehlt hat.

[59] Vgl. oben § 9.2.

konkreten Ausgestaltung des Gesetzes. Das Verwaltungsrecht (mit den Befugnissen Besitz, Fruchtziehung, Gebrauch, Geltendmachung nur notweise durch einen!) wie auch das Verfügungsrecht steht dem Gesamthänder weder hinsichtlich des angeblichen Anteiles noch hinsichtlich des vollen Gesamthandsrechts zu, §§ 709 ff., 719, 1419 I, 2033 II, 2038 ff.: Der Grundstein für die Lehrmeinungen ist gelegt, die den dinglichen Inhalt des Anteiles verneinen, die den Anteil wirtschaftlich auf das Vermögen insgesamt beziehen und ihm dabei schuldrechtliche, sozial- oder verbandsrechtliche Natur beilegen. — Die Beweisführung, die sich für die Existenz des gegenstandsbezogenen Anteiles auf das Gesetz stützt, dringt nicht durch. Insbesondere erscheint es als methodischer Fehlgriff, die Tatsache der Verwendung des Verfügungsbegriffes in den §§ 719 I, 1419 I, 2033 II gegen den Inhalt des Begriffes auszuwechseln[60]. Aus dem Wortlaut des Gesetzes läßt sich nicht mehr als ein philologisches Argument herauspressen. Der Regelungsgehalt der Normen bezieht sich nicht auf die Existenz der Anteile[61], sondern auf das gesetzgebungsgeschichtlich entstandene Verfügungsverbot. — Gegenstandsbezogene Anteile würden sachenrechtlich keine Bedeutung[62] haben. Als Denkfigur[63] zur Erklärung individueller Rechtsträgerschaft treten sie in Widerspruch zur Einheit des subjektiven Rechts und zur positiven Rechtsmacht des Gesamthänders.

### 10.2 Theorie der Rechtsträgerschaft
### vermittels ideeller Bruchteile

In der älteren Literatur[64] wird die gesamthänderische Berechtigung in Übereinstimmung mit dem ersten Entwurf zum BGB als Bruch-

---

[60] *Schulze-Osterloh* S. 19 nimmt m. E. diese Auswechslung vor; *Flume* ZHR 136 (1972), S. 195, 196 zu § 719 I: „Die Bestimmung ist in der Negierung der Verfügungsmöglichkeit zu sehen, was ja auch ihr einziger Inhalt ist, und sie ist zu verstehen aus dem Zusammenhang mit dem ersten Entwurf des BGB." Die erste Kommission nahm Bruchteilseigentum der Gesamthänder an, § 645 des ersten Entwurfes.

[61] Existenz der Anteile bejahen: *Sohm* S. 60 ff.; *Siber* Schuldrecht S. 392 ff.; *Oertmann* Vorb. 4 c vor § 705; *Schulze-Osterloh* S. 29; Anteile verneinen: *Staudinger / Keßler* Vorb. 43 c vor § 705; RGRK-BGB-*Fischer* Anm. 4 vor § 705; *Baur* § 3 II 1 b aa, S. 16; *Kipp / Coing* § 114 V 1 a. E. m. w. N. FN. 57; *v. Lübtow* S. 815 f.; *Huber* S. 123 und alle, die eigene Rechtssubjektivität der Gesamthand bejahen.

[62] *Baur* § 3 II 1 b aa, S. 16; *Kattausch* S. 56 (unten), 58 (zu § 16).

[63] Darum geht es *Schulze-Osterloh* insoweit, S. 22 f.: weil die dualistische Theorie apriorisch hingenommen wird, S. 13 ff., 16 ff., 89, geht die Stoßrichtung seiner Untersuchung dahin, Existenz und individuelle Verfügbarkeit von gegenstandsbezogenen Anteilen als denkmöglich darzulegen; Einzelverfügung sei durch ein gesetzliches Verfügungsverbot, §§ 719 I, 1419 I, 2033 II ausgeschlossen — ebenso *Nagler* ArchBürgR 10 (1900), S. 695 (725) — aber in jeder Verfügung über den Gesamthandsgegenstand mitenthalten. Vgl. auch *Larenz* AT § 9 II 6, S. 115 Anteil als Denkfigur sei wohl nicht verzichtbar.

teilsberechtigung ohne veräußerliche Anteile aufgefaßt. Die Mitberechtigung sei unmittelbar durch den Gesellschaftsvertrag gebunden[65]. Fraglich ist, worauf die Bruchteile zu beziehen sind. Der Gegenstand des Rechts, z. B. die Sache der Mehrheitseigentümer, bleibt vor Aufhebung von Gemeinschaft, § 752, oder Gesamthand, §§ 730 ff., tatsächlich ungeteilt. Eine Teilung des Rechts selbst erfolgt nicht[66]. Die Teile müßten dem Ganzen wesensgleich bleiben. Das ist weder bei der Gemeinschaft nach §§ 741 ff. noch bei der Gesamthand zu bejahen[67]. Mithin schreibt man den Bruchteilen ideelle Natur zu. — Stellen die ideellen Quoten[68] Wertmaßstäbe für die Beteiligung dar, dann steht weiterhin die Bildung einer Theorie gemeinschaftlicher Rechtsträgerschaft aus[69]. Sofern die Lücke im Schrifttum erkannt wird, greift es auf die Theorie der konkurrierenden Vollrechtsträgerschaft zurück[70]. — Der Rückgriff wie die Anleihe bei dem römisch-rechtlichen Gedankengut der ersten Kommission haben vor der systematischen und gesetzgebungsgeschichtlichen Kritik keinen Bestand: Die gesamthänderische Berechtigung kann nicht als „Bruchteilsberechtigung ohne veräußerliche Anteile" bezeichnet werden.

### § 11 Erstes Strukturmodell der Gemeinschaftlichkeit: Bruchteilsgemeinschaft — Vergemeinschaftung durch Ausbildung atypisch beschränkter subjektiver Rechte

Die Gemeinschaft nach Bruchteilen regelt die Fälle der Beteiligung an grundsätzlich allen Rechten[71]. Doch schwebte dem Gesetzgeber als

---

[64] *Joerges* ZHR 49 (1900), S. 140; ZHR 51 (1902), S. 47; *Nagler* ArchBürgR 10 (1900), S. 695; *Laband* ZHR 31 (1885), S. 1.

[65] *Joerges* ZHR 49 (1900), S. 184 spricht von „gebundenem Miteigentum"; *Nagler* a.a.O. S. 724 ft faßt die Bindung als relatives Veräußerungsverbot nach § 135 auf, die nach *Joerges* ZHR 51 (1902), S. 75 durch Zustimmung aller Gesamthänder überwunden wird; a. A., stets Unwirksamkeit der Verfügung über einen einzelnen Anteil, *Staudinger / Keßler* § 719 Rdn. 9 und *Schlegelberger / Geßler* § 105 Rdn. 35. — Ggf. liegt in Zustimmung eine vorherige Umwandlung zu Bruchteilseigentum.

[66] *Kattausch* S. 3; *Larenz* JJ 83 (1933), S. 113 - 115; *Fabricius* S. 138; *Huber* S. 121.

[67] So schon *Saenger* S. 82 ff.; *Larenz* JJ 83 (1933), S. 124.

[68] Quote betrifft nicht das Verhältnis zum Ganzrecht, sondern das Verhältnis der Mitberechtigungen *Kattauch* S. 42; Quote als Wertmaßstab *Fabricius* S. 138; *Huber* S. 165 greift *Kohlers* Begriff des Wertrechts auf, vgl. *Kohler* AcP 91 (1897), S. 155.

[69] *Fabricius* S. 138 weist darauf hin, daß diese Frage in der modernen Literatur übergangen wird.

[70] *Larenz* JJ 83 (1933), S. 113; *Huber* S. 121; *Staudinger / Vogel* § 741 Rdn. 1 rechtliche Herrschaft am Ganzen in dem gedachten Anteil *Enneccerus / Lehmann* § 183 II, S. 762 f.

[71] *Staudinger / Vogel* § 741 Rdn. 2 mit Beispielen; *Larenz* JJ 83 (1933), S. 171 ff. zu Forderungen; *v. Tuhr* I S. 85 ff. Forderungen und andere Rechte.

wichtigster Fall das Miteigentum vor, an dem in der Literatur[72] durchweg die Rechtssätze der Bruchteilsgemeinschaft entwickelt werden. Das gewählte Vorgehen ist unbedenklich und ihm soll wegen seiner Anschaulichkeit gefolgt werden.

### 11.1 Dingliche Berechtigungslage des Bruchteilsberechtigten

„Jeder Teilberechtigte ist so selbständig gestellt, als es nach Lage der Umstände möglich ist[73]." Alle Zuordnungsbereiche, die zum Eigentumsrecht zusammengefaßt werden[74], sind im Eigentumsbruchteil enthalten. Der Mitberechtigte darf die Sache allein besitzen und gebrauchen, § 743 I, II. Erträge und Gewinne, alle Nutzungen des § 100, gehen sachenrechtlich auf die Bruchteilsberechtigten als solche über[75], wobei die Auseinandersetzung dem § 743 I zu folgen hat. In der Gemeinschaft nach Bruchteilen wird das Eigentum also nicht in typische beschränkte dingliche Rechte wie Verwertungsrechte der §§ 1113 ff., 1204 f. oder Nießbrauch §§ 1031 ff. etc. zerlegt und zugeordnet[76]. Jeder Bruchteil enthält vielmehr als subjektives Recht *qualitativ* alle Befugnisse des Eigentümers.

Der Alleineigentümer kann im Rahmen der Sozialbindung, Art. 14 I GG, mit der Sache nach Belieben verfahren, § 903. Der Bruchteilsberechtigte ist zum Gebrauch und Besitz der gemeinschaftlichen Sache insoweit befugt, als nicht der Mitgebrauch der übrigen Teilhaber beeinträchtigt wird, § 743 II. „Jedes dieser Rechte ist nicht Eigentum, denn es fehlt die Ausschließlichkeit der Herrschaft über die ganze Sache[77]." Streitig ist, ob sich der Inhalt der dinglichen Befugnisse nach einem Zahlenverhältnis (Quote) bemißt[78] oder ob die Gemeinverträglichkeit in concreto zu bestimmen ist. Im letzteren Falle dürfte sogar ein nicht unbilliger Egoismus des einzelnen in den Vordergrund treten[79], im ersten stünde die Quote z. B. einem unverhältnismäßigen

---

[72] *v. Tuhr* I S. 83; *Kattausch* S. 4 f.; *Larenz* a.a.O. S. 113; *Buchda* S. 292.

[73] *v. Tuhr* I S. 78 ff., 82 und *Kattausch* S. 3 ff., deren Strukturmodelle hier grundsätzliche Zustimmung finden.

[74] Die Verfügungsbefugnis als Hauptbestandteil der rechtlichen Entscheidungsbefugnis des Rechtssubjekts (vgl. *Kasper* S. 17, 28 ff., 31 ff., 46 f.) wird wie stets auf die subjektive Berechtigung bezogen, deren Umfang erst herauszuarbeiten ist. Der Zuordnungsbereich „Verfügung" ist deswegen zunächst zurückzustellen.

[75] *Schulze-Osterloh* S. 51 (unstr.).

[76] Zu den Alternativen *Windscheid / Kipp* I S. 230 f.; *Buchda* S. 292.

[77] *v. Tuhr* I S. 83.

[78] *Kattausch* S. 4 f., 41 f. quotenmäßige Abgrenzung; a. A. *v. Tuhr* I S. 83: gewisse Befugnisse (z. B. Gebrauch) widerstreben ihrer Natur nach zahlenmäßiger Abgrenzung.

[79] *Staudinger / Kober* § 743 Rdn. 11.

Gebrauch selbst dann entgegen, wenn die Gebrauchsfähigkeit von den Mitberechtigten nicht ausgeschöpft wird. Beiden Ansichten liegt das gleiche Strukturmodell zugrunde. Die Bruchteilsberechtigten haben dingliche Rechte an der Sache, deren Inhalte entgegen § 903 nicht fix, sondern nach Maßgabe der Gemeinverträglichkeit fixierbar sind. „Bei dieser Auffassung gibt es bei der Bruchteilsgemeinschaft genau genommen kein ‚gemeinschaftliches Recht'; was BGB § 741 fg. so nennt, ist eine Summe von inhaltlich gleichartigen und in gleichem Range stehenden Einzelberechtigungen am selben Objekt, deren Gesamtheit die Machtbefugnisse darstellt, welche einem Subjekt zustehen würden, wenn dasselbe die Alleinherrschaft über das Objekt hätte[80]." Die „Mittel der Lebensgestaltung"[81], die typischerweise im Eigentumsrecht zusammengefaßt sind, werden bei der Bruchteilsberechtigung anders gebündelt und je zu einem anderen subjektiven Recht zusammengefaßt[82]. Das Bruchteilsrecht wird vom Gesetz dem Eigentum gleichgestellt, soweit die bruchteilsmäßige Beschränkung des Inhaltes nicht entgegensteht: Beschränkte dingliche Rechte am Bruchteil erlauben § 1066 (Nießbrauch), § 1095 (Vorkaufsrecht), § 1106 (Reallast), § 1114 (Hypothek) und § 1258 (Pfandrecht)[83].

*11.2 Regelung der Verwaltung und Verfügung*

Die Übereinstimmung des vorgetragenen Regelungsmodelles mit den §§ 741 ff. ist wiederholt bestritten worden[84]. Die Verwaltungsbefugnis und das Verfügungsrecht können nur gemeinschaftlich aus-

---

[80] *v. Tuhr* I S. 82; ebenso *Kattausch* S. 5. Alleineigentum wird durch die Summe der Mitgeigentümeranteile ersetzt — Anteil ist Recht an einer Sache, an der kein Volleigentum besteht.

[81] Begriff von *Fabricius* S. 136; gleichbedeutend kann man vom Zuweisungsgehalt des Rechtes sprechen, gibt dann aber nicht mehr den Sinn der Zuweisung an.

[82] Variable Inhaltsbestimmung eines dinglichen Rechtes findet sich auch sonst im Gesetz, vgl. §§ 1113 ff. (1163, 1164 und namentlich 1190). Das Strukturmodell beschreibt nicht das Eigentum als subjektloses Recht, an dem neue Quotenrechte ausgebildet sind (sekundäre Zuständigkeit), sondern meint eine gegenüber § 903 atypische, dingliche Berechtigung unmittelbar an der Sache (primäre Zuständigkeit). Vgl. *Fabricius* S. 122 FN. 1; vgl. auch *Larenz* JJ 83 (1933), S. 128 inhaltlich besonders ausgestaltete Eigentumsbefugnisse.

[83] *v. Tuhr* I S. 84 FN. 20: Mit Grunddienstbarkeit und Erbbaurecht kann der Bruchteilseigentümer die Sache nicht belasten, weil die in diesen Rechten enthaltene Gebrauchsbefugnis sich auf die Sache bezieht und nicht zahlenmäßig beschränken läßt. Gleichstellung mit dem Eigentum bzw. Erwerb und Verlust eines Anteiles, nicht aber bez. Schutz des gutgläubigen Verkehrs, vgl. *Staudinger / Vogel* § 751 Rdn. 2; in der Zwangsvollstreckung Behandlung als sonstiges Vermögensrecht *Erman / Schulze / Wenck* § 747 Rdn. 3.

[84] *Enneccerus / Lehmann* § 183 II, S. 762; *Larenz* JJ 83 (1933), S. 120 ff., 134 f.; *Fabricius* S. 144.

geübt werden. Der Bruchteilsberechtigte habe insoweit kein subjektives dingliches Recht an der gemeinsamen Sache, sondern nur ein Mitwirkungsrecht. „In Bezug auf diese wesentlichen Befugnisse (sei) die Bruchteilsgemeinschaft also eine Gesamthand[85]."

Von den sachenrechtlichen Eigentümerbefugnissen müssen in der Struktur des subjektiven Rechtes deutlich die Verfügungs- und Verwaltungsrechte abgehoben werden, die Ausdruck rechtlicher Entscheidungsbefugnis[86] des Trägers eines jeden subjektiven Rechtes sind. Bezugspunkt dieser Rechtsmacht ist die individuelle Rechtsstellung.

Seinen Anteil kann der Bruchteilsberechtigte nach Belieben wirtschaftlich verwalten[87], und rechtlich kann er frei über ihn verfügen, § 747 S. 1. Die Auslassung dieses Gedankenschrittes erweist sich als folgenschwer, wenn sogleich im Hinblick auf das Ganzrecht gesagt wird: „Die Verfügungsmacht haben A B C gemeinschaftlich (§ 747 Satz 2 BGB). Das bedeutet zuerst: Alle drei müssen übereinstimmen und zusammen handeln, wenn sie verfügen wollen. *Darin liegt eine Gesamthand*[88]." „... A B C sind als Einheit Subjekt der Verfügungsmacht, sie sind insoweit juristische Person[89]." Die freie Verfügungsmacht bezüglich der Anteilsberechtigung kommt im Gesetz zum Ausdruck, § 747 S. 1, und wird von keiner Seite angezweifelt. Neben den Verfügungen aller Miteigentümer über ihre Anteile bedarf es einer Verfügung über die Sache im Ganzen als eines rechtsgeschäftlich eigenartigen Aktes nicht mehr[90]. Der Erwerber aller Miteigentumsrechte an der gemeinsamen Sache erwirbt in seiner Person die Rechtsmacht, die den typischen Inhalt des Alleineigentums ausmacht[91]. Durch Vereinigung

---

[85] *Fabricius* S. 144/145 anerkennt die Ausbildung von Anteilen zu selbständigen subjektiven Rechten (S. 144), bei denen es sich nur um sekundäre Zuständigkeiten handelt; sie erklären nicht die primäre Rechtszuständigkeit des ganzen Rechts (S. 138); letztere liege bei der Bruchteilsgemeinschaft als Gesamthand, die gegenstandsbezogene Rechts- und Pflichtfähigkeit besitze. Zur Kritik vgl. unten §§ 14.2 und 14.3. Sie erweist, daß Rechts- und Pflichtfähigkeit fehlen.

[86] *Kasper* S. 17 ff., 31 f., 46 bezeichnet die Verfügungsbefugnis als Bestandteil der Entscheidungsbefugnis des einzelnen.

[87] *Kattausch* S. 9 charakterisiert die Verwaltung als Bestimmung des wirtschaftlichen Schicksals.

[88] *Buchda* S. 292; ebenso *Fabricius* S. 144; *Enneccerus / Lehmann* § 183 II 2, S. 752 f. unter Berufung auf *Windscheid* und *Seeler* Die Lehre vom Miteigentum nach römischem Rechte, 1896, und nach BGB, 1899.

[89] *Buchda* S. 293.

[90] *v. Tuhr* I S. 84; a. A. die zu FN. 3 Genannten.

[91] RG JW 1910, S. 473; RGZ 146, 364 gehen von summierten Einzelverfügungen aus, wenn sie bei Unwirksamkeit einer Verfügung über einen Anteil die restlichen Verfügungen nach § 139 Bestand haben lassen. Stellt man sich die Verfügung über „das Ganzrecht" als eigenständiges, einheitliches Rechtsgeschäft vor, wäre dieses Ergebnis nur mit Anwendung des § 140 zu erreichen.

ihrer anteilsmäßigen dinglichen Rechtsmacht können andererseits die Miteigentümer selbst die gemeinsame Sache[92] mit beschränkten dinglichen Rechten belasten, die am Anteil nicht bestellt werden können[93].

Die Verwaltung der gemeinschaftlichen Sache steht den Miteigentümern gemeinschaftlich zu, § 744 I. Bezugspunkt der Verwaltungsregelung ist hier die gemeinschaftliche Sache. Zu Unrecht wird in der Literatur[94] ausgeführt, daß dieser gesetzlichen Bestimmung ein anderes Modell der Gemeinschaftlichkeit zugrundeliegt. Sie drückt jedoch „für das Verwaltungsrecht dasselbe aus, wie § 743 Abs. 2 für das Gebrauchsrecht und könnte ebensogut lauten: jeder Teilnehmer ist zur Verwaltung des gemeinschaftlichen Gegenstandes befugt, insoweit er nicht das Mitverwaltungsrecht der übrigen Teilhaber beeinträchtigt"[95]. In diesem Sinne ist jedem Bruchteilsberechtigten ein eigenes Verwaltungsrecht zuzubilligen. Der Regelungsgehalt des § 744 II (Notverwaltung) liegt nicht darin, daß das Verwaltungsrecht erweitert wird, sondern besteht in der Einräumung einer Geschäftsführungs- und Verfügungsmacht sowie dem Ausschluß von Widerspruchsrechten der Mitbeteiligten[96].

Als Ergebnis ist zusammenzufassen, daß die Bruchteilsberechtigten Träger atypisch beschränkter subjektiver Rechte an dem gemeinsamen Gegenstand sind. Später[97] wird darzulegen sein, daß die Personenmehrheit der Gemeinschafter auch in vermögensrechtlichen Verhältnissen zu Dritten keine eigene Rechtssubjektivität besitzt.

*11.3 Strukturmodell der Bruchteilsgemeinschaft und Erscheinungsbild in Sondergesetzen*

Das Strukturmodell stellt selbständige Bruchteilsrechte (Anteile) als Beziehung zu dem gemeinschaftlichen Rechtsobjekt heraus. Die Gemeinschaftlichkeit ist darin vernachlässigt und findet rechtlich nicht Aus-

---

[92] Verfügung über alle Teilrechte, ohne daß diese zu einem subjektlosen Ganzrecht vereint würden bzw. ohne daß man sich die Personenmehrheit als gesamthänderisches Rechtssubjekt vorzustellen hätte, das nur für diese Vorstellung, nicht aber für die Berechtigungs- und Verpflichtungslage bedeutsam wäre, vgl. unten § 14, insb. § 14.2 a. E.

[93] *v. Tuhr* I S. 84 und oben § 11.1 a. E.

[94] *Larenz* JJ 83 (1933), S. 134 f.; *Buchda* S. 293; *Fabricius* S. 144; *Enneccerus / Lehmann* § 185 I, S. 762/763, 766 kein eigenes Verwaltungsrecht, sondern nur sozialrechtliches Mitwirkungsrecht an der gemeinsamen Verwaltung.

[95] *Kattausch* S. 10. Auch wenn man mit der Gegenmeinung von einer Verwaltungsgesamthand spricht, die dingliche Rechtszuordnung also insoweit nicht als individualisiert ansieht, erlangt die Bruchteilsgemeinschaft im Vermögensrecht gegenüber Dritten keine eigene Rechtssubjektivität!

[96] Keine gesetzliche Vertretungsmacht BGHZ 17, 181 (184 f.); LG Berlin NJW 1961, S. 1406 mit Anm. *Breetzke; Staudinger / Keßler* § 705 Rdn. 64 a. E.

[97] Vgl. unten § 14.3.

druck in einer Gesamthand. Sie hat Bedeutung als Inhaltsschranke für die subjektiven Berechtigungen. Es gibt keine Verfügungsgemeinschaft hinsichtlich des Rechtes im Ganzen. Die Gemeinschaftlichkeit wird durch die tatsächliche Einheit des Rechtsobjektes (vgl. §§ 946, 947 Verbindung, § 948 Vermischung) begründet und nicht durch einen zweckgerichteten Willensakt[98].

Dieses Modell beschreibt zutreffend das Erscheinungsbild der Bruchteilsberechtigung in Sondergesetzen. — Das Wohnungseigentum z. B. besteht aus einer Verbindung von Sondereigentum an der Wohnung und dem Anteil (= Bruchteilsberechtigung) an dem gemeinschaftlichen Eigentum, § 1 II WEG. Die Schaffung von Bruchteilsberechtigungen wird dadurch veranlaßt, daß das Grundstück, die tragenden Teile des Gebäudes etc. eine tatsächliche Einheit bilden, die nicht unterteilt werden kann. Eine Verfügungsgemeinschaft der Bruchteilsberechtigten existiert nicht. Die Verfügung über die Bruchteile geschieht unabhängig voneinander. Verbunden ist sie nur mit der Verfügung über das dazugehörige Sondereigentum, § 6 I WEG.

Stärker noch tritt die Selbständigkeit des Anteiles bei der Sammelverwahrung hervor. Die Hinterleger (vgl. § 5 DepotG) erwerben Bruchteilseigentum an den zum Sammelbestand des Verwahrers gehörenden Wertpapieren (§ 6 I DepotG). In der gesetzlichen Regelung wird zwischen den Hinterlegern keine Gemeinschaftlichkeit angestrebt. Sie ist vorgegeben durch das praktische Bedürfnis, zum Zwecke vereinfachter und verbilligter Verwahrung große Depots gleichartiger Wertpapiere (vgl. § 5 I S. 1 DepotG) zu bilden[99]. So kommt es zur Einheit des gemeinschaftlichen Rechtsobjektes. Verfügungen über seinen Sammeldepotanteil kann jeder Hinterleger grundsätzlich frei vornehmen[100]. Eine Verfügung über das ganze Depot (den Sammelbestand i. S. d. § 6 I DepotG) wird kaum praktisch relevant werden. Das „gemeinschaftliche Recht" tritt in seiner wirtschaftlichen Bedeutung hinter die selbständigen Anteile zurück. Gleiches gilt für die Bruchteilsberechtigung nach § 6 I 2 KAAG[101]. Ein Bedürfnis nach Zusammenfassung der Anteilsberechtigten zum Zwecke einheitlicher Verfügung über den gemeinsamen Gegenstand oder zum Zwecke gemeinschaftlicher Verwaltung besteht nicht[102].

---

[98] So auch *Larenz* AT § 9 II 5, S. 113.

[99] Vgl. *Opitz* § 5 Vorb. 4.

[100] Verfügung nach §§ 27 ff. AGB der Wertpapiersammelbanken regelmäßig nur mittels Effektenscheck.

[101] Vgl. i. E. *Baur* Investmentgesetze, S. 8, 121 ff.

[102] Bei Kapitalanlagegesellschaften wird die Verwaltung treuhänderisch von der Verwaltungsgesellschaft oder einer Bank ausgeübt. — Bei Sammelverwahrung sind die Verwaltungsrechte aus §§ 744 ff. durch die §§ 8, 6 II, 7 DepotG ausgeschlossen, vgl. *Opitz* §§ 6, 7, 8 Bem. 17.

## § 12 Zweites Strukturmodell der Gemeinschaftlichkeit: Gesamthandsgesellschaft — Vergemeinschaftung durch Ausbildung eigener Rechtssubjektivität

Neben einer gemeinschaftlichen Berechtigungsart, bei der die Befugnisse aus dem Vollrecht zu subjektiven Rechten der Teilhaber vervielfältigt werden, kennt das Gesetz eine zweite. Gemeinschaftlichkeit bedeutet bei ihr, daß die Befugnisse nur zusammen ausgeübt werden und daß jeder auf die Mitwirkung der übrigen angewiesen ist. Die Erörterung der gesamthänderischen Rechtszuordnung stellt wieder das Eigentum in den Mittelpunkt.

### 12.1 Berechtigungslage des einzelnen BGB-Gesellschafters

Das Gesetz enthält in den §§ 718, 719 Vorschriften mit Bezug auf das Gesamthandsvermögen. Eine Regelung der dinglichen Rechtszuordnung fehlt. Die Geschäftsführungsbefugnis findet ihre Entstehungsgrundlage in dem Gesellschaftsvertrag[103]. Sie beinhaltet keine aus dem Eigentum abgeleitete Rechtsmacht[104]. Streng genommen sprechen nur die angeführten Normen sachenrechtliche Rechtsfolgen aus. Für die dingliche Zuordnung wie die Organisation des Handelns, §§ 709 ff., benutzt der Gesetzgeber den konkretisierungsbedürftigen Begriff der Gemeinschaftlichkeit. Die Normen sind insoweit deckungsgleich und können wenigstens analog für beide Regelungsbereiche herangezogen werden.

Die Führung der Geschäfte der Gesellschaft steht den Gesellschaftern gemeinschaftlich zu; für jedes Geschäft ist die Zustimmung aller erforderlich, § 709 I. Unter dem Oberbegriff der Geschäftsführung regelt das Gesetz sinngemäß Gebrauchs- und Besitzrecht, Verwaltungs- und Verfügungsrecht gleichartig. — Die Befugnis zu Gebrauch und Nutzung einer Gesellschaftssache wird den Gesamthändern entgegen § 743 II persönlich gar nicht eingeräumt. Nur als Geschäftsführern[105] stehen ihnen Verwaltung, Nutzung und Gebrauch zu. Geschäftsführer sind nach der Typik des Gesetzes alle zusammen, § 709.

Die Verfügungsbefugnis als Ausfluß des subjektiven Rechts ordnet das Gesetz nun auch allen geschäftsführenden Gesellschaftern gemeinsam zu. Daraus hat die Literatur entnommen, daß die Gesamthänder als einzelne Rechtssubjekte dingliche Zurechnungsadressaten

---

[103] Gesellschaftsvertrag kann deswegen durch Geschäftsführungsmaßnahmen nicht verändert werden, *Staudinger / Keßler* Vorb. 7 vor § 709.
[104] Dies übersieht *Kattausch* S. 49; Unterschied zeigt sich, wenn der Gesellschaftsvertrag die Geschäftsführungsbefugnis atypisch regelt: dann bleibt die dingliche Rechtszuordnung unverändert.
[105] *Kattausch* S. 49.

sind. „Was hindert die Rechtsordnung, statt wie sonst dem Willen eines Menschen Herrschaft zu verleihen, für gewisse Rechtsbeziehungen den übereinstimmenden Willen zweier Menschen als maßgebend anzusehen[106]?" Der Mangel dieser Fragestellung besteht in der Einseitigkeit, die gesamte Rechtszuordnung durch Verteilung der Verfügungsbefugnis zu erklären. Die vom Fragesteller nicht entdeckten Hindernisse bestehen zunächst in den Prämissen, die der Begriff des subjektiven Rechts postuliert: Einheit des Rechts und Einheit der Zuordnung geben dem Terminus Inhalt und setzen ihm Grenzen. Es steht entgegen, daß die Rechtsträgerschaft nicht in eine formelle und materielle gespalten ist. Vielmehr gelangt regelmäßig[107] ein und dasselbe Rechtssubjekt durch die Zuordnung des Eigentums in den Genuß von Gebrauchsrecht etc. und Verfügungsmacht. Die Gesamthänder erlangen einzeln keine Rechtsmacht über die gemeinsame Sache[108]. — Übertragung der abgetretenen Verfügungsmacht auf die Gesamthänder als Rechtssubjekte sprengt aber nicht nur die Einheit des subjektiven Rechtes, sondern verstößt auch gegen die Grundsätze des Vermögensrechts. Preisgegeben ist die Rechtsträgerschaft als sachenrechtliches Konstitutivum der Vermögenseinheit: Nicht durch die verfügungsberechtigten Rechtssubjekte, sondern durch die dinglich unfaßbare[109] Zweckwidmung soll angeblich der Kreis des Gesamthandsvermögens abgesteckt sein. Angesichts der Spaltung von materieller und formeller Rechtsträgerschaft wird das Prinzip der Identität von Rechts- und Verpflichtungsträger nur scheinbar aufrechterhalten. Die Scheinlösung kann nur dadurch innere Schlüssigkeit erlangen, daß auch die Verpflichtung in eine formelle und eine materielle aufgespalten wird: Schuld und Haftung. Jedoch auch der obligatorische Anspruch ist ein einheitliches subjektives Recht[110]. Durchlaufende Funktionszusammenhänge des Vermögensrechts verlangen — wie bei den Gesamthandstypen darzulegen — nach ungespaltener Einheit des subjektiven Rechts.

### 12.2 Rechtsträgerschaft der Gesamthand — Anteil

Die Untersuchung zeitigt als negatives Ergebnis, daß die Gesamthänder einzeln in kein dingliches Rechtsverhältnis zu der gemeinsamen Sache treten. Das Eigentumsrecht behält als subjektives Recht seinen typischen Inhalt, § 903. Rechtsträger wird die Gesamthand. Die recht-

---

[106] v. Tuhr I S. 80; im gleichen Sinne Esser § 95 IV 1, S. 286 FN. 35, der auch „gewisse" Rechtsbeziehungen isoliert betrachtet.
[107] Handlungsunfähige Personen als Rechtsträger wählt Kunz S. 34 als Gegenbeweis.
[108] Vgl. Flume FS Hengeler (1972), S. 85 zum Besitz der Gesamthand.
[109] Systematisch, im rechtsgeschäftlichen Verkehr tatbestandlich unfaßbar.
[110] Aus der Sicht des Gläubigers ist die Schuld ein Anspruch, vgl. oben § 1.

liche Entscheidungsbefugnis liegt ungeteilt bei der Gesamthand, für die regelmäßig die Gesamthänder handeln. Sie rücken wie der Vorstand einer AG, §§ 77 I 1, 78 AktG, in ein organschaftliches Verhältnis zu dem Rechtsträger ein[111]. Konsequent fortgeführt mündet diese organschaftliche Theorie ein in die heutige Diskussion über die Anwendung der §§ 31, 831 auf die BGB-Gesellschaft[112]. Mit der Organtheorie wird systematisch erklärt, daß die Gesamthänder die Verfügungsmacht etc. gemeinsam wahrnehmen, ohne daß sie selbst als Rechtszuordnungssubjekte erscheinen. Gegenstandsrechtliche Anteile sind nicht existent[113].

Wiederholt[114] sind bei der BGB-Gesellschaft[115] gegenstandsrechtliche Bindung, Rechtsbeziehungen der Gesellschafter untereinander und das Rechtsverhältnis zur Gesamthand unterschieden worden. Die gegenstandsrechtliche Bindung wird durch Ausbildung eigener Rechtsträgerschaft bewirkt[116]. Das ist oben ausgeführt worden. Nicht weiter zu erörtern ist hier die Bildung eines subjektiven Anteilsrechtes, das die Rechtsverhältnisse zur Gesamthand und zu den Mitgesellschaftern in sich aufnimmt[117]. Jedenfalls bezieht sich dieser Anteil nicht auf die einzelne Gesamthandssache. Der Anteil hat keine sachenrechtliche Funktion. Demgemäß wird er vom Gesetz dem Eigentum nicht gleichgestellt und richten sich Erwerb und Verlust grundsätzlich[118] nach den allgemeinen Vorschriften, §§ 413, 398.

### § 13 Zusammenfassender Überblick und einleitende Vorschau

Die eigenständige Rechtsträgerschaft der Gesamthand stellt das Ergebnis vorstehender Erörterung dar[119]. Die Rechtsträgerschaft ist einerseits herausgelöst aus vielfältigen Bereichen personenbildender Organi-

---

[111] Im Ergebnis ebenso: *Kattausch* § 17, S. 65 ff., § 18, S. 71 ff. und *Flume* FS Raiser (1974), S. 38 f., der von „geborenen Vertretern" der Gesellschaft und von „organschaftlicher Vertretung" spricht. Anders *Fabricius* S. 139 - 143, der nicht nur die Gesamthand, sondern auch die Bruchteilsgemeinschaft als Rechtsträger ansieht.
[112] Vgl. *Fabricius* GD Schmidt (1966), S. 171; *Sellert* AcP 175 (1975), S. 77.
[113] Vgl. oben § 10.
[114] *Flume* ZHR 136 (1972), S. 182; ders. FS Raiser (1974), S. 52 ff.; *Brecher* FS A. Hueck (1959), S. 244.
[115] Der modellhafte Entwurf läßt Unterschiede von Gesamthandstyp zu Gesamthandstyp unberücksichtigt; abweichend insb. § 2038 II, vgl. *v. Lübtow* S. 807: Die Erbengemeinschaft ist nach innen Bruchteilsgemeinschaft.
[116] Grundlegend *Brecher* a.a.O. S. 254 ff. (257/258).
[117] *Kattausch* S. 47 ff.; *Fabricius* S. 141; *Huber* S. 141 ff.
[118] Soweit nicht Verfügungsverbot, §§ 719 I, 1419 I.
[119] Mutatis mutandis dieser Gedanke schon bei *Kattausch* S. 71 ff.; *Schönfeld* JJ 75 (1925), S. 344; *Buchda* S. 260 m. w. N., 265 f.; *Fabricius* S. 139 ff.; *Flume* ZHR 136 (1972), S. 177 (193 ff.).

sation[120], wie andererseits auf Erscheinungsgrund und Wechselbezüglichkeiten des Gegenstandsrechtlichen, Schuldrechtlichen und Verbandsrechtlichen hingewiesen wurde. — Gesamthand und Bruchteilsgemeinschaft unterscheiden sich grundlegend[121]. Vom Typus her gibt es bei letzterer keine zusammenstrebende Gemeinschaftlichkeit, sondern nur eine Grenze der Aufteilung, § 752, bei deren Überschreiten das Ende der „Gemeinschaft" erreicht ist.

Die Dogmatik der eigenen Rechtsträgerschaft der Gesamthand soll sich nicht darin erschöpfen, ein denkmögliches Vorstellungsbild zu entwickeln. Im folgenden Teil wird dargelegt, daß sie erst ermöglicht, im Gesamthandsrecht die Begriffe der Schuld und Haftung unverändert zu verwenden. Weiter wird veranschaulicht, daß sie den Funktionszusammenhang zwischen Recht und Verpflichtung erhält. Schließlich soll ausgeführt werden, daß Rechtsträgerschaft und Handlungsfähigkeit der Gesamthandsgesellschaft Voraussetzung sind für ihre Teilnahme am rechtsgeschäftlichen Verkehr. Um einen Gegensatz für die Darstellung zu haben, werden zuerst die Folgerungen aus dem Strukturmodell der Bruchteilsgemeinschaft gezogen.

---

[120] Dazu grundlegend *Brecher* FS A. Hueck (1959), S. 254 - 259.
[121] Mit *Flume* a.a.O. S. 199 ff.; *Huber* S. 123 f. gegen *Joerges* ZHR 49 (1900), S. 140 ff.; *Engländer* S. 6 f.; *Larenz* S. 110 f.; *Fabricius* S. 139 ff.; *Kunz* S. 70 f.; *Schulze-Osterloh* S. 1 (und passim).

DRITTER TEIL

## Die personalen Gemeinschaften in der Haftungsordnung — Dogmatik der Sondervermögen bei rechtsgeschäftlichem Handeln und bei vertraglichen Verpflichtungen — Haftung des Sondervermögens und Haftung der Gesamthänder

### § 14 Haftungsordnung bei der Bruchteilsgemeinschaft — Fehlen von Gesamthandsschuld und gemeinschaftlicher Rechtssubjektivität

*14.1 Anlässe zur Eingehung von Verbindlichkeiten — Gesamthandsschuld und interdependente Problemkreise*

Im Verlaufe der Zeit müssen die Gemeinschafter einer Bruchteilsgemeinschaft im Rahmen der ordnungsgemäßen Verwaltung bisweilen Verbindlichkeiten eingehen. Möglicherweise verursacht auch die gemeinschaftliche Benutzung Unkosten, vgl. § 748. Es stellt sich dann die Frage, ob man sich die Schulden als persönliche oder gemeinschaftliche vorzustellen hat.

Personenmehrheiten mit gemeinschaftlichen Rechten werfen in der Haftungsordnung stets das Problem auf, ob ihrer gemeinschaftlichen Berechtigung eine gemeinschaftliche Verpflichtung (etwa Gesamthandsschuld) entspricht. Die rechtsgeschäftliche Begründung von gemeinschaftlichen Verbindlichkeiten verlangt nach Vertretungsmacht für die Personenmehrheit[1]. Es geht um die rechtsgeschäftliche Handlungsfähigkeit der Gemeinschaft im Unterschied zum Handeln — auch gleichzeitigem Handeln — der Gemeinschafter als Privatpersonen (Abgrenzung Privatsphäre — Gemeinschaftssphäre). Für die Bruchteilsgemeinschaft wird zu untersuchen sein, ob bei ihr ein Bedürfnis nach gemeinschaftlicher Rechts- und Handlungsfähigkeit besteht (unten § 14.3).

Die Vorstellung von der Gesamthandsschuld als eigenständigem Schuldband erfüllt mehrere Aufgaben. Sie ermöglicht einmal, daß der gemeinschaftliche Gläubiger unmittelbar auf einen gemeinschaftlichen Gegenstand zugreifen kann (Identität von Rechts- und Verpflichtungsträger). Eine andere Aufgabe erfüllt die Gesamthandsschuld durch die

---

[1] Die gesetzliche Begründung von gemeinschaftlichen Schulden erübrigt das Auftreten z. B. der Gütergemeinschaft, vgl. unten § 19.2.2.

einfache Erklärung der Haftungsbeschränkung[2] auf das gemeinschaftliche Vermögen: Schuldnerin ist die Gesamthand, ihr Vermögen haftet. Eine Theorie der persönlichen Schuld der Gesellschafter mit beschränkter Haftung erübrigt sich. Gefragt wird, wie sich Schuld und Haftung bei der Bruchteilsgemeinschaft gestalten.

### 14.2 Fehlen einer Gesamthandsschuld

Das Gesetz verwendet in den §§ 741 - 758 den Ausdruck „gemeinschaftlich" allein zur Beschreibung der Berechtigungsseite, der Zuordnung von Rechten an die Gemeinschafter[3]. Diese philologische Analyse würde einer funktionalen Argumentation zugunsten des Institutes einer gemeinschaftlichen Schuld kaum entgegenstehen.

Unbestritten[4] treffen alle Verpflichtungen, die in einem wirtschaftlichen Zusammenhang mit dem Bruchteilsrecht stehen, die Gemeinschafter einzeln: Sie treten den Gläubigern gem. §§ 420 ff. als Teilschuldner oder Gesamtschuldner[5] gegenüber.

Die Gläubiger haben „kein Recht auf abgesonderte Befriedigung aus dem gemeinschaftlichen Gegenstand"[6]. Keine Gesamthandsschuld mehrheitlicher Rechtsträger eröffnet den Zugriff unmittelbar auf den gemeinschaftlichen Gegenstand. Haftungsfrei bleibt das gemeinschaftliche Recht gleichwohl wegen § 747 nicht. Der persönliche Gläubiger jedes einzelnen Gesellschafters, §§ 420, 427 i. V. m. 421, kann sich befriedigen durch Pfändung und Verwertung der Anteile im Vermögen jedes Gemeinschafters, § 751 S. 2, §§ 857, 828 ff., 864 II ZPO; §§ 161, 180 ff. ZVG. Gegen den Bestand einer gemeinschaftlichen Schuld (Ge-

---

[2] Zu den Bedenken gegen Haftungsbeschränkungsverträge oben § 6.2 mit FN. 102.

[3] Anders bei den Gesamthandsgemeinschaften: die §§ 733 I, 734, 735 I S. 2, 3, 739 und 2058 sprechen von gemeinschaftlichen Schulden; für die Gütergemeinschaft brachte das Gleichberechtigungsgesetz vom 18. 6. 1957 (BGBl I S. 609) die Wendung „Haften des Gesamtgutes", z. B. in § 1438, oder den Ausdruck „Gesamtgutsverbindlichkeiten", z. B. in § 1437, ohne daß jedoch in der Literatur aus der Wortwahl allein auf die Existenz einer Gesamthandsschuld geschlossen würde; vgl. in diesem Sinne *Flume* FS Westermann (1974,) S. 123 FN. 18.

[4] *Staudinger / Kober / Vogel* § 748 Rdn. 5; 755 Rdn. 1; *Enneccerus / Lehmann* § 186 V, S. 769; *Erman / Schulze / Wenck* § 741 Rdn. 7.

[5] Bei Verträgen wird gem. § 427 Gesamtschuldnerschaft angenommen. Bei gesetzlichen, insbes. öffentlichen Lasten stellen *Enneccerus / Lehmann* § 184, 6., S. 765, auf die Natur der einzelnen Last ab. Die stets bei mehrheitlicher Rechtsträgerschaft wiederkehrende Überlegung, ob bei Ansprüchen wegen Schadensersatz (z. B. §§ 122, 179, 280), positiver Vertragsverletzung oder § 823 und ungerechtfertigter Bereicherung, § 812, Teilschulden oder Gesamtschulden entstehen, soll hier nicht erörtert werden.

[6] *Enneccerus / Lehmann* § 186 V, S. 769.

§ 14 Bruchteilsgemeinschaft 67

samthandsschuld) sprechen auch Sinn und Ausgestaltung des Aufhebungsverfahrens (§§ 752 - 756).

Im Gegensatz zur Vermögensauseinandersetzung bei den Gesamthandsgemeinschaften der BGB-Gesellschaft, § 731 (733 I 1), der ehelichen Gütergemeinschaft, § 2042 (2046 I 1), der offenen Handelsgesellschaft, § 149 HGB, und der Kommanditgesellschaft, § 161 II i. V. m. § 149 HGB, sieht das Recht der Bruchteilsgemeinschaft keine vollständige, Aktiva und Passiva umfassende Vermögensauseinandersetzung[7] vor. Bei den Gesamthandstypen sind zuerst[8] die gemeinschaftlichen Schulden aus dem Gesamthandsgut zu berichtigen. Nur der Überschuß gelangt zur Verteilung, §§ 734, 1476 I, 2047 I; § 155 HGB. Mit anderer Intention wird bei der Aufhebung der Gemeinschaft verfahren. Die Aufhebung der Bruchteilsgemeinschaft erfolgt grundsätzlich ohne Berücksichtigung von Schulden durch Teilung in Natur, § 752. Nur auf Verlangen eines Gemeinschafters werden Gesamtschulden, § 421, in dem Auseinandersetzungsverfahren berücksichtigt, wenn sie mit Bezug zum Bruchteilsrecht übernommen worden sind und im Innenverhältnis nicht einen Gemeinschafter allein belasten, § 755. Die Norm verstärkt die Position des Teilhaber-Schuldners im *Innenverhältnis.* Die Zugriffsrechte des Gläubigers werden nicht erweitert.

Von dem Grundsatz, daß die Aufhebung der Gemeinschaft nur die Beendigung der gemeinsamen Berechtigung betrifft, macht § 756 eine weitere Ausnahme. Für Forderungen der Teilhaber untereinander, die sich auf die Gemeinschaft gründen, kann Befriedigung aus dem Bruch-

---

[7] *Erman / Schulze / Wenck* § 755 Rdn. 1; a. A. *Schulze-Osterloh* S. 66.

[8] Bestehen neben der gemeinschaftlichen Schuld noch Gesamtschulden/Teilschulden der Gesellschafter, dann ist § 733 I 1 gegenüber Gesellschaftsvertrag und — einstimmiger — Auseinandersetzungsvereinbarung subsidiär, *Enneccerus / Lehmann* § 181 II 2, S. 756 m. N., *Soergel / Siebert / Schultze-v. Lasaulx* § 730 Rdn. 19. Gegen den Willen eines Gesellschafters kann von § 733 I 1 nicht abgewichen werden, OLG Hamm JR 1948 323.
Bei Haftungsbegrenzung auf das gemeinschaftliche Vermögen wird § 730 I 1 zur zwingenden Norm: Bei Vermögensverteilung vor Befriedigung der Gesamthandsgläubiger gibt die h. M. diesen einen Herausgabeanspruch, § 242, *Staudinger / Keßler* § 730 Rdn. 16; RGRK-*Fischer* § 730 Bem. 2; *Hoffmann* NJW 1969, 726. Zusätzlich wird ein Schadensersatzanspruch erwogen, den *Schultze-v. Lasaulx* a.a.O., mit der Verletzung der Pflicht aus § 733 I 1 begründet, bzw. *Keßler* a.a.O., aus Sonderverbindung und Delikt herleiten will. Ältere Lehren wandten § 419 analog an (*Knoke* S. 123; *Leonhard* II, S. 291). *Windscheid / Kipp* § 408 Anm. 7 b, versagen schlicht die Berufung auf die vereinbarte Haftungsbeschränkung.
Zum gesetzlichen Schuldbeitritt bei Übernahme von Gegenständen aus dem Gesamtgut in individuelle Rechtsträgerschaft eines Ehegatten vgl. § 1480 und *Nicknig* S. 101 f. zur BGB-Gesellschaft. Zur Forthaftung eines Miterben mit einem aus gesamthänderischer Rechtsträgerschaft übernommenen Gegenstand *v. Lübtow* S. 1196; *Boehmer* S. 191, 192; *Siber* S. 108; *Binder* III S. 319.

teilsrecht verlangt werden[9], § 756. Hier wird dem Teilhaber eine *Sicherung* gewährt, die sich gem. §§ 16, 51 KO auch noch im Konkurs bewährt (Verhältnis eines Bruchteilsberechtigten als Gläubiger zu anderen Gläubigern des Mitberechtigten[10].

Die technische Gesetzesformulierung, die in § 755 von „Gesamtschulden" spricht, und die grundsätzliche Vernachlässigung von Verbindlichkeiten im Aufhebungsverfahren geben weiteren Hinweis auf das Fehlen von gemeinschaftlichen Schulden. Die Gesetzestypik kennt sie nicht, und sie können rechtsgeschäftlich nicht begründet werden. Zu diesem Ergebnis führen auch die Überlegungen zum Schuldinhalt und zum Haftungsumfang.

Verpflichtungen, die *inhaltlich* eine Verfügung über das gemeinschaftliche Recht als ganzes zum Gegenstand haben, bleiben bei der Bruchteilsgemeinschaft ohne die Vorstellung einer „Gesamthandsschuld" sinnvoll. Die Aufgliederung des Gesamtrecht-Inhaltes in subjektive Einzelrechte, z. B. § 743 II, und die Verselbständigung der Verfügungsbefugnis zu subjektiven Anteilsrechten, § 747 S. 1, erübrigen die bei der Gesamthand notwendige Konsequenz, von gemeinschaftlichen Schulden zu sprechen. Die getrennten Verfügungen (Vollrechtsübertragung, Begründung von beschränkten dinglichen Rechten[11]) über die Anteile schöpfen jeden Sinngehalt einer Verfügung über den gemeinschaftlichen Gegenstand[12] im ganzen aus[13]. Die Formulierung des

---

[9] *Enneccerus / Lehmann* § 186 V, S. 769.

[10] Bei der BGB-Gesellschaft vorrangige Befriedigung von Sozialverpflichtungen im Auseinandersetzungsverfahren, §§ 16, 51 KO — §§ 731 ff.

[11] Die gleichen Vorstellungsbilder — also Summenverfügung über Anteile oder Verfügung über Gemeinschaftsrecht als ganzes — klingen bei dem Streit an, ob eine Hypothek an einem Bruchteilsgrundeigentum Gesamthypothek an den Anteilen, § 1173 (so h. M. und Rspr., vgl. *Staudinger / Scherübl* § 1114 Rdn. 1 a, m. N.) oder einheitliche Grundstückshypothek wird.

[12] *Soergel / Schultze-v. Lasaulx* § 747 Rdn. 4 setzen die beiden Verfügungen einander gleich — unter Berufung auf *Würdinger* I § 2 II 2 c; ebenso BGH WM 1964, S. 913; *v. Tuhr* I S. 84; a. A. *Larenz* JJ 83 (1933), S. 108 (120 ff.); *Blomeyer* AcP 159 (1960/1961), S. 385 unter Berufung auf die Motive II S. 875; *Flume* ZHR 136 (1972), S. 177 (201, 202): Jeder Teilhaber hat nur ein Individualrecht.

[13] Vgl. oben § 11.1 zur begrifflichen Auffassung des Anteiles, gegen *Larenz*, demzufolge die Summe der Verfügungen geschieden werden müsse von der gemeinschaftlichen Verfügung über das Vollrecht. — Nach der hier vertretenen Ansicht stehen im rechtsgeschäftlichen Verkehr nur noch die vom Gesetz selbst ausgebildeten Bruchteilsrechte (Anteile) zur Debatte. *Alle* rechtlichen Vorgänge lassen sich mit ihnen erklären. Stellt man allerdings die — nicht mehr relevante — Frage, wem das Ganzrecht als einheitliches subjektives Recht zusteht, dann sind Antworten in zwei Kategorien möglich:

(1) Angesichts der Anteile sollte die Einheitlichkeit des Ganzrechts klar verneint werden und damit auch die Rechtsträgerschaft hinsichtlich des Ganzrechts! (es gibt dieses subjektive Ganzrecht nicht mehr).

§ 747 S. 2 zeigt hiernach dem einzelnen Gemeinschafter die Grenzen seiner Rechtsmacht[14], stellt aber für gleichsinnige Verfügungen nach § 747 S. 1 kein Erfordernis gemeinschaftlichen Handelns auf[15]. — Die Gegenansicht müßte sich genötigt sehen, auch im Falle der Rechtsgemeinschaft wegen Unteilbarkeit des primären Schuldinhaltes (Verpflichtung zur Verfügung über das Vollrecht) eine Gesamthandsschuld zu bejahen[16].

In einem Kaufvertrag über einen gemeinschaftlichen Gegenstand wird sich jeder Gemeinschafter entgegen der Auslegungsregel des § 427 immer nur zur Übertragung seines Anteiles[17] verpflichten, §§ 133, 157. In einem Rechtsgeschäft kommt es zum Abschluß mehrerer Verträge. Die Eingehung einer Gesamtschuld würde dem Gemeinschafter ein Beschaffungsrisiko hinsichtlich des fremden Anteiles auferlegen. Daran kann ihm nicht gelegen sein. Ein Gläubigerinteresse[18] besteht in dieser Richtung nicht, weil der andere Gemeinschafter sich ihm zur Übertragung des anderen Anteiles verpflichtet hat. Jeder Gemeinschafter verpflichtet sich für seine Person und seinen Rechtskreis. Bürgschaften oder Einstandspflichten übernimmt kein wirtschaftendes Subjekt ohne Not. Das Gesetz mutet ihm im § 427 anderes auch nicht zu. — Die „ideellen Anteile" an dem gemeinschaftlichen Rechtsobjekt sind selbständige subjektive Rechte. Eine Garantie des Gleichlaufes besteht zugunsten des Käufers nicht. Er muß durch Ausgestaltung seiner Ver-

---

(2) Die Existenz des Ganzrechts als subjektiven Rechtes wird bejaht; dann müssen die Bruchteilsgemeinschafter zu einer neuen Rechtssubjektivität zusammengezogen werden, die hier nie, wohl aber bei den Gesamthandsgemeinschaften relevant wird (vgl. §§ 7, 13), bei denen wiederum Anteile am Einzelgegenstand nicht existent sind — Interdependenz der Problemkreise!

[14] Dies klingt in der Formulierung von *Erman / Schulze / Wenck* § 747 Rdn. 4 an: „Verfügungen eines Teilhabers über den ganzen Gegenstand sind Verfügungen eines Nichtberechtigten über eine fremde Sache." RG JW 1910, S. 473 und BGH LM § 6 Lit UrhG Nr. 2 stellen bei Nichtigkeit der Verfügung über einen Anteil die Verbindung zum Schicksal der Verfügung über den anderen Anteil nach § 139 her, gehen also bei Verfügung über das Ganzrecht konstruktiv von Einzelverfügungen über die Anteile aus.

[15] Geltendmachung beider Anteile im Aktivprozeß vgl. *Blomeyer* AcP 159 (1960/1961), S. 385; *Soergel / Schultze-v. Lasaulx* § 744 Rdn. 2 m. w. N.

[16] Diese Konsequenz beschreiben — ablehnend — auch *Enneccerus / Lehmann* § 183 II 2, S. 762/763.

[17] Bei Passivprozessen nur einfache Streitgenossenschaft, a. A. *Rosenberg / Schwab* § 50 III 1 b, S. 229.

[18] Gemeint ist ein Erfüllungsinteresse; wenn der Gläubiger darüber hinaus ein Sicherungsinteresse, Sicherungsbedürfnis hat, mag er wie auch sonst nach Deckung suchen. Von der Gefahr eines Abwanderns des Vermögenswertes, den das Bruchteilsrecht darstellt, in die persönlichen Vermögen der Bruchteilsberechtigten, kann hier nicht gesprochen werden: Vielmehr befinden sich die Anteile bereits in den Individualvermögen.

träge mit den einzelnen Bruchteilsinhabern selbst dafür sorgen, daß ihm alle Rechte übertragen werden. Betreffen die vorstehenden Zeilen nur den dinglichen Zuweisungsgehalt des Verfügens, so gilt doch Gleiches für die Bereiche des Habens und Nutzens, innerhalb derer die Gemeinschafter obligatorische Rechte Dritter begründen können, z. B. §§ 535, 581.

### 14.3 Fehlen gemeinschaftlicher Rechtssubjektivität

Im folgenden wenden sich die Ausführungen der Untersuchung zu, ob es bei der Bruchteilsgemeinschaft eine gemeinschaftliche Rechtssubjektivität gibt. Kann man bei ihr von einer Vertretung und einem Handeln der Gemeinschafter im Gemeinschaftsbereich sprechen?

Beim rechtsgeschäftlichen *Erwerb* von Bruchteilsberechtigungen handeln die zukünftigen Gemeinschafter evident als Einzelpersonen[19]. Die *Veräußerung* des Bruchteilrechts geschieht durch Einzelverfügungen über die Anteile, § 747.

Die *Verwaltung* des Bruchteilsgegenstandes steht den Teilhabern gemeinschaftlich zu, § 744 I. Verwaltungsmaßnahmen können eine *Verfügung* über das gemeinschaftliche Recht[20] oder den Abschluß eines *obligatorischen Vertrages* erforderlich werden lassen. Dabei hebt sich von dem Prozeß der inneren Willensbildung nach den Grundsätzen der Einstimmigkeit bzw. dem Mehrheitsprinzip streng getrennt die Willensbetätigung im Außenverhältnis ab. Wie darzulegen ist, besteht auch im Rahmen der Verwaltung kein Anlaß, von gemeinschaftlicher Rechtssubjektivität oder von einer Gesamthand zu sprechen.

Im Außenverhältnis sind *Verfügungen*, auch wenn sie von nur einem Gemeinschafter im eigenen Namen getroffen werden, für alle Bruchteilsrechte wirksam, sofern eine gültige Ermächtigung des anderen vorlag. Unser Recht kennt mit der Ermächtigung, § 185, ein Zurechnungsprinzip, das den Zurechnungsadressaten im rechtsgeschäftlichen Verkehr nicht benennt. Die Ermächtigung als Ausfluß der Rechtsträgerschaft bezieht sich auf die bereits erworbenen Rechte. Durch den Bezug auf ein konkretes Recht wird der Rechtsträger und damit der Zurechnungsadressat von Rechtswirkungen individualisiert, also erst vermittels des subjektiven Rechts aufgespürt. Sollen neue Gegenstände

---

[19] Ausübung von Gestaltungsrechten durch die Bruchteilsberechtigten freilich allein von beiden gemeinschaftlich; insoweit besteht auch bei der Bruchteilsgemeinschaft eine Ausübungsgemeinschaft; insoweit sprechen die Motive zu Recht von dem „Prinzip der gesamten Hand", *Motive* II S. 875.

[20] Vgl. BGH FamRZ 65, 267 zu einem Fall, in dem zur ordnungsgemäßen Verwaltung eine Grundstücksveräußerung erforderlich wurde. Dazu *Lange* JuS 1967, S. 453.

erworben oder Verpflichtungen eingegangen werden, kann dem rechtsgeschäftlichen Verkehr die Individualisierung durch die betroffenen Sachen und Rechte allein nicht mehr genügen. Soll hierbei der Erwerb, die Pflichtenbegründung unmittelbar bei einer oder mehreren anderen Personen als der handelnden eintreten, so kennen wir keine anonyme Erwerbsermächtigung oder Verpflichtungsermächtigung[21], sondern nur den mit Offenkundigkeit verbundenen Vertretungsgrundsatz als Zurechnungsprinzip.

War bei der Verfügung von strikter Einzelverfügung über jeden Bruchteil ausgegangen, so eröffnet sich im Vertretungsrecht die Alternative der Zurechnung an die Gemeinschaft oder der Beziehung auf jede Gemeinschaftsperson. Unstreitig werden alle *verpflichtenden Verträge* mit Dritten von den Gemeinschaftern als einzelnen Personen abgeschlossen. Dieses Ergebnis stimmt mit der Ausbildung von subjektiven Anteilsrechten ebenso überein wie mit der Verneinung von gemeinschaftlichen Schulden (Gesamthandsschuld). Die einheitliche Willensbildung im Innenverhältnis erfordert weder logisch noch systematisch die Anerkennung eines Rechtssubjektes „Gemeinschaft". Daneben wird allerdings im Rahmen von Verwaltungsangelegenheiten die Frage diskutiert, ob die Mehrheit sich mit Beschluß Vollmacht wie Verfügungsermächtigung von den Überstimmten zu verschaffen vermag. Verneint man dies, dann muß zum Zwecke der Willensausführung erst in einem langwierigen Prozeß die „Zustimmung"[22] des widerstrebenden Gemeinschafters erzwungen werden[23].

Vollmachten rechnen die Rechtsgeschäfte den Gemeinschaftern selbst zu, § 164 I. Vollmachtsbeschränkungen auf die Gemeinschaftssphäre oder Haftungsbeschränkungen auf das Bruchteilsrecht entsprechen nicht dem gesetzlichen Typus der Gemeinschaft noch werden sie rechtsgeschäftlich ausbedungen. Bei § 741 gibt es keine Gemeinschaft, die nach außen als eigenständiges Rechtssubjekt auftritt. Beim Abschluß von Verträgen mit Dritten treten die Bruchteilsberechtigten auch bei Gemeinschaftlichkeit im Innenverhältnis im Außenverhältnis doch getrennt und ohne verbindende Organisation auf.

---

[21] Dazu neuerdings *Doris,* Philippos, Die rechtsgeschäftliche Ermächtigung bei Vornahme von Verfügungs-, Verpflichtungs- und Erwerbsgeschäften, 1974.

[22] Außerhalb von Verwaltungsangelegenheiten gilt das Mehrheitsprinzip nicht.

[23] Zum Streitstand *Erman / Schulze / Wenck* § 745 Rdn. 2; *Hermann Lange* JuS 1967, S. 453 (456) m. w. N.; *Staudinger / Kober* § 745 Rdn. 10; *Soergel / Schultze-v. Lasaulx* § 745 Rdn. 9; BGHZ 56, 47 im Anschluß an BGH LM Nr. 1 zu § 2038. *Jülicher* AcP 175 (1975), S. 143. Zum Sonderfall der Willensbildung in verschachtelten Rechtsgemeinschaften *Schulze-Osterloh* FS Westermann (1974), S. 541.

## § 15 Haftungslage der BGB-Gesellschaft — Rechts- und Verpflichtungsträgerschaft — Dogmatik der Haftungsbeschränkung

Das Unterfangen, die Haftungsordnung der BGB-Gesellschaft darzustellen, wird von mehrfachen Unklarheiten belastet. Der Streit um Schuld und Haftung nährt sich aus der Unsicherheit, ob die Gesamthand neben den Gesellschaftern ein eigenes Schuldsubjekt[24] zu sein vermag. Darauf sei zunächst eingegangen. — Mit dem Begriffspaar Schuld und Haftung sind aber nicht nur die Rechtsträgerschaft wie zugleich Verpflichtungsträgerschaft als zwei konstitutive Elemente der Rechtssubjektivität angesprochen. Die Unterscheidung der privaten Schuldsphäre von der gesamthänderischen Haftungssphäre meint Vermögens- und Risikoeinheiten innerhalb der Haftungsordnung, für deren Grenzen Möglichkeit und Unmöglichkeit der primären Leistung nicht maßgebend sind. Unter Ausklammerung der Überlegungen zum Schuldinhalt richtet sich die Darstellung als zweites auf die Haftungsordnung im Anschluß an Verpflichtungsverträge.

### 15.1 BGB-Gesellschaft als handlungsfähiges Rechts- und Schuldsubjekt — Abgrenzung von Gesellschafts- und Individualsphäre

Das Gesetz enthält keine Aussage darüber, wie man sich die gesamthänderische Rechtsträgerschaft vorzustellen habe. In der Kommission zur Beratung des zweiten Entwurfes zum BGB „gingen die Meinungen darüber, wie die Rechtsgemeinschaft der gesamten Hand theoretisch zu konstruieren sei, auseinander..."[25]. Unter dem Dogma vom Dualismus natürlicher und juristischer Person lavieren Lehre und Rechtsprechung mit ihren Formulierungen[26] zwischen Scylla und Charybdis. Kaum einer dogmatischen Beschreibung[27] konnte es gelingen, einen durchgängigen Funktionszusammenhang[28] zwischen Berechtigung,

---

[24] Dahingehend ist der problematische Grund gegenüber *Kornblum* S. 32 zu konkretisieren, der die Klärung des Wesens, der Struktur der BGB-Gesellschaft als Vorbedingung zur Erfassung der Haftungsordnung ansieht. Gegen den Schluß von der Struktur der Gesamthand auf die Haftungsordnung vgl. Ausführungen oben in der Einleitung.

[25] *Protokolle* II, S. 429 = *Mugdan* II, S. 900, 992.

[26] Vgl. oben Einleitung.

[27] Vgl. aber *Fabricius* Relativität der Rechtsfähigkeit, 1963; Bedenken bei *Rittner* S. 159, 193, 210 FN. 1, 268 Rechtsperson ein Gleichheitsbegriff; *Nicknig* S. 5, 6, 7, 10 kombiniert alle vorgeschlagenen Lösungen: Er verneint eigene Rechtssubjektivität der Gesamthand, plädiert für Rechtsträgerschaft der Gesellschafter und Verfügungsrecht der Gemeinschaft, bejaht den Unterschied zwischen Schuld und Haftung und spricht sich für den Bestand von Gesamthandsschulden aus.

[28] Begriff von *Kasper* § 14 I 3, S. 176 gebraucht. Rechtsfähigkeit nicht Voraussetzung für Rechtsträgerschaft: so *Bachof* AöR 83 (1958), S. 261.

Rechtssubjektivität und Verpflichtung herzustellen. Die Chance, sich der Rechtsträgerschaft als konstitutivem Merkmal für Einheit und Grenze des Sondervermögens zu bedienen, war vertan. Das Gesamthandsprinzip hat keinen konkreten, sondern nur einen im bestimmten Funktionszusammenhang konkretisierbaren Inhalt. Sein Merkmal der Zweckwidmung oder der Gedanke der Gemeinschaftlichkeit vermögen weder materiell- noch prozeßrechtlich die Aufgabe[29] der Rechtssubjektivität als Knotenpunkt zwischen Recht und Verpflichtung zu übernehmen (identische Anknüpfung von Recht und Schuld). Die BGB-Gesellschaft besitzt eigene Rechtssubjektivität (Fähigkeit zur Rechtsträgerschaft) wie die natürliche oder juristische Person. Sie ist Zurechnungsendpunkt[30]. Wenn es gelingt, den Begriff der Person von körperlich-naturhaften wie auch moralischen Bezügen zu abstrahieren und als funktional-vermögensrechtlichen Mittelpunkt[31] zu verstehen, dann mag man sich die BGB-Gesellschaft getrost als juristische Person vorstellen[32]. Die Gesamthand ist gegenüber den Gesellschaftern Dritte wie jede andere Person. Durch gesamthänderische Rechtssubjektivität und Rechtsträgerschaft lassen sich materiellrechtlich wie prozessual[33] gesellschaftliche und individuelle Sphären der Aktivvermögen[34] nach den allgemeinen Regeln trennen.

---

[29] Vgl. *Kasper* S. 2 ff., 42 ff., 177 zur Mnemotechnik des Begriffes „subjektives Recht".

[30] So auch *Flume* ZHR 136 (1972), S. 177 (189, 190, 192), der formuliert: Der Begriff der Rechtsfähigkeit bzw. Teilrechtsfähigkeit sei unbedenklich, „wenn er nicht mehr besagen soll, als daß die Gesamthand, d. h. die Gruppe, und nicht je das Mitglied derselben, der Beziehungspunkt der Rechtsbeziehungen ist". *Flume* zieht es gleichwohl vor, von der Gesamthand als Gruppe zu sprechen. — Ergänzend sei darauf hingewiesen, daß Anerkennung der Rechtsträgerschaft in unserem Recht zugleich Anerkennung einer Haftungseinheit bedeutet! Auf der Verpflichtungsseite zeigt sich *Flume* a.a.O. S. 131 jedoch zurückhaltender, spricht von Haftung und Erstreckung der Gesellschaftsschuld auf die Gesellschafter als Gesamtschuldner. Vgl. auch *Flume* FS Raiser (1974), S. 31.

[31] *Kasper* bildet die Abschnitte „Das subjektive Recht als Wirklichkeits- und Weltanschauungsbegriff" und „Das subjektive Recht als Begriffs- und Bedeutungskomplex"; *Brecher* FS Alfred Hueck (1959), S. 233 (259) mit dem Bestreben, den Person- und Subjektbegriff unseres Rechts durch Freilegung seiner Strukturelemente aufzulockern.

[32] *Eduard Wahl* in Vereinheitlichung des Handelsgesellschaftsrechts in der EWG, Bericht über das zweite gemeinsame Seminar der Juristischen Fakultäten von Montpellier und Heidelberg, 3. - 18. Mai 1970, S. 10 berichtet, *Martin Wolff* habe im Kolleg über die OHG diese Empfehlung seinen Studenten gegeben.

[33] Zur Gesamthand im Prozeß vgl. unten § 21.

[34] Geht es unabhängig von Vermögensrechten um ein Verhalten (Unterlassen) der Gesellschafter, versagt freilich die Rechtsträgerschaft als Abgrenzungskriterium!

Mit der Bejahung eigener Rechtssubjektivität[35] ist die Anerkennung rechtsgeschäftlicher Handlungsfähigkeit[36] und Vertretungsfähigkeit verbunden. Erst sie ermöglichen es, in der Folge auftretende Denk- und Systemwidrigkeiten aufzulösen. Bei Vertretung der Gesamthand treten die rechtsgeschäftlichen Wirkungen bei der Gesellschaft ein und nicht bei jedem Gesellschafter. Sie ist Vertragspartnerin, nicht jeder Gesellschafter. Ihr wachsen alle daraus fließenden Rechte, auch Gestaltungsrechte[37] zu, und sie ist Adressatin empfangsbedürftiger Willenserklärungen. Die Sinnwidrigkeit, von einem konkurrierenden Vollrechtserwerb aller Gesellschafter zu sprechen, ist endlich aufgelöst. Die Vertretungsmacht nach § 714 als subjektbezogene Rechtsmacht ermöglicht keine rechtsgeschäftliche Verpflichtung eines einzelnen Gesellschafters. Der rechtsgeschäftliche Tatbestand weist die Gesamthand als Berechtigte oder Verpflichtete aus[38]. Privatsphäre und Gesellschaftssphäre grenzen sich durch verschiedene Rechtssubjektivität ab. Der geschäftsführende Gesellschafter vertritt die Gesellschaft, nicht zugleich sich und die anderen Gesellschafter. Er kann auf Grund des § 714 keine Verträge im Namen eines Gesellschafters abschließen, nicht über dessen Rechte verfügen, weil ihm die Vertretungsmacht zur Vertretung dieses Rechtssubjektes fehlt.

*15.2 Schulden und Haften bei der BGB-Gesellschaft —
Dogmatik der Haftungsbeschränkung*

Da die h. M. eine eigene Rechtssubjektivität der Gesamthand verneint, kann sie sich die BGB-Gesellschaft nicht als Schuldnerin von Verpflichtungen denken. Kann die Obligation nur mit einem Gegenstand aus dem Gesamthandsvermögen erfüllt werden oder soll nur das

---

[35] Dazu wird bei dem Gesamthandstyp der ehelichen Gütergemeinschaft erneut und typspezifisch zu handeln sein, vgl. unten § 19.1.1; daß die BGB-Gesellschaft und der nichtrechtsfähige Verein nicht Gesellschafter einer oHG sein können, folgt aus der möglichen Haftungsbeschränkung, die dem Handelsrecht widerspricht; a. A. *Hueck* § 2.3, S. 23, der mangelnde Handlungsfähigkeit annimmt.

[36] Die Leugnung der h. M. wiegt nicht so schwer, weil sie wohl den Begriff „Rechtssubjektivität" meidet, besonders im oHG-Recht, aber die Verneinung nicht so ernst nimmt, *Flume* ZHR 136 (1972), S. 177 (187); als Vertreter der h. M. vgl. *Staudinger / Keßler* Vorb. 22, 31 f. vor § 705; *Soergel / Schultze-v. Lasaulx* Vorb. 29 vor § 705; RGRK-BGB-*Fischer* Vorb. 4 vor § 705; *Erman / Schultze / Wenck* Vorb. 1 a vor § 705; *Larenz* § 60 I c, d, S. 294 f.; *Esser* § 94 I 1, S. 265; *Fikentscher* § 88 I 3, S. 514; *Nicknig* S. 6; a. A. eigene Rechtsträgerschaft anerkennend *Fabricius* S. 131 ff., 158 ff.; *Reinhardt* S. 19 ff.; *Hoffmann* NJW 1969, S. 724 (725).

[37] *Flume* FS Westermann (1974), S. 125; Erwerb nach rechtsgeschäftlichen Regeln nur verzichtbar i. R. des § 718 II (Surrogation); ebenso *Schafheutle* S. 54, 74 ff.; z. T. abweichend *Schulze-Osterloh* S. 185 ff., 191 ff. „vereinfachte Voraussetzungen".

[38] Im Ergebnis auch *Flume* FS Westermann (1974), S. 119 (123).

Gesamthandsvermögen zur Befriedigung des Gläubigers bereitstehen, so dient zur Beschreibung dieser Rechtslage der Terminus „Haftung". Die Gesamthand ist nicht schuldfähig, wohl aber haftungsfähig. Die funktionale Verschiebung des Schuldens in den Begriffen des Haftens wird so vollkommen[39] vorgenommen, daß viele Autoren zu synonymem Wortgebrauch umschwenkten[40]. Jedoch haben jüngst einige Autoren Anlaß gefunden, auf fehlende Rechtssubjektivität hinzuweisen und dezidiert gegen den Bestand von Gesamthandsschulden Stellung zu nehmen[41]. In der Konsequenz dieser Ansicht liegt es, statt von Schuldausschluß zugunsten der Gesellschafter von einer persönlichen Schuld mit beschränkter Haftung zu sprechen.

Die h. M. erklärt die Sonderhaftung des Gesellschaftsvermögens auf der Grundlage persönlicher Schulden der Gesamthänder, in deren Privatvermögen eine Haftungssonderung vorzunehmen sei[42]. Die Haftungsbeschränkung begründet man allgemein mit einer einseitigen Beschränkung der Vertretungsmacht[43] des geschäftsführenden Gesellschafters. Die Vertretungslösung geht indessen konstruktiv fehl und beeinträchtigt die Stellung des Gläubigers: Zugunsten des Gläubigers steht grundsätzlich das gesamte Schuldnervermögen dem Gläubigerzugriff offen. Ausnahmen sind dem Vertragsprinzip unterworfen (Haftungsbeschränkungsverträge)[44]. Eine Beschränkung der Vertretungsmacht durch gesellschaftsrechtlichen Organisationsakt kann den Gläubiger nicht benachteiligen. Er darf von unbeschränkter Vertretungsmacht ausgehen. Die beschränkte Haftung rechtfertigt sich nicht aus einem Verstoß des Gläubigers gegen Prüfungspflichten[45]. Nach all-

---

[39] So sehen *Staudinger / Keßler*, die die Rechtsfähigkeit verneinen, Vorb. 20 ff. vor § 705, den Streit um den Bestand von Gesamthandsschulden als vergangen an, § 718 Rdn. 8. Das Bedürfnis nach rechtlich selbständigem Schicksal von Gesamtschulden und Gesamthandshaftung, vgl. § 129 HGB, zeigt sich bei der BGB-Gesellschaft so dringend, daß die Haftung unter Preisgabe der Prämissen zur Schuld erstarkt. Gegen den Begriff der Gesamthandsschuld *Kreß* Allgemeines Schuldrecht, S. 596 FN. 6.

[40] Vgl. die Darstellung bei *Flume* FS Westermann (1974), S. 119 f. mit Hinweis auf *Düringer / Hachenburg / Geiler* § 105 Anm. 148, die definieren: „Gesellschaftsschulden sind diejenigen Schulden der Gesellschafter, welche das Gesellschaftsvermögen mit der Wirkung belasten, daß für sie das Gesellschaftsvermögen haftet."

[41] *Huber* S. 86; *Buchner* AcP 169 (1969), S. 483 (489); ders. JZ 1968, S. 622; *Ernst* S. 59, 60.

[42] *Flume* FS Westermann (1974), S. 119 (131) bemerkt, daß die Fälle in der Praxis außerordentlich selten relevant geworden sind.

[43] Bei der oHG stehen §§ 126 II, 128 S. 2 HGB entgegen; zum Ausschluß oder der Beschränkung der persönlichen Gesellschafterhaftung vgl. *Hueck* § 21 III, S. 322; *Kornblum* S. 76 ff.; Vertrag oHG bzw. Gesellschafter mit dem Gläubiger über Haftungsverzicht, von vornherein oder nachträglich.

[44] Vgl. oben § 4.

[45] Darauf weist *Flume* FS Westermann (1974), S. 119 (131 ff.) hin, entgegen der h. M.: vgl. *Kornblum* S. 15 ff., 47 ff.; *Nicknig* S. 16; *Westermann* Rdn. 379 a. E.

gemeinen Grundsätzen treffen ihn Beweislasten und Prüfungspflichten hinsichtlich des Umfanges der Vertretungsmacht nicht[46].

Richtigerweise befinden sich die Gesamthandsgegenstände gar nicht im Eigenvermögen der Gesellschafter, sondern stehen in der Rechtszuständigkeit der Gesamthand. Statt um Haftungssonderungen innerhalb eines Schuldnervermögens geht es um das Problem, ob eine Gesamthandsschuld und neben ihr Gesamtschulden existieren. Die materielle Haftungsordnung der BGB-Gesellschaft steht in Frage.

### 15.3 Die materielle Haftungsordnung — Geltungsgrund der Gesamthänderhaftung — Nichtanwendbarkeit des § 427

Wiederholt[47] wurde herausgearbeitet, daß man in den Kommissionen zur Beratung des ersten und zweiten Entwurfes zum BGB Zurückhaltung übte im Hinblick auf wissenschaftliche Fragen nach dem Wesen der Gesamthand. Zugleich vernachlässigte die gesetzgeberische Ausgestaltung den sehr praxisbezogenen Haftungskomplex[48]. Die Ablehnung des germanischen Gesamthandsprinzips durch die Romanisten wirkte fort.

Grundmuster gesellschaftsrechtlicher Regelung war im ersten Entwurf die Gelegenheitsgesellschaft. Dauerhafte Formationen „zum Zwecke der Betreibung eines Erwerbsgeschäftes"[49] sollten gem. § 659 des ersten Entwurfes durch Vereinbarung dem oHG-Recht unterstellt werden. In § 642 übernahm der erste Entwurf das römisch-rechtliche Prinzip der Teilhaftung für die Haftungsordnung nach Abschluß von Rechtsgeschäften. Die zweite Kommission verwarf die Teilhaftung und vertrat die Ansicht[50], der Problembereich persönlicher Gesellschafterhaftung werde von § 320 (dem heutigen § 427) erfaßt.

Die h. M. stützt die gesamtschuldnerische Haftung in gleicher Weise auch heute noch auf den sog. Vielheitsgedanken. Ohne Anerkennung eigener Rechtssubjektivität der Gesamthand stellt man ihr Handeln dem persönlichen Handeln Unverbundener gleich. Anknüpfungspunkt für die Haftung wird die Vielheit der nach außen Auftretenden[51], § 427,

---

[46] Ausführlicher vgl. unten § 17.2.
[47] *Flume* FS Westermann (1974), S. 119 (120 f.); *Nicknig* S. 3.
[48] *Barner* S. 2: Im Jahre 1965 beschäftigten Arbeitsgemeinschaften des Baugewerbes 54 204 Personen, deren Leistung einen Wert von 2,3 Milliarden DM erreichte. Zum Anwendungsgebiet der BGB-Gesellschaft vgl. *Westermann* Rdn. 35 ff. mit Beispielen.
[49] Zitiert nach *Flume* ZHR 136 (1972), S. 177 (178).
[50] *Mugdan* II S. 987.
[51] *Nicknig* S. 8; *Palandt / Heinrichs* Anm. 2 c, aa vor § 420; *Erman / Westermann* Rdn. 15 vor § 420; *Esser* § 95 V 2, S. 290; a. A. für außervertragliche Haftung gelte § 420 *Gierke* DPR III, S. 847 ff.; *Staudinger / Keßler* § 714 Rdn. 14.

oder die Vielheit als Element in der inneren Struktur der Gesamthand[52]. Gegen die Anwendung der §§ 427 ff. erheben Stimmen der jüngeren Literatur[53] Einwände, die mit Bedacht nicht einfach den „Einheitsgedanken"[54], die Rechtssubjektivität herausstellen.

Die Zweifel betreffen radikal das „Ob" der Haftung. Die Vorschrift des § 427 enthält eine Auslegungsregel zur Entscheidung über die Alternative Gesamtschuld oder Teilschuld, setzt also eine Verhaftung des persönlichen Vermögens voraus[55]. Diese Voraussetzung sollte nicht damit als gegeben angesehen werden, daß die romantischen Väter des BGB zunächst das Teilhaftungsprinzip der römischen societas[56] übernahmen. Die societas als schuldrechtliches Verhältnis kennt kein eigenes Aktiv- und Passivvermögen. Die Ausbildung eines Gesellschaftsvermögens[57] als Gesamthandsvermögens wirft grundsätzlich neue Fragen auf. — Des weiteren ließe sich ein Grundsatz der gesamtschuldnerischen Gesellschafterhaftung aus § 427 nur für den Bereich rechtsgeschäftlicher Verpflichtungen entnehmen. — Die Auslegungsregel wird dadurch entkräftet, daß im Einzelfall *ein* Gesamthänder zur Erfüllung nicht imstande ist, weil der geschuldete Gegenstand gemeinschaftlicher Verfügungsmacht unterfällt[58] und zusätzlich eine Haftung der Gesamthand besteht[59]. Ein Überdenken der §§ 427 ff. deckt systematische Unstimmigkeiten in der Anwendung dieser Normen auf. Als allgemeine schuldrechtliche Regeln sind sie zugeschnitten auf Schuldnermehrheiten ohne vorgängige gesellschaftliche Organisation. Die Gemeinschaftlichkeit der Verpflichtung spielt auf die Einheitlichkeit und Gleichzeitigkeit des Verpflichtungsaktes mehrerer, nicht aber auf ihr Innenverhältnis an. Wertende Aspekte hat die Tatbestandsanalyse nicht aufgedeckt. Sie sind aus den Anforderungen der objektiven Haftungsordnung und einem Vergleich zur positiven gesetzlichen Behandlung anderer Gesamthandstypen zu gewinnen.

---

[52] *Kornblum* S. 39/40; *Staudinger/Keßler* § 714 Rdn. 13; unmittelbare Berufung auf das Gesamthandsprinzip *Flume* FS Westermann (1974), S. 130.
[53] *Flume* FS Westermann (1974), S. 119 (128 ff.).
[54] Im folgenden soll auf das Begriffspaar der Einheit und Vielheit rigoros verzichtet werden zugunsten fruchtbarer Beherrschung der Gedanken in dogmatisch ausgerichteten Kategorien. a. A. *Blomeyer* JR 1971, S. 397 passim; zur Fehlerhaftigkeit, das Gesamthandsprinzip mit dem Gedanken der „Vielheit" zu verbinden *Huber* S. 106.
[55] Daß das Ob der Haftung eine Vorfrage ist, meinen wohl auch *Staudinger/Keßler* § 714 Rdn. 13.
[56] Zu den rechtsgeschichtlichen Grundlagen *Wieacker* Societas, Hausgemeinschaft und Erwerbsgesellschaft, Untersuchungen zur Geschichte des römischen Gesellschaftsrechtes, 1936.
[57] *Flume* ZHR 136 (1972), S. 178 f.
[58] *Kornblum* S. 30.
[59] Vgl. *Flume* FS Westermann (1974), S. 129.

Das Prinzip der unbeschränkten persönlichen Vermögenshaftung würde leer laufen, wenn unser Vermögensrecht die Konzentrierung aller Schulden bei einem Subjekt ohne Vermögen erlaubte. Den Gesellschaftern steht es frei, Gesamthandsvermögen zu bilden oder nicht, § 705. Ohne Verhaftung des persönlichen Vermögens durch die Verpflichtungen der Gesamthand könnte diese als vermögenslose Schuldnerin vorgeschoben werden. Wenn also das Gesamthandsprinzip nicht notwendig die Bildung eines Vermögens verlangt und der Bestand eines Gesamthandsvermögens als Haftungskapital nicht gesichert ist, haben die Gesellschafter einzutreten (funktionaler Ersatz für Kapitalaufbringungs- und -erhaltungsvorschriften im Rahmen der Regelungskomplexe von juristischen Personen. Diese Entscheidung und die Absage an das Teilhaftungsprinzip werden durch einen Blick auf die weiteren Gesamthandstypen bekräftigt. Aus einer Analogie zur positiven Regelung bei der Erbengemeinschaft, § 2058, Gütergemeinschaft[60], § 1459 II und auch der oHG, § 128 HGB, folgt grundsätzlich[61] die gesamtschuldnerische Haftung der BGB-Gesellschafter. Die Analogie läßt Raum für eine haftungsrechtliche Gleichbehandlung der nichtwirtschaftlichen, sog. „Ideal"-BGB-Gesellschaften mit dem nichtrechtsfähigen Idealverein[62].

### § 16 Die Haftungsordnung bei der oHG — Rechtsnatur der oHG und Schuldenordnung

Die Rechtsnatur der oHG entscheidet über die Existenz von Gesellschaftsschulden[63]. Damit ist freilich nur eine systematische Orientierung gegeben, aber nichts Inhaltliches über die Haftungsordnung gesagt. Dank den eindeutigen gesetzlichen Vorschriften, §§ 124, 126, 128, 129 HGB taucht die Rechtsfähigkeit der Gesellschaft als Argument in der Rechtsanwendung kaum auf[64].

---

[60] Dort im einzelnen vielfältige Gesichtspunkte zu beachten, die unten § 19.2.1 erörtert werden: Gesamtgut tritt an die Stelle der Individualvermögen, haftet also Individualgläubigern; individueller Haftungsbeitritt sorgt für Erfüllung mit Gesamthandsmitteln; Schuldenordnung folgt der Regelung des Verwaltungsrechts.
[61] Der Grundsatz wird von BGHZ 61, S. 338 bestätigt für den Fall, daß nach Auflösung und Verteilung des Gesellschaftsvermögens Bereicherungsansprüche geltend gemacht werden. Allerdings wird der Einwand zugelassen, die Bereicherung sei teilweise weggefallen.
[62] OLG *Breslau* OLGE 32, 362; *Flume* FS Westermann (1974), S. 119 (134) zu Recht gegen *Nicknig* S. 19, der die verfehlte Vorschrift des § 54 S. 2 zum Ausgangspunkt seiner Argumentation macht; dazu vgl. unten § 17.
[63] *Buchner* AcP 169 (1969), S. 483 (489).
[64] Vgl. *Huber* S. 107 ff.; *Hauer* 15 ff. in bezug auf den Schuldinhalt.

### 16.1 Rechtssubjektivität der oHG — Unterschiede zu den juristischen Personen

Der Vergleich der gesellschaftsrechtlichen Vorschriften im HGB mit den Regelungsbereichen im GmbHG, GenG oder AktG zeigt Unterschiede. Nur bei den anerkannten juristischen Personen schreibt das Gesetz ein Stammkapital vor, § 5 GmbHG, regelt es die Kapitalbeschaffung, Kapitalherabsetzung, §§ 179 ff. AktG, oder die Kapitalerhöhung, KapErhG, beauftragt es Prüfungsverbände mit der Feststellung der wirtschaftlichen Verhältnisse, §§ 53 ff. GenG und sieht es eine besondere Gründerhaftung vor. Die juristischen Personen haben nach dem üblichen Gesetzeswortlaut als solche Rechte und Pflichten, §§ 1 AktG, 13 I GmbHG, 17 I GenG. Die oHG ist eine Gesamthandsgesellschaft, die unter ihrer Firma Rechte erwerben und Verbindlichkeiten eingehen, vor Gericht klagen und verklagt werden kann, § 124 I HGB.

Über die Rechtsnatur der oHG besteht ein alter Streit[65]. Methodisch gehen die Autoren[66] durchweg so vor, daß sie die Regelungskomplexe der juristischen Personen mit dem Inhalt des zweiten Buches im HGB vergleichen. Dort suchen sie nach Normen, die vom Einheitsgedanken geprägt sind und schließen aus ihnen auf die Rechtssubjektivität. Andere stellen den Verweis auf die BGB-Gesellschaft, § 105 II HGB, heraus und beharren auf dem Wesen des personenrechtlichen Gesamthandsprinzips. Die Bedeutung einer abstrakten Einordnung wird in neuester Zeit zu Recht wieder angezweifelt[67], ohne daß der Wert systematischer Beschreibung in Frage gestellt würde. Die Zweifel betreffen im Kern wohl den Reifegrad juristischer Dogmatik zu dieser Frage, nämlich die Brauchbarkeit des Begriffes der „juristischen Person" im Sinne der dualistischen Lehre.

---

[65] Die oHG sehen als juristische Person an *Affolter* ArchBürgR 5 (1891), S. 1; *Eccius* ZHR 32 (1886), S. 1 (5); *Kohler* ArchBürgR 40 (1914), S. 229; *ders.* ZHR 74 (1913), S. 456 Entgegnung von *Lehmann* ZHR 74 (1913), S. 462 und ZHR 78 (1917), S. 306; *Krückmann* Gruchot 37 (1893), S. 217 (236).
Von relativer Rechtsfähigkeit sprechen *Gareis* S. 129 f., 156 nach außen juristische Person, nach innen Gesellschaft; *Makower* § 105 I c; *Fabricius* S. 49 ff., 158 ff.
Von fiktiver Rechtsfähigkeit geht aus *Wieland* I, 1921, S. 397; Rechtsfähigkeit II. Ordnung liegt vor nach *Haff* Persönlichkeitslehre, 1918, S. 237, 239; Mittelstufe zwischen natürlicher und juristischer Person nach *Jaeger* FS Sohm (1915), S. 1.
Für Gesamthandsgemeinschaft ohne die Fähigkeit zur Rechts- und Verpflichtungsträgerschaft *Weipert* RGRK-HGB § 105 Anm. 8; § 124 Anm. 2; *Hueck* § 3 IV, S. 32 m. N. der Rspr.; *Westermann* Rdn. 336; *Kornblum* S. 71 m. w. N.; *Huber* S. 102 N.

[66] Beispielhaft *Buchner* AcP 119 (1969), S. 483; *Fischer* Diss. (1936), S. 50 ff.; *Nielsen* Diss. (1957), S. 65 ff. *Jahn* Diss. (1957), S. 4 ff.

[67] Schon *Würdinger* S. 105; *Fischer* FS Hedemann (1958), S. 77; BGHZ 23, 302 (305); 39, 319 (324); *Hueck* § 3, S. 32 FN. 12.

Eine funktionale Analyse muß der oHG als Gesamthandsgesellschaft materielle Rechts- und Verpflichtungsträgerschaft zuschreiben. Bei Umwandlung ipso iure von einer oHG in eine BGB-Gesellschaft bleibt die materielle Rechtsträgerschaft unverändert. Es gelten die zur BGB-Gesellschaft vorgetragenen Argumente[68].

### 16.2 Haftungslage nach Abschluß von verpflichtenden Verträgen

Alt ist das Problem[69] geworden, ob bei der oHG eine Gesellschaftsschuld als Verbindlichkeit neben den Gesamtschulden der Gesellschafter steht. Dieser Fragenkreis kreuzt sich mit den Überlegungen zum Schuldinhalt[70], dem sich Literatur und Rechtsprechung zunächst und ohne Berücksichtigung interdependenter Problemkreise zuwandten. — Nach der einen Ansicht geht es um das Nebeneinander von Privatvermögen und nichtrechtsfähigem Sondervermögen, ihre konstituierenden und abgrenzenden Prinzipen und um die Herausarbeitung eines eigenständigen Institutes der Haftung[71]. Nach anderer Meinung wird gesonderte Haftung „durch gesonderte Schuldpflicht vermittelt, die Haftung des Gesellschaftsvermögens durch die Schuldpflicht der Gesellschaft, die des Privatvermögens durch die Sonderschuld der Gesellschafter"[72]. Die Stoßrichtung dieser Kritik geht deutlich auf das Institut der Haftung. Wie aber soll die Gesamthand selbst Schuldnerin sein, wenn Rechtssubjekt nur die Gesellschafter sind? Die Theorie der gesonderten Schuldpflicht setzt eine Auseinandersetzung mit der dualistischen Lehre von den Rechtssubjekten voraus. Ohne diese Auseinandersetzung konnte diese Lehrmeinung nicht die rechte Überzeugungskraft[73] ausstrahlen.

Im Gegensatz zu den Unsicherheiten in der Struktur des Schuldens herrscht Einstimmigkeit in der Bewertung der Haftungsordnung. Für alle Gesellschaftsverbindlichkeiten aus Vertrag, Delikt, Gesetz etc.

---

[68] Vgl. oben § 15.1.
[69] Überblick bei *Flume* FS Knur (1972), S. 125 ff.
[70] *Hamel* Diss. 1928; *Meyer-Arendt* Diss. 1951; *Schmitz* Diss. 1952; *Iber* Diss. 1956; *Jahn* Diss. 1957; *Nielsen* Diss. 1957; *Hauer* Diss. 1966; BGHZ 23, 302 m. w. N.; Erfüllung geschuldet nach RGZ 5, 53; 139, 252; Interesse geschuldet nach RG JW 1900, S. 253; RGZ 136, 266.
[71] *Düringer / Hachenburg / Flechtheim* § 128 Anm. 1; *Geßler* § 128 Anm. 2; RGZ 139, 252 (254) IV. Senat; RGZ 136, 266 (271 f.) VIII. Senat; BGHZ 5, 37 I. Senat; BGHZ 34, 293 III. Senat.
[72] So *Wieland* I S. 629. Vgl. auch das neuere Schrifttum: *Fischer* § 128 Anm. 3; *Kötter* § 128 Anm. 1; auch BGHZ 23, 305 II. Senat, vgl. Anm. *Fischer* § 128 Anm. 3 m. w. N. der BGH Rechtsprechung; *Buchner* AcP 169 (1969), S. 483 (499) bejaht eine Gesellschaftsschuld nur bei der oHG.
[73] Vgl. *Flume* FS Knur (1972), S. 125 (127) und *Fischer* BGH LM Nr. 4 zu § 128 HGB — Anmerkung, von denen der eine unter Berufung auf das Gesamthandsprinzip die Existenz von Gesamthandsschulden bejaht, der andere sie verneint, aber für die oHG aus ihrem besonderen Wesen dann doch folgert.

haften neben dem Gesamthandsvermögen die Gesellschafter persönlich alle Gesellschaftsverbindlichkeiten aus Vertrag, Delikt, Gesetz etc. als Gesamtschuldner, § 128 S. 1. Diese handelsrechtliche Haftungsstrenge können die Gesellschafter weder durch einseitige Beschränkung der Vertretungsmacht[74], § 126 II HGB, noch durch interne Vereinbarungen, § 128 S. 2 HGB, mildern. Offen bleibt die Möglichkeit, durch Verträge mit dem Gläubiger die Schuldenordnung zu modifizieren[75].

### § 17 Haftungslage bei den nichtrechtsfähigen Vereinen — Abstraktion der Haftungsordnung zu den regierenden Prinzipien

*17.1 Dogmatischer Ausgangspunkt — Entstehungsgeschichte der Normen, §§ 54 i. V. m. 705, 714, 427*

Seit Inkrafttreten des BGB gehen Literatur und Rechtsprechung aus von der grundsätzlichen Anwendung des § 427 auf die Haftungstatbestände[76], die der nichtrechtsfähige Verein rechtsgeschäftlich setzt[77]. Alle Mitglieder verpflichten sich als mehrere einzelne Personen gemeinschaftlich zu einer teilbaren Leistung (unteilbare Leistung: vgl. § 431 BGB) und haften aufgrund von § 427 im Zweifel als Gesamtschuldner, persönlich und unbeschränkt.

Dieses Ergebnis führte Otto von Gierke zu dem vielzitierten Ausspruch, der Eintritt in einen nichtrechtsfähigen Verein bedeute „unverantwortlichen Leichtsinn"[78]. „Die naive List des Gesetzgebers", der angesichts des Mangels einer öffentlich-rechtlichen Vereinskontrolle durch eine „bewußte Fehlregelung rechtspolitische Zwecke zu erzielen"[79] strebte, verfehlte ihr Ziel[80]. Es sei angemerkt, daß die Haf-

---

[74] Einschränkung der Vertretungsmacht möglich bei Verträgen zwischen der oHG und einem Gesellschafter, BGHZ 38, 26 (32 f.).

[75] Zu Ausschluß, Beschränkung und Erlaß vgl. *Kornblum* S. 76 ff.; *Kühne* ZHR 133 (1969), S. 149. — Nach BGHZ 47, 376 ist der Schulderlaß zugunsten der Gesellschaft unter Vorbehalt der Forthaftung eines Gesellschafters hinsichtlich dieses Vorbehaltes unwirksam. Die Teilunwirksamkeit ziehe regelmäßig völlige Unwirksamkeit nach sich.

[76] *Gierke* Verein S. 39; *Stoll* FS Reichsgericht II (1929), S. 49.

[77] *Schumann* § 6 I, S. 15 und § 6 V 4, S. 25 m. w. N.; Schumann trennt a.a.O. nicht ausreichend zwischen der Verweisung auf § 705 ff. in § 54 und dem Anwendungsbereich des § 427. Er meint unrichtigerweise, die gesamtschuldnerische Haftung folge aus der Verweisung durch § 54 S. 1 auf die gesellschaftsrechtlichen Normen. Die §§ 705 ff. sagen aber nichts aus über die Haftungsordnung, demnach besagt auch der Verweis in § 54 S. 1 insoweit nichts.

[78] *Otto von Gierke* Vereine S. 38 zit. bei *Habscheid* S. 406; vgl. auch *Stoll* FS Reichsgericht II (1929), S. 63.

[79] *Haupt* S. 92.

[80] Vgl. *Schumann* S. 1 dazu, daß es sich um eine bewußte Fehlregelung des Gesetzgebers handelt — und *Protokolle* S. 2493, 2494; *Mugdan* I S. 640,

tungsverlagerung nach unserem Wirtschaftssystem grundsätzlich ein legitimes Mittel der rechtspolitischen Steuerung an die Hand gibt. Naiv kann nur ein Versuch bezeichnet werden, sich mit Kunstgriffen gegen die eigenen, legalen Wertprinzipien der Haftungsordnung durchsetzen zu wollen. Daß es eine solche, bald enttarnte Arglist des Gesetzgebers war, soll offengelegt werden (Aufhebung eines Wertungswiderspruches innerhalb der Rechtsordnung).

Auf der Suche nach Korrekturen der schon entstehungsgeschichtlich wenig überzeugenden und funktional als überzogen empfundenen Haftungsstrenge sind dogmatisch drei Wege beschritten worden. Dabei wird die Haftungslage bei nichtrechtsfähigen Vereinen mit wirtschaftlichem Zweck gesondert von solchen mit nicht-wirtschaftlichem Zweck.

### 17.2 Dogmatik der beschränkten Haftung bei Idealvereinen

Zur Beschränkung der Haftung für Vereinsverbindlichkeiten[81] auf das Vereinsvermögen wird zunächst eine *Vereinbarung* zwischen Vorstand und Vertragspartner vorgeschlagen[82]. Anhaltspunkte für solche allermeist stillschweigenden Klauseln lassen sich nicht immer ohne gezieltes Wohlwollen in den Verträgen finden[83].

Unter diesem Zwang wird die Existenz einer solchen Vereinbarung auf anderem Wege mit scheinbarer Notwendigkeit dargetan: Eine zweite Lehrmeinung legt dar, daß die *Vertretungsmacht* des Vorstandes dahin *beschränkt* sei, daß er die Mitglieder nur zu einer Haftung mit dem Vereinsvermögen verpflichten kann[84]. Die Beschränkung der Ver-

---

641. Besonders anschaulich zur Entstehungsgeschichte des Gesetzes, dem Fehlschlagen der Erwartungen des Gesetzgebers, dem Wandel der Stellung des Staates zu den Vereinen, der Schaffung des öffentlichen Vereinsrechtes und den Vereinen im Rahmen der Wertfestsetzungen des GG bei *Habscheid* S. 379 - 385.

[81] Programmatisch *Rittner* S. 260 ff., der bei den Durchgriffsfällen zur Klärung der Haftungslage auf Substanz-, Macht- und Verantwortungsverteilung abstellt, S. 273 f., bei körperschaftlich, d. h. auf Drittorganschaft hin strukturierter Gesellschaft nach anderen Entscheidungskriterien (außerhalb der inneren Struktur!) suchen muß, S. 254 f., 277 ff., 327 f., 364 f.

[82] *Otto von Gierke* Vereine S. 39 und Anm. 65 a; *Danz* DJZ 1907, S. 377; für eine Vermutung der Haftungsvereinbarung *Oertmann* § 54 Anm. 3 a; gegen eine solche Vermutung *Rümelin* AcP 101 (1901), S. 361.

[83] Vgl. *Koschaker* FS Hanusek (1925), S. 151 ff. (die byzantinische Lieblingsvorstellung des pactum tacitum tauche immer dann auf, wenn die wahren Gründe des Abgehens vom Gesetz noch nicht erkannt sind).

[84] Auch hier handelt es sich gegenüber § 427 um eine abweichende vertragliche Haftungsbeschränkung; allg. zu den Haftungsbeschränkungsverträgen vgl. oben § 4. Davon zu trennen sind die Probleme, die auftauchen, wenn der Dritte diesen angeblich beschränkten Inhalt der Vertretungsmacht nicht kennt, der Vertrag mit ihm ohne Begrenzung der Haftung abgeschlossen wird. Bezeichnenderweise kommen Rspr. und Literatur dann

tretungsmacht ergebe sich ihrerseits aus dem ggf. stillschweigend erklärten Satzungsinhalt[85]. Angesichts dieser Grenze der Vertretungsmacht des Vorstandes wird gelegentlich sogar auf eine *Vereinbarung* der Haftungsbeschränkung ganz verzichtet[86]. Folgt man dieser Ansicht, dann ist der Geltungsgrund der Haftungsbeschränkung aus dem Bereich des Vertragsrechts in den des Normativen verschoben.

Die Unzulänglichkeit sowohl der Vertragslehre wie auch der Lehre von der Vollmachtsbeschränkung liegt gleichermaßen in dem Notbehelf der Fiktion von Willenserklärungen[87]. Vollmachtsbeschränkungen im Gesellschaftsrecht macht das Gesetz zudem in den §§ 26 II, 70 BGB, § 125 IV HGB, §§ 81, 82 AktG, § 39 GmbHG und § 28 GenG von einer Bekanntgabe nach außen abhängig[88]. — Dogmatisch erscheinen darüber hinaus beide Lösungen in doppelter Weise unzulänglich. Zunächst wird für die nicht-wirtschaftlichen Vereine der Grundsatz der gesamtschuldnerischen unbeschränkten Haftung, § 427, im Ergebnis aufgehoben und in die prinzipielle Sonderhaftung des Vereinsvermögens umgekehrt. Die Ausnahme wird zur Regel. Dann heben die Vertragstheorien die Typik des Gesetzes durch angebliche rechtsgeschäftliche Tatbestände auf. Darin liegt die zweite Schwäche. Ein neues, generell gültiges Prinzip[89] rechtfertigt sich gegenüber dem anderslautenden Gesetz mit dessen disponibler Natur und entnimmt seinen Inhalt vertraglichen Parteiakten. In Wahrheit wird von Ver-

---

inkonsequent nicht zu § 179, sondern diskutieren eine Prüfungspflicht des Dritten, bei deren Verletzung die Haftungsbeschränkung auch ohne Vereinbarung wirksam ist. Vgl. *Staudinger / Keßler* § 714 Rdn. 12; *Westermann* Rdn. 379; *Kornblum* S. 47 ff. Anders aber, die Prüfungspflicht ablehnend: *Flume* FS Westermann (1974), S. 119 ff. (133). Allgemein zum Umfang der Vertretungsmacht vgl. *Frotz* Verkehrsschutz im Vertretungsrecht, 1972.

[85] Vgl. *Enneccerus / Nipperdey* § 116 III 5 b; *Gierke* Vereine S. 39; *v. Tuhr* I S. 581. — Uneinheitlich ist die Rechtsprechung: RG JW 1910, S. 227 für vermutete Vollmachtbeschränkung; RGZ 90, S. 177 gegen Vermutung solcher Satzungsbestimmung; RGZ 143, S. 215/216 ohne eindeutigen Hinweis.

[86] *Schumann* S. 16: „Von diesem Standpunkt aus braucht die Haftungsbeschränkung mit dem Gläubiger nicht besonders vereinbart zu werden." — So wohl auch *Gierke* Vereine S. 39, der meint, es gehe bei der Haftungsbeschränkung um die nachgiebige Natur der §§ 705 ff. (714), während in Wahrheit der allgemeine Grundsatz gesamtschuldnerischer Haftung betroffen ist. Aus der Beschränkung der Vertretungsmacht allein — sofern es sich um eine solche handelt — folgt eben noch nicht, daß der Vertreter beim Abschluß mit dem Dritten die Grenzen der Vertretungsmacht auch eingehalten hat, vgl. *Flume* a.a.O.

[87] Vgl. ausführlich *Schumann* S. 17 - 19.

[88] *Würdinger* I, S. 90, sieht darin ein allgemeines Prinzip. Zustimmend auch *Schumann* S. 18; in der Liquidationsphase kennt das HGB eine ex lege beschränkte Vertretungsmacht in § 149 S. 2 HGB im Gegensatz zu § 249 I AktG — str. bei §§ 49 BGB, 70 GmbHG, 88 GenG, vgl. *Schmidt* AcP 174 (1974), S. 55 ff., Liquidationszweck und Vertretungsmacht der Liquidatoren.

[89] Daß es um ein solches geht, verwischt m. E. *Flume* FS H. Westermann (1974), S. 134 mit der Bezeichnung des Vorganges als „normativer Auslegung".

tretern dieser Lehre also ein Satz mit Rechtsnormqualität aus individuellen Privatrechtsgeschäften hergeleitet. Darin liegt ein Widerspruch[90].

Die dritte Lehre zur persönlichen Haftungsfreistellung der Mitglieder meidet diese Schwächen. Aus der *Interessenlage* heraus wird vorbei an § 427 die Haftungsordnung für die wirtschaftlichen wie nichtwirtschaftlichen Vereine konkretisiert. Ungebundene Interessenwertungen, nicht die Wertsetzungen der Norm geben den neuen Grundsatz ab. Die Analyse des Anwendungsbereiches[91] von § 427 wird dieses Ergebnis freier Interessenwertung wieder an die Interessenbewertung in der Norm binden müssen. Dogmatisch stellt sich die Frage, ob § 427 die gesamtschuldnerische Haftung an die Gemeinschaftlichkeit als Gleichzeitigkeit und Inhaltskonkordanz eines Verpflichtungsaktes oder an die Gemeinschaftlichkeit als Verhältnis der Mehreren untereinander knüpft. Auf die Nichtanwendung des § 427 gehen die Autoren nicht ein, sondern postulieren: „Bei den nicht-wirtschaftlichen Vereinen muß die Interessenwertung zu einer auf das Vereinsvermögen beschränkten Haftung der Mitglieder führen[92]."

Die Besonderheit dieser Lehrmeinung liegt in der Nichtanwendung des § 427. Sein Grundsatz der gesamtschuldnerischen unbeschränkten Haftung wird ersetzt durch die prinzipielle Sonderhaftung des Vereinsvermögens, die nicht mehr durch das Gesetz legitimiert, sondern mit der ungebundenen Interessenwertung begründet wird.

*17.3 Dogmatik der unbeschränkten Haftung bei Wirtschaftsvereinen*

Die Haftung wirtschaftlicher Vereine[93] wird in der Literatur einhellig aus den rechtspolitischen Anforderungen des Wirtschaftsverfassungsrechtes deduziert[94]. Die Gesamtheit der wirtschaftsrechtlichen Normen geht beim Einzelunternehmer wie bei handelsgewerblichen Personenvereinigungen von der unbeschränkten persönlichen Haftung eines

---

[90] Vgl. *H. P. Westermann* S. 21 f., 40 ff. zum Verhältnis des disponiblen Rechts zum ius cogens im Gesellschaftsrecht.
[91] Vgl. oben § 15.3.
[92] *Schumann* S. 20; S. 19 zur Notwendigkeit der Entscheidung aus der Interessenlage; vorher *Stoll* FS Reichsgericht II (1929), S. 79; *Müller-Erzbach* S. 415; *Lehmann* § 35 V 3 und *Lehmann / Hübner* § 60 VII 7 c; *Haupt / Reinhardt* § 29 II 6 a.
[93] Zur Abgrenzung der wirtschaftlichen von den nichtwirtschaftlichen Zwecken wie auch zur Haftungsfrage *Schumann* S. 21 f. und S. 24 f.; *Stoll* FS Reichsgericht (1929), S. 71; *Schultze-v. Lasaulx* FS Alfred Schultze (1934), S. 28; *Haupt / Reinhardt* S. 103; *Würdinger* I, S. 74.
[94] *Enneccerus / Nipperdey* § 116 IV 6 b, S. 708; *Staudinger / Coing* § 54 Anm. 35 b; *Haupt / Reinhardt* § 29 II 6 c; *Stoll* FS Reichsgericht II (1929), S. 49 f. und S. 70; *Müller-Erzbach* S. 415; *Schumann* S. 21 ff.

§ 17 Nichtrechtsfähige Vereine

jeden aus. Dieses handelsrechtliche Prinzip wird negativ ausgedrückt durch Kontrollvorschriften für die Bildung exklusiv mit dem Sondervermögen haftender, rechtsfähiger Verbände (Normativsystem: AG, GmbH, eingetr. Genossenschaft; Konzessionssystem: Rechtsfähiger Verein mit wirtschaftlichem Zweck), durch Bestimmungen über die Aufbringung eines Mindestkapitals (§§ 28, 29, 10 II, 49 III AktG; § 7 GmbHG) und seine Erhaltung (§§ 52, 65, 130, 175 ff. AktG; §§ 19 ff., 30 ff. GmbHG), durch Publizitäts- und Prüfungsvorschriften[95]. Positiv enthält § 128 HGB den Grundsatz der unbeschränkten persönlichen Haftung. Da es sich um einen Grundsatz unseres ordre public handelt, sind ihm auch die nicht-rechtsfähigen Wirtschaftsvereine unterstellt.

Einhelliger als beim nicht-wirtschaftlichen Verein ohne Rechtsfähigkeit wird von der Literatur hier der Haftungsumfang teleologisch bestimmt. Eine gewisse Sonderhaltung nimmt Schultze-von Lasaulx[96] ein, der die nicht-rechtsfähigen Wirtschaftsvereine stets als offene Handelsgesellschaften ansieht, die Haftung der Mitglieder also unmittelbar dem § 128 HGB entnimmt. Abweichend auch sieht Habscheid[97] in den §§ 41 I AktG, 11 II GmbHG das allgemeine handelsrechtliche Haftungsprinzip verwirklicht. Der Autor stellt der gesamtschuldnerischen Haftung der Handelnden die Mitgliederhaftung gleich[98]. Scheinkonstruktionen werden wohl deswegen nicht berufen, weil man die handelsrechtliche Haftungsschärfe ohnehin nicht auf die bürgerlichrechtliche Vorschrift des § 427 stützen möchte. Darüber versäumt man jedoch, die Verdrängung[99] des § 427 durch ein gleichsinniges handelsrechtliches Prinzip zu begründen.

Bei der näheren Ausgestaltung der unbeschränkten gesamtschuldnerischen Haftung von Mitgliedern in nichtrechtsfähigen Wirtschaftsvereinen gehen die Lehrmeinungen auseinander. Schultze-von Lasaulx[100] wendet die §§ 128 ff. HGB direkt an, während Schumann[101] die Haftungsvorschriften für die oHG analog heranziehen möchte[102]. Bei

---

[95] Vgl. *Schumann* S. 22 f. m. w. N.
[96] FS Alfred Schultze (1934), S. 30 und JZ 1952, S. 390 ff.
[97] AcP 155 (1956), S. 408.
[98] Es wäre die Bestimmung des § 54 S. 2 hinzuzufügen. Dazu, daß diese Analogie unhaltbar ist, vgl. unten § 18.2. Es handelt sich um eine Ausnahmehaftung der im Gründungsstadium „Handelnden".
[99] Verdrängung, sofern man mit der unwidersprochenen h. M. von einer grundsätzlichen Anwendbarkeit der Norm auf die nichtrechtsfähigen Personenverbände ausgeht! Gegen die h. M. vgl. § 15.3.
[100] a.a.O., S. 30.
[101] Zur Haftung der nichtrechtsfähigen Vereine (1956), S. 15, 25.
[102] Die grundsätzliche Unterstellung des nichtrechtsfähigen Vereines unter die §§ 105 ff. HGB statt die §§ 705 ff. zeitigt noch wichtige Folgen. Das BGB-Gesellschaftsrecht kennt die Bestimmung des § 130 HGB (Haftung für alte Schulden) nicht. Zur Haftung bei Gesellschafterwechsel vgl. *Nicknig* S. 85 f.; *Flume* FS H. Westermann (1974), S. 143 ff.

Geltung der §§ 427, 421 ff. könnte jedes Mitglied unmittelbar weder die Einreden geltend machen, die dem Verein zustehen (§ 425 I gegen § 129 I HGB), noch hat er die Leistungsverweigerungsrechte aus § 129 II und III HGB. Im Ergebnis lehnt deswegen die überwiegende Meinung eine Anwendung sowohl des § 427 wie der §§ 421 ff. ab und greift auf die Regelungen im Recht der oHG zurück.

### § 18 Haftungsordnung bei Gründungsgesellschaften vor AG, GmbH, Genossenschaft und rechtsfähigem Verein — Abstraktion der Haftungsordnung zu den regierenden Prinzipien

#### 18.1 Bedeutung der Mitgliederhaftung

Für den regelmäßigen Gründungsablauf bei einer juristischen Person steht wirtschaftlich nicht die persönliche Haftung[103] der Gründer, sondern das rechtliche Verhältnis von Gründungsgesellschaft und juristische Person im Vordergrund[104]. Gelangt die werdende juristische Person nicht zur Entstehung[105], betreibt die Gründungsgesellschaft unter dem Zwang wirtschaftlicher Kontinuität schon im nichtrechtsfähigen Gründungsstadium ein eingebrachtes Handelsgeschäft[106] oder hat man das Ziel vollgültiger Gründung fallengelassen[107], dann müssen Theorie und Praxis sich der Haftung zu Lasten der Gründungsgesellschaft bzw. ihrer Mitglieder annehmen.

#### 18.2 Fallgruppen der Haftung im Gründungsstadium

Die persönliche unbeschränkte Haftung des *Handelnden* ordnet das Gesetz für die Errichtungsphase[108] der AG, § 41 Abs. 1 S. 2 AktG der GmbH, § 11 II GmbHG, und des Vereines § 54 S. 2 gleichlautend an[109].

---

[103] Umfassender Literaturnachweis bei *Rittner* S. 386 ff., dessen Darstellung seiner Zielsetzung getreu, vgl. S. IV, in bezug auf Schuld und Haftung nur allzu programmatisch bleibt, S. 276, 327 f., 336, 337.

[104] Dazu *Gadow* JJ 87 (1937/1938), S. 245 ff.; *Dregger* Haftungsverhältnisse bei der Vorgesellschaft von AG, GmbH, Genossenschaft und Verein (1951); *Müller-Erzbach* Mitgliedschaft als Prüfstein eines kausalen Rechtsdenkens (1948) und unten § 22 m. w. N.

[105] Wichtiger Sonderfall behandelt von *Ganssmüller* Die Vorgesellschaft auf mangelhafter Grundlage DB 1955, S. 713.

[106] *Schultze-von Lasaulx* Die unechte Vorgesellschaft JZ 1952, S. 390.

[107] Geschäftsbetrieb im nichtrechtsfähigen Zustand wird zur Dauererscheinung bes. bei der Vor-GmbH, *Barz* Großkomm. AktG § 29 Anm. 5.

[108] Str., ob diese Haftung auch schon für die sog. Vorgründungshaftung gilt. Nach h. M. ja: RGZ 122, 172, a. A. *Hachenburg / Schilling* GmbHG § 11 Anm. 3, die auf § 179 verweisen, obgleich die Vertretene noch nicht existiert; vgl. auch *Lieb* DB 1970, S. 961.

[109] Zur ratio legis *Dregger* S. 102 ff.; *Godin / Wilhelmi* § 34 Anm. 9 b, 10, so sei gewährleistet, daß die juristische Person die vor ihrer Entstehung

Tatbestandsmerkmal ist ein rechtsgeschäftliches Handeln[110] für die noch nicht rechtsfähige juristische Person[111]. Die Bestimmung des Handelnden erfolgt nicht nach den Merkmalen des Vertretungsrechtes; vielmehr sind gesonderte Zurechnungsprinzipien entwickelt worden[112].

Diese Darstellung weist aus, daß es sich bei § 42 I S. 2 AktG, § 11 II GmbHG, § 54 S. 2 um *gesetzliche* Sondertatbestände[113] im Haftungsrecht der nichtrechtsfähigen Gesellschaften handelt. Aus der gesetzlichen Anordnung der persönlichen Haftung des Handelnden wird z. T. geschlossen, daß den allgemeinen Grundsätzen, § 427, zufolge die Haftung der Vorgesellschafter nicht gegeben sei[114]. Ohne Klärung der allgemeinen Grundsätze der *Vertragshaftung* bei Gemeinschaften i. w. S. bleibt dieser Schluß jedoch vage. Auch bei einer allgemeinen abdingbaren persönlichen Haftung der Vorgesellschafter aus § 427 behielte andererseits die strikte Handlungshaftung ihren besonderen Sinn: Gewährleistung, daß die juristische Person die vor ihrer Entstehung begründeten Rechtsgeschäfte gegen sich gelten läßt; Sicherheit, die Schulden so zu bemessen, daß die juristische Person sie auch erfüllen kann[115]. Die zur Handlungshaftung zusätzliche Gesellschafterhaftung

---

begründeten Verpflichtungen später gegen sich gelten läßt und die Handelnden nur solche begründen, die die juristische Person zu erfüllen in der Lage sein wird, um der Eigenhaftung zu entgehen! *Barz* Großkomm. AktG § 41 Anm. 19 und RGZ 159, S. 43: Der Schutz Dritter, keine Strafvorschrift.

[110] Str., ob die Haftung bei „notwendigen" Geschäften entsteht oder bei Vollgründung wenigstens ex lege erlischt, vgl. *Feine* Bd. III Abt. 3 S. 205; *Teichmann / Koehler* § 34 Anm. 3 a, 4 a; *Barz* Großkomm. AktG § 41 Anm. 20 m. w. N.

[111] Wenn im Gesetz ein Handeln im Namen der Gesellschaft verlangt ist, so genügt ebenso ein Handeln im Namen der Gründergesellschaft, *Gadow* JJ 87 (1937/1938), S. 245 f. (250); *Barz* Großkomm. AktG, § 41 Anm. 20; a. A. *Scholz* JW 1938, S. 3151; ders., GmbHRdsch 1956, S. 3; *Otto* BB 1954, S. 572 Anm. 4; *Schultze-von Lasaulx* JZ 1952, S. 392 meint, die Handlungshaftung greife nicht ein, wenn ausschließlich für die Vorgesellschaft, nicht für die zukünftige juristische Person gehandelt wird; — zum Zeitpunkt in der Gründungsphase, von dem ab die Handlungshaftung eingreift vgl. *Barz* Großkomm. AktG § 41 Anm. 20 m. w. N.; *Dregger* S. 119 mit Sondermeinung; zum Inhalt der Haftung vgl. *Teichmann / Koehler* § 34 Anm. 4 a, Erfüllung und Schadensersatz nach allgemeinem Schuldrecht.

[112] Nicht nur Handelnder bei Eigenhändigkeit, sondern auch Haftung der Auftraggeber des Handelnden, der Zustimmenden oder gar der Genehmigenden und Mitwisser, vgl. RGZ 55, 302; 70, 296 f. (301, 305); OLG Stettin JW 1924, S. 214; RAG JW 1930, S. 3790; OLG Frankfurt NJW 1948, S. 429; OLG Saarbrücken JZ 1952, S. 35; OLG Hamburg GmbHRdsch 1952, S. 138; BGH MDR 1955, S. 727; BGH AG 1961, S. 214; *Hachenburg / Schilling* § 11 Anm. 14; *Teichmann / Koehler* § 34 Anm. 4 a; *Barz* Großkomm. AktG § 41 Anm. 20 f.

[113] Zur Konkurrenz mit der Haftung der juristischen Person und der Haftung im Vertretungsrecht gem. § 177 ff. vgl. *Dregger* S. 101 - 119.

[114] RGZ 143, 372; *Hachenburg / Schilling* § 11 Anm. 14; *Otto* BB 1954, S. 572.

[115] Zur ratio legis vgl. oben § 18.2 mit FN. 109.

würde im Stadium der Nichtrechtsfähigkeit verhindern, daß unvermögende Personen als Handelnde vorgeschoben werden.

Die Handlungshaftung wird hier nicht weiter untersucht, da weder die Darstellung der Vorgesellschaften im Haftungssystem noch die Probleme der Verpflichtungsträgerschaft beim Handeln vertretungsberechtigter Gesellschafter, § 427, berührt werden.

Der Vorstand bzw. die geschäftsführenden Gesellschafter einer Gründungsgesellschaft, § 714, besitzen Vertretungsmacht für alle Mitglieder bzw. Mitgesellschafter. Vertretene Rechtssubjekte sind nach einhelliger Ansicht allein die natürlichen Personen, da die angestrebte juristische Person noch keine eigene Rechtssubjektivität erhalten hat. Ob man die Gründungsvereinigung als Verein oder Gesellschaft bürgerlichen Rechtes qualifiziert[116], stets ist sie nach h. M. eine Gesamthand ohne Rechtspersönlichkeit[117]. Wegen der fehlenden Rechtsfähigkeit des Personenverbandes ist das Handeln namens der Gründungsgesellschaft auf die Mitglieder zu beziehen. Rechts- und Verpflichtungsträger wie Rechtssubjekte[118] können, so folgert die dualistische Lehre, nur die natürlichen Personen sein.

Dennoch richten Lehre und Rechtsprechung an einer Differenzierung von „rechtlichen Personen" die Unterscheidung von zwei Fallgruppen aus. Die Haftung der Gesellschafter gestaltet sich verschieden, je nachdem, ob namens der in Gründung befindlichen Gesellschaft oder namens der Gründer persönlich gehandelt wird[119]. Diese Differenzierung im Vertretungsrecht deutet auf eine Verschiedenheit der vertretenen Rechtssubjekte oder zumindest Rechtsträger hin, eine Ansicht, die hier in scharfem Gegensatz zur dualistischen Lehre entwickelt wird[120]. Persönlich und unbeschränkt haften die Gesellschafter, wenn ihr Vertreter z. B. mit einem neu Beitretenden kontrahiert[121]. Dann handelt der Vorstand gegenüber dem Neuen nicht im Rahmen eines

---

[116] Vgl. unten § 18.3 mit FN. 124.

[117] Von diesem Grundsatz werden z. T. insofern Ausnahmen gemacht, als die spätere Rechtsfähigkeit bereits gewisse Vorwirkungen äußern kann, vgl. *Huber* S. 101 und unten § 18.3 mit FN. 124.

[118] Zu der Rechtsträgerschaft bei Gesamthand und Bruchteilsgemeinschaft vgl. oben §§ 11 und 12.

[119] BGHZ 15, 206; *Barz* Großkomm. AktG § 29 Anm. 10; *Otto* BB 1954, S. 572 Anm. 4.

[120] Vgl. § 15; das Vertretungsrecht ist außerordentlich flexibel — die Vertretung der Gesamthand läßt sich als inhaltlich besonders bestimmte Sammelvertretung der Gesellschafterpersonen begreifen. Insoweit ist man dogmatisch nicht gezwungen, „Rechtspersönlichkeit" und eigene „Vertretungsfähigkeit" der Gesamthand zu folgern; anders aber bei Rechtsträgerschaft, Rechtsausübung und Verpflichtungsträgerschaft.

[121] BGHZ 15, 204 (206) folgert dies aus den allgemeinen Grundsätzen; ungeklärt bleibt aber, ob diese in § 427 oder sonstwo enthalten sind.

zweiseitigen Vertrages mit gesellschaftsrechtlicher Vertretungsmacht, sondern zum Abschluß eines mehrseitigen Vertrages als Sammelvertreter für die Gesellschafter[122], ohne daß es auf die Gesellschaftereigenschaft ankommt. Die Vorschrift des § 427 ist somit nicht betroffen, da für sie die mehreren auf derselben Vertragspartnerseite stehen müssen.

Auch diese zweite Fallgruppe der unbeschränkten persönlichen Gesellschafterhaftung ist mit den genannten Gründen auszuscheiden. Der Abschluß eines mehrseitigen Vertrages bietet keine Besonderheiten.

Zwei weitere Fallgruppen sind für die Anwendbarkeit des § 427 und die Haftungsordnung relevant. Schließt der Vorstand im Namen der Vorgesellschaft, mangels Rechtsfähigkeit also namens der Gesamthand ab[123], so wird die Haftung von der h. M. entgegen dem grundsätzlich für anwendbar erklärten § 427 auf die Beiträge, also die Anteile am Gesamthandsvermögen *beschränkt;* eine ausschließliche und unbeschränkte Sonderhaftung des Sondervermögens greift ein (unbeschränkt ist die Haftung, wenn man die Gesamthand als Rechts- und Schuldträger ansieht; beschränkt, wenn konkurrierende Rechtsträger und Gesamtschuldner die einzelnen Gesellschafter sind). — Aus denselben Erwägungen zur Interessenlage, die für den nichtrechtsfähigen Wirtschaftsverein angestellt werden, trifft die Gründungsgesellschafter schließlich eine *unbeschränkte* persönliche Haftung. Das ist der Fall, wenn im Gründungszustand ein Handelsgewerbe eingebracht und betrieben wird.

Die Begründung für die Einschränkung des nach h. M. anzuwendenden § 427 wie die handelsrechtliche Haftungserweiterung sind im folgenden darzulegen und dogmatisch zu erfassen.

*18.3 Beschränkte Haftung bei echter Gründungsgesellschaft*

Die Rechtsnatur der Gründungsgesellschaften zu den juristischen Personen ist streitig. Sie werden teils als Gesellschaften des bürgerlichen Rechtes, teils als nichtrechtsfähige Vereine oder neuerdings als antizipierte Formen der Gesellschaften mit Rechtsfähigkeit angesehen[124]. Aus der unterschiedlichen Rechtsnatur werden entsprechende

---

[122] Die Vertretungsmacht des Vorstandes nach § 714 reicht nicht aus zum Abschluß des Aufnahmevertrages, § 705, 305.

[123] Insoweit wird also nicht auf den Inhalt des Rechtsgeschäftes, der eingegangenen Verpflichtungen abgestellt und wird auch keine ultra-vires-Lehre vertreten; zu unterscheiden ist davon die Lehre, nach der die Vertretungsmacht ggf. nur zum Abschluß mit gleichzeitiger Haftungsbeschränkungsvereinbarung ermächtigt, vgl. oben § 17.2.

[124] 1. Vorgesellschaft als BGB-Gesellschaft:
zur Gründung einer AG
*v. Godin / Wilhelmi* § 22 Anm. 9; *Schlegelberger / Quassowski* § 22

Folgerungen für die Konkursfähigkeit, § 213 KO[125], den Namensschutz, die passive Parteifähigkeit, § 50 II ZPO, und die Anwendung des § 31 gezogen, nicht aber für die Haftungsprobleme.

Unabhängig von der Rechtsnatur gelangt die h. M.[126] bei den echten Gründungsgesellschaften zu einer Beschränkung der Haftung auf das Gesamthandsvermögen. Da aus der Rechtsnatur zwingend kein Haftungsstatut hergeleitet werden kann, bleibt der Streit zwischen den Verfechtern der Gesellschafts- bzw. Vereinslösung ausgeklammert[127].

Die echte Gründungsgesellschaft hat das tatsächliche Vorbereiten und die rechtliche Konstituierung einer juristischen Person zum Ziele[128]. Ihre Rechtsgeschäfte beschränken sich naturgemäß hierauf. Verdienststrebige Umsatzgeschäfte sind diesen nichtwirtschaftlichen Gründungsgesellschaften definitionsgemäß fremd. Hat auch die Abgrenzung zu den unechten Gründungsgesellschaften in der Praxis soweit ersichtlich noch keine Schwierigkeiten ergeben, so können doch zu diesem Zweck mühelos die Kriterien herangezogen werden, mit denen man den wirtschaftlichen Verein abgrenzt[129].

Wird die echte Vorgesellschaft als Gesellschaft sui generis, als nichtrechtsfähiger Verein oder Gesellschaft bürgerlichen Rechtes charakterisiert, stets haften ihre Gesellschafter beschränkt auf ihren Anteil am Gesellschaftsvermögen (h. M.). Zur Begründung wird auf die Haftungs-

---

Anm. 4 *Gadow* JJ 87 (1937/1938), S. 248;
zur Gründung einer GmbH
*Baur* DRZ 1950, S. 9 f. (10); *Brodmann* GmbHG S. 55; *Scholz* GmbHG § 11 Anm. I 2; RGZ 105, 228; 151, 86
2. Vorgesellschaft als nichtrechtsfähiger Verein:
zur Gründung einer AG
*Brodmann* AktG § 200 Anm. 1; *Gierke* Handelsrecht II S. 204; *Baumbach / Hueck* § 34 Anm. 1; *Müller-Erzbach* S. 189
zur Gründung einer GmbH
*Baumbach* GmbHG § 3 Anm. 2; *Heymann* JJ 75 (1925), S. 408 (417); *Paul* NJW 1948, S. 418
3. Vorgesellschaft als antizipierte definitive Gesellschaft
*Schreiber* S. 65; *Feine* Bd. III Abt. 3, S. 201; *Barz* Großkomm. AktG § 29 Anm. 4 BGHZ 21, 242 und 48, 338 zur GmbH; BAG NJW 1963, S. 680; weiter vgl. *Dilcher* JuS 1966, S. 89.

[125] Dazu *Baur* DRZ 1950, S. 9 f.
[126] Allerdings je nach Ausgangspunkt mit verschiedener Begründung — vgl. RGZ 85, 256; BGH LM § 34 AktG Nr. 2; *Schreiber* S. 68; *Feine* a.a.O., S. 206; *Teichmann / Koehler* § 34 Anm. 4; *Gadow* S. 250; *Ganssmüller* GmbH Rdsch 1953, S. 119; ders., GmbHRdsch 1955, S. 228; *Reinecke* AG 1962, S. 68; *Otto* BB 1954, S. 572; — a. A. *Ritter* AktG § 34 Anm. 4 d; *Heymann* JJ 75 (1925), S. 417 (418); *Crüger / Crecelius* GmbHG § 11 Anm. 2.
[127] Vgl. aber unten zur Rechtsnatur der unechten Gründungsgesellschaft § 18.4.2.
[128] *Schultze-von Lasaulx* JZ 1952, S. 390.
[129] Lit. vgl. oben § 17.3 mit FN. 93.

lage beim nichtrechtsfähigen Verein verwiesen[130], oder es werden die dort zusammengetragenen Argumente zum Vertretungsrecht wiederholt[131]. Für den Fall der Einbringung eines Handelsgewerbes in die Vorgesellschaft weist Baur[132] darauf hin, daß die Gesellschafter durch die Auswahl der Rechtsform einer juristischen Person „unmißverständlich zum Ausdruck gebracht (haben), daß die Haftung für die Verbindlichkeiten auf das Gesellschaftsvermögen beschränkt sein soll". Sicher gilt dieser Willensausdruck für die errichtete Gesellschaft und findet seine Berücksichtigung durch die Vollgründung der juristischen Person. Zweifelhaft bleibt, inwieweit er schon im Vorstadium erheblich ist[133]. Im Ergebnis ist die beschränkte Haftung allein interessengerecht. Dogmatisch ist jedoch die zum nichtrechtsfähigen Verein[134] erhobene Kritik zu wiederholen.

Auch für diese Gesamthandsgemeinschaften wird somit der Grundsatz des § 427 — unbeschränkte Solidarhaftung — aufgehoben und in eine Sonderhaftung des Sondervermögens umgekehrt. Wieder stellt sich die Frage, ob die Haftungsbeschränkung nicht richtigerweise als Haftungsfreistellung[135] der Gesamthänder und unbeschränkte Verpflichtung der Gesamthand aufzufassen ist.

### 18.4 Unbeschränkte Haftung bei unechter Gründungsgesellschaft

#### 18.4.1 Begriff der unechten Gründungsgesellschaft

Die „unechte" Gründungsgesellschaft[136] verfolgt meist zwei Ziele. Neben der Gründung der juristischen Person durch die Gesellschaft betreibt der Vorstand ein Handelsgewerbe[137], oder allgemeiner, ist er

---

[130] Vgl. oben § 17.2 die Lit., die der Vorgesellschaft diese Rechtsnatur beilegt; trotz Annahme eines nichtrechtsfähigen Vereines Ablehnung der Haftungsbeschränkung nur bei *Müller-Erzbach* S. 258; vgl. auch *Heymann* S. 418.
[131] So die Autoren, die den Tatbestand der §§ 705 ff. erfüllt sehen bzw. eine antizipierte definitive Gesellschaft annehmen, vgl. *Barz* Großkomm. AktG § 29 Anm. 10 für die Analogie zum nichtrechtsfähigen Verein und mit dem Hinweis, die Vertretungsmacht des Vorstandes sei beschränkt; *Schultze-von Lasaulx* JZ 1952, S. 390 (393); *Baur* DRZ 1950, S. 9 (10); *Feine* a.a.O., S. 205.
[132] a.a.O., S. 10; vorher *Feine* a.a.O., S. 205.
[133] Verneinend *Schultze-von Lasaulx* JZ 1952, S. 393.
[134] Vgl. oben § 17.2.
[135] Zu Haftung und Schuld vgl. oben § 1.
[136] Begriff von *Schultze-von Lasaulx* JZ 1952, S. 390; *Ganssmüller* GmbH Rdsch 1953, S. 116 spricht von der werbenden Vorgesellschaft.
[137] So namentlich bei der Vor-GmbH, vgl. *Ganssmüller* a.a.O., S. 116; Beispiele bei *Schultze-von Lasaulx* JZ 1952, S. 390. *Binz* Das Handelsgeschäft als Sacheinlage bei der Gründung einer Aktiengesellschaft, Diss. Mainz 1972.

wirtschaftlich tätig ebenso wie die nichtrechtsfähigen Vereine mit wirtschaftlichem Zweck. Im Extrem können die Gründungsgesellschafter entgegen ihrer Vereinbarung aber das Gründungsziel gänzlich fallenlassen und kann der Vorstand den Wirtschaftszweck ausschließlich weiterverfolgen. Der BGH spricht sehr vage von einem Mißbrauch der ins Auge gefaßten juristischen Person, den er mit der scharfen Haftungsvorschrift des § 128 HGB sanktioniert[138]. Namens der in Gründung befindlichen juristischen Person wird der Geschäftsbetrieb aufgenommen und dauernd fortgeführt. Die Frage nach der rechtlichen Behandlung dieser Vorgesellschaft hat Bedeutung im Bereich des Firmen- und Namensschutzes, der Partei- und Konkursfähigkeit[139], der kaufmännischen Buchführungspflicht und der Haftung. Bezüglich des letzteren, hier allein interessierenden Problems liegt die Lösung auf der Hand. Von der unbeschränkten persönlichen Haftung, wie sie § 128 HGB vorsieht, kann keine Ausnahme gemacht werden[140]. Die Zulassung der beschränkten Haftung, der sich die nichtwirtschaftliche Gründungsgesellschaft erfreut, würde eine offensichtliche und zu leichte Umgehung der §§ 105 ff. HGB bedeuten. Der Rechtsverkehr würde enttäuscht in seinem Vertrauen darauf, daß ihn die Grundsätze der handelsrechtlichen Rechtsscheinhaftung schützen. Eine gesetzesgebundene Ableitung dieser Lösung, die die normativen Interessen- und Wertpositionen offenbart, ist dogmatisch schwierig und umstritten.

### 18.4.2 Rechtsnatur der unechten Gründungsgesellschaft

Zunächst ist eine Einheitslösung für alle problematischen Bereiche angestrebt worden auf dem Weg über die Bestimmung der Rechtsnatur der wirtschaftlichen Vorgesellschaft. Darin, daß die Vorgesellschaft ein vollkaufmännisches Handelsgewerbe betreibt, sah man die Erfüllung des Tatbestandes einer oHG, §§ 105, 123 II HGB[141].

Die dagegen erhobenen Argumente sind zahlreich. Registerrechtlich gerät man bei Bewertung der Vorgesellschaft als oHG in eine mißliche Doppelgleisigkeit[142], solange die Gesellschafter ihre Entscheidung für die juristische Person noch verwirklichen wollen. Während die Mitglieder den Antrag auf Eintragung der AG vorbereiten, wären sie nach Aufnahme des Geschäftsbetriebes[143] zur gleichzeitigen Anmeldung der oHG

---

[138] BGHZ 20, 281.
[139] Dazu *Dregger* a.a.O., S. 79; *Ganssmüller* GmbHRdsch 1953, S. 117.
[140] Zur Vor-Genossenschaft *Ganssmüller* GmbHRdsch 1955, S. 715.
[141] KG GmbHRdsch 1930, S. 265; OLG Frankfurt NJW 1947/48, S. 429; OLG Berlin-West NJW 1951, S. 282; OLG Celle NJW 1951, S. 36; LAG Mannheim JZ 1952, S. 436; *Merkert* BB 1951, S. 322.
[142] Darauf weist *Otto* BB 1954, S. 572 hin.

## § 18 Gründungsgesellschaften

verpflichtet, §§ 106 I, 108 I HGB[144]. Nach Eintragung einer oHG stellte sich dann materiellrechtlich die Frage, wie das Vermögen auf die später einmal eingetragene juristische Person übergeht[145]. Die Identitätstheorie läßt sich wohl schwerlich durchhalten. Neugründung und Einzelrechtsübertragung bzw. Schuldübernahme mit Genehmigung durch die Gläubiger der oHG wäre erforderlich.

Der Zweifel, ob die wirtschaftliche Vorgesellschaft eine oHG ist, betrifft das Vorhandensein aller typischen Merkmale der handelsrechtlichen Personalgesellschaft. Durch die Aufnahme des gemeinsamen Betriebes erfüllt die Vorgesellschaft noch nicht den Tatbestand der oHG.

In § 123 II HGB ist die Wirksamkeit der Gesellschaft nach außen an die Betriebsaufnahme geknüpft. Eine Gesellschaft muß vorliegen, ihre Voraussetzungen richten sich nach § 105 I HGB. Der Zweck der Gesellschaft muß auf den Betrieb eines Handelsgewerbes unter gemeinschaftlicher Firma gerichtet sein. Das HGB legt den Gesellschaftsbegriff des BGB zugrunde, § 105 II HGB. Demnach verpflichten sich die Gesellschafter gegenseitig, die Erreichung eines gemeinsamen Zweckes in der durch den Vertrag bestimmten Weise zu fördern, insbesondere die vereinbarten Beiträge zu leisten, § 705.

Inhalt des Vertrages ist nicht, daß die Haftung bei keinem der Gesellschafter gegenüber den Gläubigern beschränkt ist. Umgekehrt braucht auch nicht vereinbart zu werden, daß alle Gesellschafter unbeschränkt persönlich haften. Die Haftungsordnung stellt das Gesetz nicht zur Disposition[146] der Gesellschafter, § 128 S. 2 HGB. Wenn bei keinem der Gesellschafter die Haftung beschränkt ist, § 105 I HGB, dann liegt eine oHG vor. Mit der negativen Formulierung schafft das Gesetz bei Handelsgesellschaften ein Abgrenzungskriterium zur KG[147]. Ist die Rechtsform der KG nicht gewählt, so trifft die Gesellschafter die unbe-

---

[143] Dies gilt für die Grundhandelsgewerbe, § 1 II HGB, wie auch für die Fälle des § 2 II, § 6 II HGB. Bez. eines minderkaufmännischen Betriebs, § 4 II HGB, vgl. unten § 18.4.3 zur Haftung.

[144] Demgegenüber geht das Argument von *Otto* a.a.O., S. 572 wohl fehl, der Registerrichter müßte bei fehlender Voreintragung als oHG spätestens bei Anmeldung der juristischen Person zusätzlich prüfen, ob neben der juristischen Person eine Personengesellschaft vorliegt. Insoweit ist der Richter an die Typenwahl der Antragssteller gebunden.

[145] *Dregger* S. 60, *Otto* BB 1954, S. 573 und OLG Tübingen DRZ 1950, S. 19 lehnen eine Umwandlung der oHG in eine Kapitalgesellschaft durch bloße Eintragung ab; a. A. *Weyrich* Das Verhältnis der Vorgesellschaft und Gründervereinigung zur Körperschaft nach deutschem Privatrecht, Diss. Frankfurt/Main, 1931, S. 14.

[146] Vgl. unten § 18.4.3 zum Verhältnis der Auslegungsregel des § 427 und der Haftungsordnung des § 128 HGB.

[147] *Hueck* § 1.4, S. 13 f.

schränkte persönliche Haftung ex lege, § 128 HGB. Wurde andererseits eine KG rechtswirksam gegründet, erfreut sich der Kommanditist seiner Haftungsbeschränkung, ohne daß sie in den Verträgen mit Dritten jeweils vereinbart wird[148]. Die Haftung ist nicht Tatbestandsmerkmal der oHG, sondern Rechtsfolge.

In der Literatur wird ausgeführt[149], es könne keinem Zweifel unterliegen, daß die Vorgesellschafter durch die Auswahl der juristischen Person ihren Willen zur beschränkten Haftung mit dem Gesellschaftsvermögen zum Ausdruck gebracht hätten. Dieser Wille gelte nicht nur für das spätere Vollgründungsstadium[150]. Mag ein solcher Wille der Gesellschafter auch ihrem verständlichen Wunsch nach Risikoabwälzung entsprechen, so ist er doch für die Bestimmung der Rechtsnatur ihrer Vorgesellschaft unerheblich. Das Gesetz hat bei den Personalhandelsgesellschaften die Haftungsordnung objektiviert, § 128 S. 2 HGB. Die Qualifizierung eines Personenverbandes nach dem Haftungswillen ihrer Gesellschafter geht fehl[151]. Wenn dies in der Literatur dennoch geschieht, so wird damit der Grund für eine weitere Inkonsequenz gelegt. Der Wille, nur beschränkt mit dem Sondervermögen haften zu wollen, wird in einem Zuge für erheblich und unbedeutsam erklärt. Für die Bestimmung der Rechtsnatur der Vorgesellschaft stützt Schultze-von Lasaulx sich auf die mangelnde Haftungsbereitschaft der Vorgesellschafter, verneint eine oHG[152]; bei der Begründung ihrer persönlichen unbeschränkten Haftung aber sieht der Autor den Haftungswillen als unmaßgeblich an, bejaht eine Analogie zu § 128 HGB.

Die Qualifizierung der wirtschaftlichen Vorgesellschaft als oHG würde nicht am mangelnden Haftungswillen der Gesellschafter scheitern. Auch ist es nicht notwendig, daß sie bewußt eine oHG haben gründen wollen[153]. Für die gemeinschaftliche Firma reicht eine beliebige Kollektivbezeichnung hin, auch wenn sie dem § 19 HGB[154] nicht Genüge tut[155].

---

[148] So auch *Flume* FS Westermann (1974), S. 136.
[149] *Baur* DRZ 1950, S. 10; *Schultze-von Lasaulx* JZ 1952, S. 392.
[150] *Schultze-von Lasaulx* JZ 1952, S. 392 mit Hinweis auf RGZ 155, 75; 82, 87; 169, 330.
[151] Vgl. *Hueck* oHG § 1.4, S. 13. a. A. *Baur* DRZ 1950, S. 10; *Schultze-von Lasaulx* JZ 1952, S. 392. Die Rechtsprechung erklärt den Haftungswillen zwar nicht für unerheblich, beachtet ihn aber im Ergebnis nicht. Sie legt dar, daß trotz entgegenstehenden Willens der Gesellschafter die Tatbestandsvoraussetzung der unbeschränkten Haftung nach § 105 HGB gegeben ist aufgrund von § 11 II GmbHG, 41 I AktG; OLG Frankfurt NJW 1947/48, S. 429; OLG Celle NJW 1951, S. 36.
[152] a.a.O., S. 391.
[153] *Hueck* § 1 II, S. 14; BGHZ 10, 97; 22, 244.
[154] Firma einer oHG oder KG.
[155] BGH LM § 133 HGB Nr. 3; BGH DB 1966, S. 1182; BGHZ 22, 243; *Schultze-von Lasaulx* JZ 1952, S. 392 m. w. N.

Der Betrieb eines Handelsgewerbes war bei den fraglichen Fällen Anstoß zur Diskussion. Die notwendigen Merkmale einer oHG scheinen alle vorzuliegen.

Grundlage jeder oHG ist jedoch ein Gesellschaftsvertrag[156], § 105 II HGB i. V. m. § 705, der zum gemeinschaftlichen Zweck aller Gesellschafter, dem Betrieb des Handelsgewerbes[157], abgeschlossen wird. *Ausdrücklich* ist von den Vorgesellschaftern nur die Satzung der angestrebten juristischen Person vereinbart. Diese stellt unstr. ihrem Inhalt nach keinen Gesellschaftsvertrag zur Gründung einer oHG dar. Auf eine *stillschweigende* gesellschaftsvertragliche Regelung kann nicht allein aus der Einbringung des handelsgewerblichen Betriebes als Sacheinlage oder aus seinem Aufbau und seiner Bewirtschaftung durch die Vorgesellschaft geschlossen werden. Für den gemeinschaftlichen Betrieb eines Handelsgewerbes durch Ehegatten in Gütergemeinschaft oder Erben in Erbengemeinschaft sind diese Sätze anerkannt[158]. Bei Berufung auf diese Literatur wird nicht verkannt, daß die eheliche Gütergemeinschaft gesetzlich als Typus vorgeformt ist und in der Erbengemeinschaft das Gemeinschaftsverhältnis auf Gesetz beruht. Hier ist aber darzutun, warum der Vorgesellschaftsvertrag ein vertraglicher Rechtsgrund ist, der als Grundlage für eine oHG nicht ausreicht. Die Vorgesellschafter denken nicht an die Errichtung einer oHG, sondern an die Gründung einer juristischen Person. Durch ihren Vorstand lassen sie ein Handelsgewerbe aufbauen[159] oder wie sonstige Sacheinlagen verwalten.

---

[156] *Hueck* § 1 I 1 a, b, S. 2 f.; § 6 I, S. 49 f.

[157] Eine gewisse Dauerhaftigkeit war bei den genannten Fällen gegeben, vgl. *Schultze-von Lasaulx* JZ 1952, S. 390. Dies übersieht *Otto* BB 1954, S. 573, der von einer Gelegenheitsgesellschaft mit vorübergehendem Zweck spricht. *Otto* ist inkonsequent auch insofern, als er zunächst einzig den Gründungszweck i. R. der Vorgesellschaft anerkennt, dann aber doch den zweiten Zweck bestätigt, der auf das Betreiben des Handelsgewerbes zielt: Um die oHG leugnen zu können, behauptet er vorübergehenden Charakter dieses Zweckes. Zugleich bejaht er das Vorliegen eines Handelsgewerbes, das seinerseits eine gewisse Dauerhaftigkeit verlangt. An unzureichender Subsumtion unter das Tatbestandsmerkmal „Zweck" aber würde die Anwendung des § 105 HGB nicht scheitern. Vgl. *Hueck* § 1 I 2, S. 7; *Ballerstedt* JuS 1963, S. 253; *Fikentscher* FS H. Westermann (1974) S. 87 ff.; *Schulze-Osterloh* Der gemeinsame Zweck der Personengesellschaften (1973), *ders*. Die Interessengemeinschaft, eine gesellschafts- und kartellrechtliche Untersuchung, 1966; *Würdinger* Die Theorie der schlichten Interessengemeinschaft, ZHR Beiheft 1, 1934.

[158] RGZ 35, 17; 132, 138; BGHZ 11, 190; 17, 229; BGH NJW 1951, S. 312; BGH DB 1961, S. 1256; BayObLG JW 1931, S. 3129; *Weipert* § 105 Anm. 65; *Fischer* NJW 1955, S. 849 — auch aus langer Fortführung des Handelsgewerbes unter Erben in ungeteilter Erbengemeinschaft ergibt sich nicht ohne weiteres der Abschluß eines Gesellschaftsvertrages; *ders*. NJW 1957, S. 894; *Gernhuber* LB § 38 II 6, S. 401 — mehrdeutiges Verhalten der Ehegatten als Abschluß eines Gesellschaftsvertrages zu deuten.

[159] Nach *Reinecke* AG 1962, S. 66 ist in den seltensten Fällen die Kapitalbasis ausreichend, um die „Vorbereitungsgesellschaft" im betrieblichen Sinne

Die *Gemeinschaftlichkeit* des Zweckes, der im Betrieb eines Handelsgewerbes besteht, ist nicht vereinbart. Die Gemeinschaft zum Betrieb eines Handelsgewerbes beruht auf einem inhaltlich anderen Rechtsgrund, nämlich dem Vorgesellschaftsvertrag. Dieser zielt auf die Gründung einer oHG nicht ab[160].

Bleibt noch zu erwägen, ob dieser Vorgesellschaftsvertrag konkludent für den Fall geändert ist, daß die Vorgesellschafter von jedem Gedanken an Eintragung — einer AG z. B. — Abstand genommen haben[161]. Vornehmlich aus Beweisgründen ist diese Lösung abgelehnt worden[162]. Die Gesellschafter verfolgen bei der wirtschaftlichen Vorgesellschaft typischerweise Wirtschafts- und Eintragungszweck parallel. Eine Abkehr vom Gründungsziel wird sich kaum von außen feststellen lassen und mit Sorgfalt vertuscht werden, falls an sie die unbeschränkte persönliche Haftung geknüpft würde. Auf diesen Gesinnungsumschwung mußte auch nur die Literatur[163] abstellen, die der wirtschaftlichen Gründungsgesellschaft das Privileg der beschränkten Haftung nach längerem Zeitablauf zugunsten des Wirtschaftsverkehrs entziehen mußte. Der tragende Grund für die Haftungsgestaltung kann aber nicht die Dauer der nichtrechtsfähigen Gründungsphase, sondern müssen die Anforderungen des Handelsverkehrs selbst sein (vgl. unten 18.4.3).

Zusammenfassend ist festzustellen, daß die wirtschaftliche Vorgesellschaft keine oHG ist, sondern eine Gesellschaft sui generis. Ihre Haftung kann nur durch Analogie zu den typischen nichtrechtsfähigen Handelsgesellschaften festgelegt werden[164].

### 18.4.3 Haftungsordnung der unechten Gründungsgesellschaft

Die unbeschränkte persönliche Haftung der Mitglieder einer wirtschaftlichen Vorgesellschaft wird in der Literatur[165] aus den Grundsätzen des Wirtschaftsverfassungsrechts abgeleitet. Danach trägt im Handelsrecht der Einzelkaufmann wie das Mitglied des nichtrechts-

---

bereits als juristische Person zu gründen, deren Kapital nach Planung und Aufbau zur vollen Höhe des Betriebskapitals aufgestockt wird. Finanzierungsfragen zwingen also in der Praxis, die Vorbereitung des Unternehmens im nichtrechtsfähigen Gründungsstadium anlaufen zu lassen; vgl. auch *Otto* BB 1954, S. 573.

[160] So auch *Baur* DRZ 1950, S. 10 FN. 4.
[161] Dieser Gedanke geht zurück auf *Heymann* JJ 75 (1925), S. 408 (417). Er wird aufgegriffen von *Feine* a.a.O., S. 195 und findet sich in der Rechtsprechung: KG GmbHRdsch 1930, S. 265; LG Berlin-West NJW 1951, S. 282.
[162] *Schultze-von Lasaulx* JZ 1952, S. 392; *Otto* BB 1954, S. 573.
[163] Vgl. oben § 18.4.2 Text mit FN. 149.
[164] *Schulze-von Lasaulx* JZ 1952, S. 393 — Gleichstellung mit der oHG aufgrund höhergeordneter Prinzipien.
[165] *Schultze-von Lasaulx* a.a.O.

## § 18 Gründungsgesellschaften

fähigen Personenverbandes stets die unbeschränkte persönliche Haftung. Bei der KG haftet wenigstens ein Gesellschafter unbeschränkbar. Für das Handelsgesellschaftsrecht leitet sich daraus der Grundsatz ab, daß Personenverbände eine der typischen Gesellschaftsformen annehmen müssen, wenn sie ein vollkaufmännisches Handelsgewerbe betreiben. Bei der Wahl rechtsfähiger Gesellschaftsformen kompensieren vielfältige Bestimmungen über Kapitalaufbringung, -erhaltung, Kontrolle der Geschäftsführung und Verantwortlichkeit der Organe die Haftungsfreistellung der Mitglieder. Existieren diese Sonderbestimmungen für eine juristische Person nicht, — z. B. bei dem rechtsfähigen Verein — dann verhindert das Gesetz die Wahl dieses Types für eine Betätigung im Handelsverkehr, § 22. Bei Wahl nichtrechtsfähiger Gesellschaftsformen sichert die persönliche Haftung den Dritten.

Die Ausformung von typischen Gesellschaftsformen besagt jedoch nicht, daß Personenverbände atypischer Art — insoweit können nur nichtrechtsfähige in Betracht kommen — im Handelsrecht verboten und nichtig seien. Mit einer Nichtigkeitsfolge wäre dem Geschäftsverkehr auch schlecht gedient. Vielmehr greift bezüglich der Haftung stets der handelsrechtliche Grundsatz der unbeschränkten persönlichen Haftung ein, der in § 128 HGB seine gesetzliche Konkretisierung gefunden hat. Mitglieder nichtrechtsfähiger Vereine können sich nicht mehr auf die sonst gültige Sonderhaftung des Vereinsvermögens berufen; bei bürgerlich rechtlichen Gesellschaften wird die „Beschränkung der Vertretungsmacht" unwirksam. Letzteres ist für den Fall des § 4 II HGB zu beachten. Die persönliche Haftung der Gesellschafter, wie sie für die oHG angeordnet ist, bleibt bestehen, wenn das Geschäftsvolumen schrumpft. Bei wirtschaftlichen Vorgesellschaften schließlich haften die Gründer persönlich und unbeschränkt. Dies gilt nicht nur, wenn die Vorgesellschaft ein *voll*kaufmännisches Gewerbe betreibt[166]. Der Beginn dieser Haftung fällt mit der Aufnahme der werbenden Tätigkeit durch die Vorgesellschaft zusammen, § 123 II HGB analog[167]. Von diesem Zeitpunkt an sind die Interessen des Handelsverkehrs zu schützen[168]

Im Ergebnis wird das Haftungsstatut der wirtschaftlichen Vorgesellschaft wie bei dem Wirtschaftsverein nicht der Auslegungsregel des § 427 entnommen. Die Norm wird in der literarischen Diskussion ersetzt durch materielle Prinzipien. Die dogmatische Trennungslinie zwischen juristischer Person und Gesamthandsgesellschaft ist durchlässig geworden. Der Gegensatz zwischen Personal- und Kapitalgesellschaft wird

---

[166] Darauf beschränkt *Schultze-von Lasaulx* JZ 1952, S. 393 seine Abhandlung.
[167] *Schultze-von Lasaulx* JZ 1952, S. 394 mit Hinweis auf die Praktikabilität.
[168] *Schultze-von Lasaulx* a.a.O.

in einer Gesellschaftsform, der GmbH und Co. KG, überbrückt[169]. Das Prinzip der Selbstorganschaft bei Personalgesellschaften hielt jüngeren Untersuchungen[170] nicht stand. Zugunsten atypischer Drittorganschaft war es preiszugeben. Die innere Struktur als Unterscheidungsmerkmal verblaßt angesichts der Vereinbarung kapitalistischer Personalgesellschaften[171]. Die interne Machtverteilung nach dem Satzungsmuster eines inkorporierten Verbandes sagt über die Haftungsfreistellung von Verbandsmitgliedern gar nichts aus. Dies gilt für die Gründungsphase vor Entstehung einer juristischen Person ebenso wie für die Dauerexistenz nichtrechtsfähiger Gesellschaften. Eine Reduzierung der Haftungsfrage auf die Rechtsnatur des Verbandes vergißt schon bei den nichtrechtsfähigen Vereinen die materiale Haftungsordnung des Zivil- und Handelsrechts.

## § 19 Haftungslage bei der ehelichen Gütergemeinschaft — Gesamthand als handlungsfähiges und vertretungsfähiges Subjekt

Angesichts der Ungewißheit um die konkretisierbaren Inhalte des Gesamthandsprinzips wird die Entscheidung über die Einpassung des Gesamtgutes in das Vermögensrecht unter Anwendung allgemeiner dogmatischer Grundsätze (i. e. Institution des subjektiven Rechts, Theorie des Rechtssubjektes, Synonymität von Schuld und Haftung) zu fällen sein[172].

*19.1 Berechtigungsseite — Dogmatik des gesamthänderischen Erwerbes von Rechten — Rechtssubjektivität der Gesamthand*

19.1.1 Gemeinschaftliche Verwaltung und Struktur der gemeinschaftlichen Rechtsträgerschaft — Auftreten der Gesamthand im rechtsgeschäftlichen Verkehr

Haben die Ehegatten Gütergemeinschaft vereinbart, so werden die individuellen Vermögen ex lege in gemeinschaftliche Rechtsträgerschaft übertragen[173], §§ 1415, 1416 II. Die Verwaltung des Gesamtgutes erfolgt

---

[169] Vgl. *Brecher* FS Hueck (1959), S. 234 (wenn man das Organisationsverhältnis betrachte, dann sei die Unterscheidung von Personal- und Kapitalgesellschaft in der GmbH und Co. KG aufgehoben).

[170] *Westermann* Vertragsfreiheit und Typengesetzlichkeit im Recht der Personengesellschaft (1970); *Hueck* § 10 II 2, S. 119; zurückhaltender *Nitschke* Die körperschaftlich strukturierte Personengesellschaft (1970); *Rittner* (1973), S. 254 ff.; vgl. auch *Ott* Diss. 1966; *Hess* Diss. 1971.

[171] *Boesebeck* Die kapitalistische KG (1938); *Immenga* Die personalistische Kapitalgesellschaft (1970); *Nitschke* a.a.O. — Anzufügen ist, daß eine Methode, die zur Haftungsbestimmung auf die innere Ordnung (Machtstruktur) abstellt, Wirtschafts- und Idealverein nicht verschieden behandeln könnte. Vgl. aber *Enneccerus / Nipperdey* § 116 VI 2, IV 6 b, S. 696, 707.

[172] Vgl. oben § 1.

## § 19 Eheliche Gütergemeinschaft

aufgrund übereinstimmenden Willens der Ehegatten oder mangels Einigung aufgrund Gesetzes nach dem Statut der gemeinschaftlichen Verwaltung, §§ 1450-1470, bei anderer Wahl nach dem Regelungskomplex der Alleinverwaltung, §§ 1422-1449; § 1421.

Die Bedeutung der Zuordnung eines subjektiven Rechts sowie die Zusammenhänge mit der Rechtssubjektivität sind bei individueller Rechtsträgerschaft unproblematisch. Die gemeinschaftliche Rechtszuordnung aber verlangt eine „Verwaltungsregelung"[174], d. h. eine Organisation, die sich bezüglich der Teilhabe in den Grenzen des subjektiven Rechts halten und die im Außenverhältnis die Mitwirkung der Gatten regeln muß: Es geht um die Struktur der gemeinschaftlichen Rechtsträgerschaft. Sie soll dem Gesetz entnommen, der abgeleitete Erwerb von Rechten soll verfolgt und damit zugleich die Begründung von gemeinschaftlichen Verpflichtungen erfaßt werden. Die Zusammenhänge mit einer Rechtssubjektivität der güterrechtlichen Gesamthand sind aufzuzeigen. Die Bereiche der Zuordnung zum Haben und Nutzen (Besitz, Benutzung, tatsächliche Maßnahmen zur Erhaltung, § 1450 I 2, 1454, 1455 Nr. 10) bleiben ausgespart. Es geht hier nur um die Rechtsträgerschaft, Rechtssubjektivität und den rechtsgeschäftlichen Umlauf von subjektiven Rechten.

Die Macht zur *Verfügung* über ein gemeinschaftliches Recht steht bei dem Typ der Gemeinschaftsverwaltung beiden Partnern gemeinschaftlich zu[175], § 1450 I. Rechtsträgerschaft und die daraus regelmäßig fließende Verfügungsmacht entsprechen einander in Struktur und Zurechnungsadressat. Die Zuordnung eines subjektiven Rechts an zwei natürliche oder juristische Personen verlangt ihre Zusammenfassung zu

---

[173] Soweit sie nicht Vorbehalts- oder Sondergut bleiben, vgl. oben § 5.2.

[174] Das Gesetz spricht in den §§ 744-746 von „Verwaltung des gemeinschaftlichen Gegenstandes", in den §§ 1421, 1422 ff., 1450 ff. von „Verwaltung des Gesamtgutes" und in § 2038 von „Verwaltung des Nachlasses", während im Recht der BGB-Gesellschaft wie der Handelsgesellschaften die Verwaltung nach innen als sog. „Geschäftsführung", §§ 709-713; §§ 114-117 HGB, unterschieden wird von einer Verwaltung nach außen, der „Vertretung", §§ 714, 715; §§ 125-127 HGB. Das Geschäftsführungsrecht beinhaltet regelmäßig auch Vertretungsmacht. Der Verwaltungsbegriff wird also ersetzt durch den der Geschäftsführung. Dazu vgl. *Siber* JJ 67 (1917), S. 81; *Heinemann* Gruchot 70 (1929), S. 496; *Dölle* FS Schulz (1951), S. 286.

[175] Bei Verfügung eines Gesamthänders, ohne daß die Gesamthand Verfügungsermächtigung, § 185 I, erteilt hat, gelten § 1453 Abs. 1 und Abs. 2 i. V. m. §§ 1366 I, III, IV, 1367 — Wertungsgleichheit zu den Regeln der §§ 108, 109; 177, 178, 180 und schließlich § 185 II, bei dem die h. M. die Nichtigkeit unberechtigter einseitiger Verfügungen vertritt (vgl. *Staudinger / Coing* § 185 Rdn. 6 a. E. m. w. N., Bedenken bei *Sternberg* JW 1928, S. 3056; *Molitor* S. 72 f.) — während ein Widerrufsrecht des Dritten i. R. des § 185 II nicht besteht, sondern die obligatorischen Rechtsbeziehungen zum NB maßgebend sind.

einem Rechtssubjekt[176]. Die eheliche Gesamthand besitzt Rechtssubjektivität. — Ausnahmsweise sichert das Gesetz mit dem Recht zur Alleinverfügung[177] durch den Notverwalter die Funktionsfähigkeit[178] der Gesamthand, §§ 1454, 1455 Nr. 5.

Zum *abgeleiteten Erwerb* durch die eheliche Gesamthand schweigt das Gesetz. Geht man davon aus, daß die güterrechtliche Gesamthand —getreu den romantischen Vorstellungsbildern der meisten Väter unseres BGB[179] — rechtsgeschäftlich nicht handlungsfähig[180] ist, dann können die Eheleute nach außen nur als unverbundene Personen auftreten. Rechte müßten stets von einem Ehegatten erworben werden und ex lege auf die Gesamthand übergeleitet werden, vgl. § 1416 I 2. Demgegenüber ist zu prüfen, ob nach dem heutigen Rechtszustand ein rechtsgeschäftlicher Direkterwerb möglich ist und welche Vorbedingungen dann erfüllt sein müssen.

Bei derivativem Erwerb wächst die Rechtszuständigkeit der Person zu, auf die die Willenserklärungen im Erwerbstatbestand zuzurechnen sind. Die Erklärungen der Gatten zielen bei gemeinschaftlichem Handeln i. S. d. § 1450 I 1 weder auf je alleinigen Vollrechtserwerb ab noch erlaubt das Vorstellungsbild des subjektiven Rechts konkurrierende Vollrechtsträgerschaften[181]. Der Erwerbstatbestand weist die eheliche Gesamthand aus. Dies wird jedoch erst dann möglich, wenn die Gesamthand gleich den einzelnen Gatten sowohl rechtsgeschäftliche Handlungsfähigkeit[182] als auch Rechtssubjektivität (Fähigkeit zur Rechts- und Schuldträgerschaft) besitzt.

---

[176] Vgl. oben § 12.2. Damit ist nicht zugleich das Organisationsmodell der juristischen Person für alle ihre Funktionsbereiche übernommen worden! Zu Recht sagt *Gernhuber* LB § 38 II 3, S. 399, daß eine Revision der dualistischen Lehre keine sachfremden Strukturen in die eheliche Zweiergruppe hineintragen darf. — In § 1419 II (Aufrechnung gegen Gesamtgutsforderung) wie auch in § 1434 (Bereicherung des Gesamtgutes) ist Gesamtgut als „gesamthänderischer Rechtsträger" zu lesen.

[177] Die alleinige Verfügung über ein Gesamthandsrecht aber liegt nur bei Handeln im eigenen Namen vor — andernfalls handelt die Gesamthand, und es geht um eine Vertretungsmacht ex lege, § 1454. Zur streitigen Verpflichtungslage bei Notverwaltung vgl. *Gernhuber* LB § 38 VIII 2, S. 423 FN. 2.

[178] *Gernhuber* LB § 38 VIII 2, S. 423.

[179] Vgl. die Ausführungen in *Motive* IV S. 364 ff. = *Mugdan* IV S. 200 ff., denen *Dölle* § 76 II, S. 956 die germanistische Position bei Otto von *Gierke* Genossenschaftstheorie, 1887, S. 397 ff. gegenüberstellt.

[180] So *Dölle* § 66 III, S. 872, 873; a. A. *Gernhuber* § 38 VI 4, S. 409 und *Flume* ZHR 136 (1972), S. 177 (194, 201), die Handlungsfähigkeit als fundamentalen Grundsatz im Gesamthandsrecht ansieht.

[181] Vgl. oben § 9.1.

[182] Diese Möglichkeit setzt *Gernhuber* § 38 III 2, S. 403; VI 4, S. 409; VII, S. 419 voraus und mißt die Gütergemeinschaft bereits nach den Maßen eines handlungsfähigen Rechtsträgers, wenn er den Direkterwerb der Gesamthand aus dem rechtsgeschäftlichen Erwerbstatbestand ableitet.

## § 19 Eheliche Gütergemeinschaft

Würde eine moderne Dogmatik unter Geltung des Gleichberechtigungsgesetzes der ehelichen Gütergemeinschaft beides versagen, dann wären gravierende Ausnahmen von der gemeinschaftlichen Verwaltung des § 1450 I unumgänglich. Bei Erwerb von Rechten müßte stets ein Ehegatte allein für das Gesamtgut handeln. Ein Direkterwerb der ehelichen Gütergemeinschaft ließe sich mit den allgemeinen Lehren vom Rechtsgeschäft nicht mehr begründen.

Orientiert an den drei denkbaren Fallgruppen der Entstehung und des Umlaufes von Rechten läßt sich das systematische Bedürfnis nach Anerkennung gesamthänderischer Rechtssubjektivtät[183] einkreisen: (1) Bei *derivativem Erwerb* von Rechten muß die gemeinschaftlich verwaltete Gütergemeinschaft selbst im Rechtsverkehr auftreten[184] können. Stellvertretung als subjektbezogener[185] Zurechnungsmechanismus wird anwendbar angesichts einer Rechtssubjektivität der Gesamthand. Bei gemeinschaftlicher Verwaltung kann § 1416 I 2, II nicht eingreifen. (2) Die *Eingehung von gemeinschaftlichen Verpflichtungen* — deren Existenz unterstellt — geschieht durch Zurechnung des rechtsgeschäftlichen Tatbestandes auf das Rechtssubjekt Gesamthand. Ob die gemeinschaftliche Verpflichtung eine selbständige Gesamtgutsverbindlichkeit (vgl. § 1459) oder nur eine Haftungsform bedeutet, wird sogleich auf der Verpflichtungsseite abgehandelt. (3) Ohne Anerkennung gesamthänderischer Rechtssubjektivität wäre nur die *entäußernde Übertragung* von Gesamthandsrechten zu verwirklichen. Mit der Verfügungsermächtigung kennen wir ein gegenstandsbezogenes Prinzip der Ableitung von Rechtsmacht. Am Übertragungsgeschäft sind als Rechtssubjekte allein der Erwerber und der Ermächtigte beteiligt.

Historisch[186] war die Konzeption der Gütergemeinschaft[187] zugegebenermaßen rein vermögensrechtlich. Seit den Arbeiten von Georg

---

[183] Ähnlich *Flume* ZHR 136 (1972), S. 177 (193, 194), der nicht von Rechtssubjektivität, sondern von der „Gesamthand als Gruppe" spricht, ihre Fähigkeit zum Auftreten im rechtsgeschäftlichen Verkehr bejaht. Diese Fähigkeit betont *Buchda* S. 265, der das Gesamthandsprinzip gar als Prinzip rechtsgeschäftlichen Handelns bezeichnet.

[184] Treten beide Eheleute auf oder ein Gatte zugleich im Namen des anderen, so handelt die Gesamthand. Kaum werden Abgrenzungsschwierigkeiten in einem solchen Fall auftreten, in dem ein Gatte im eigenen Namen für den Kreis seines Individualvermögens und zugleich im Namen des anderen für dessen Vorbehalts- und Sondergut handelt: Problem der Abgrenzung von Gesamthandshandeln und unverbundenem persönlichem Gesamthänderhandeln.

[185] Nach h. M. kennt unser Recht keine gegenstandsbezogene Erwerbsermächtigung ohne Offenkundigkeit, vgl. *Doris* Die rechtsgeschäftliche Ermächtigung bei Vornahme von Verfügungs-, Verpflichtungs- und Erwerbsgeschäften, 1974; *Flume* § 57 I b - d, S. 903 - 905.

[186] *Dölle* versucht dieser Konzeption die Treue zu halten, § 66 III, S. 872 (FN. 40), § 76 I 1, S. 956, 957 mit zahlreichen Nachweisen zur Rechtshistorie in § 66 II, S. 869 f.

Beseler und Otto von Gierke[188] läßt sich ein Vordringen von wissenschaftlichen Bearbeitungen der Gütergemeinschaft nach dem Gesamthandsprinzip feststellen. War in den Motiven[189] noch die Rede von „deutschrechtlichem Miteigentum", so spricht man heute uneingeschränkt von ehelicher Gesamthand, soweit es um das gemeinschaftliche Vermögen, § 1416 II, und die Beschreibung der gemeinschaftlichen Mitberechtigung geht[190], § 1419 I. Mit Zögern aber wird das Gesamthandsprinzip berufen, wenn die Betrachtung vom Vermögensrechtlichen fortschreitet zur Kategorie des sog. Personenrechtlichen. In personenrechtlichen Bezügen, zu denen die Rechtssubjektivität und die Handlungsfähigkeit gehören, gäbe es keine Vergemeinschaftung. Insoweit stehe die Gütergemeinschaft der römischrechtlichen communio näher als der deutschrechtlichen Gesamthand[191].

Gegen diese Kategorienbildung soll sich unsere Kritik richten. Zwei derartige Ebenen lassen sich in Wahrheit nicht bilden. Mithin ist es nicht angängig, von einem vermögensrechtlichen, durch das Gesamthandsprinzip strukturierten Bereich zu sprechen und davon die nach der römischrechtlichen communio geformte Schicht des Personenrechtlichen zu scheiden. Beim Innehaben und beim rechtsgeschäftlichen Erwerb von Rechten bewegen wir uns in ein und derselben Ebene des Vermögensrechtlichen. Die Institution des subjektiven Rechts verlangt nach einem Rechtssubjekt, das von beiden Gatten gebildet wird. Unter Geltung des Gleichberechtigungsgesetzes, das die gemeinschaftliche Verwaltung des Gesamtgutes ermöglicht, muß die Gütergemeinschaft zwar nicht schon wegen historischer Vorstellungsbilder, wohl aber wegen der positiven gesetzlichen Ausgestaltung als rechts- und handlungsfähige Gesamthand anerkannt werden.

### 19.1.2 Einzelverwaltung und Struktur der gemeinschaftlichen Rechtsträgerschaft — Auftreten des Alleinverwalters und Auftreten der Gesamthand im rechtsgeschäftlichen Verkehr

Die Macht zur *Verfügung* über ein gesamthänderisches Recht steht bei dem Typ der Einzelverwaltung dem verwaltungsberechtigten Ehe-

---

[187] Zur historischen Entwicklung der mannigfaltigen Formen der Gütergemeinschaft *Rudolf Hübner* S. 669 ff.; *Haff* Institutionen S. 106 ff.
[188] Vgl. bes. *Beseler* Volksrecht S. 189 ff.; ders. System, § 140 S. 586 ff. *Gierke* Genossenschaftstheorie.
[189] *Motive* IV S. 332 und *Mugdan* IV S. 181 f. 184 f.
[190] *Dölle* § 69 I, S. 899 f.; *Gernhuber* LB § 38 II 2, S. 398; *Lehmann / Henrich* S. 107; *Beitzke* § 16 II 1, S. 107.
[191] So *Dölle* § 66 III, S. 872, der unter Berufung auf *Gierke* DPR I S. 663, 683 f. einer deutschrechtlichen Gesamthand volle Rechts- und Handlungsfähigkeit zuschreibt, beide aber der Gütergemeinschaft abspricht — als Gegenbeispiel § 124 HGB beruft.

## § 19 Eheliche Gütergemeinschaft

gatten zu. Gleichwohl wird die Rechtsträgerschaft nicht in eine formelle der Gesamthand und eine materielle des Alleinverwalters aufgespalten. Die Zuordnung von Rechten und die aus ihnen fließenden Verfügungsbefugnisse fallen trotz § 1422 S. 1 grundsätzlich nicht auseinander. Es liegt eine gesetzliche Verfügungsermächtigung und Prozeßstandschaft vor; die Gesamthand selbst bleibt Rechtsträger mit allen Freiheiten[192]. Einen Hinweis darauf gibt die Aufrechnungsregelung in § 1419 II: Die Gesamthand, nicht der Verwalter, muß der Forderungsinhaber sein, gegen den der Schuldner mit seiner Forderung aufrechnet.

Sein Verwaltungsrecht übt der Alleinverwalter im eigenen Namen aus. Partei in Verträgen ist er selbst. Nach allgemeinen rechtsgeschäftlichen Lehren erwirbt mithin der Verwalter *abgetretene Rechte* und belasten *eingegangene Verpflichtungen* ohne weiteres ihn persönlich[193] mit seinem Vermögen in individueller Rechtsträgerschaft, das sich aus Vorbehalts- und Sondergut zusammensetzt. Auf die Normen, denen zufolge der persönlichen Schuld alsbald eine Gesamtgutsverbindlichkeit ex lege angelehnt wird, ist im Rahmen der Ausführungen zur Verpflichtungsseite einzugehen. Im Hinblick auf den Rechtserwerb vertritt die Durchgangserwerbstheorie[194] rechtsgeschäftlichen Erwerb durch den verwaltenden Ehegatten als Vertragspartei und logisch anschließenden Übergang auf die Gesamthand nach § 1416 I 2. Die Unmittelbarkeitstheorie behauptet namentlich im Grundstücksrecht, zur Vermeidung von lästigen Zwischeneintragungen Direkterwerb[195] der Gesamthand.

Für unseren Gedankengang entscheidend wird allein die insoweit anzutreffende Einigkeit, daß bei Alleinverwaltung nach § 1422 die Gesamthand selbst als Rechtssubjekt nicht auftritt und auch nicht vertreten wird. Sogar unter den Voraussetzungen der Notverwaltung handelt der andere Gatte im Namen des Verwalters, nicht im Namen der Gesamthand, § 1429 S. 1.

Die Analyse der Normen über die Einzelverwaltung fördert zutage, daß sich der Gesetzgeber mit der Teilnahme der Gesamthand am rechtsgeschäftlichen Verkehr nicht befaßt hat, als er die Verwaltung des Gesamtgutes durch den Mann oder die Frau normierte[196]. Die ge-

---

[192] *Gernhuber* LB § 38 VI 4, S. 409, gemeinsames Handeln bleibt bei Alleinverwaltung möglich.

[193] Dazu *Gernhuber* LB § 38 VI 2, S. 408; § 38 III 2, S. 403.

[194] *Gernhuber* LB § 38 VI, S. 409; *Palandt / Lauterbach* § 1416 Bem. 3; *Staudinger / Felgentraeger* § 1416 Bem. 3 a, Rdn. 22.

[195] *Dölle* § 70 III, S. 905 entgegen der Treue zu historischen Prinzipien in § 66 III, S. 872 f.; *Beitzke* § 15 II 1; *Krüger / Breetzke / Nowack* § 1416 Anm. 1; *Erman / Bartholomeyczik* § 1416 Anm. 5; *Soergel / Lange* § 1416 Anm. 5.

[196] § 1422 der Alleinverwalter, nicht die Gesamthand tritt im Rechtsverkehr auf; § 2 I KO das Gesamtgut gehört zur Konkursmasse des Allein-

setzliche Regelung bewegt sich hier in den Grenzen historischer Vorstellungsbilder. Probleme der Rechtssubjektivität und Handlungsfähigkeit stellen sich, wie bei der gemeinschaflichen Verwaltung dargestellt, wenn die Gatten zu gemeinsamem Handeln übergehen. Gemeinsames Handeln beider Gatten bleibt nach Vereinbarung der Alleinverwaltung möglich; es wird sogar unersetzlich dann, wenn das Gesamtgut einen durch Rechtsgeschäft unübertragbaren Gegenstand erwerben soll[197].

### 19.1.3 Anwendung der Ergebnisse — Rechtsfolgen bei Fehlen der Verfügungsmacht bzw. der Vertretungsmacht — Verkehrsschutz

Rechtsträgerschaft, Verfügungsbefugnis und privatautonome Handlungsmacht liegen unabhängig von dem Verwaltungstypus zunächst bei der ehelichen Gütergemeinschaft. Wie alle anderen Gesamthandstypen ist auch die eheliche Gesamthand ein eigenständiges Rechtssubjekt. Neben ihm stehen die beiden Eheleute als natürliche Personen. Diese Vorstellungsweise schafft gegenüber der herrschenden Gehamthandslehre[198] überschaubare Verhältnisse. Die Vermögenssphären sind klar abgegrenzt. Es gelten die allgemeinen Grundsätze: Das rechtsgeschäftliche Handeln eines Gatten wird dem Rechtssubjekt „Gesamthand" nur zugerechnet, wenn der Gatte Verfügungsmacht oder Vollmacht besaß. Er kann sie durch Erteilung seitens der Gesamthand (das sind beide Gatten zugleich) erlangen oder auf Grund des Gesetzes besitzen.

Hiervon ausgehend sollen im folgenden die Rechtsfolgen dargestellt werden, die bei Fehlen der Verfügungsmacht oder Vertretungsmacht eintreten. Dabei soll gezeigt werden, daß der Anwendungsbereich der güterrechtlichen Schutzvorschriften, §§ 1423 - 1425, 1453, bislang unbefriedigend bestimmt worden ist.

— Alleinverwaltung —

a) Fehlende Verfügungsmacht des Verwalters und fehlende Verfügungsmacht des Nichtverwalters

Zugunsten des Alleinverwalters erteilt das Gesetz in § 1422 S. 1 Rechtsmacht zur Verfügung im eigenen Namen über Gesamthands-

---

verwalters; § 740 I ZPO zur Zwangsvollstreckung in das Gesamtgut genügt ein Titel gegen den Alleinverwalter.

[197] *Gernhuber* LB § 38 VI, S. 409; damit, nämlich mit Anerkennung eigener Rechtssubjektivität wird primäre rechtsgeschäftliche Vergemeinschaftung eines unübertragbaren Gegenstandes möglich. Zum Streitstand in der Frage, ob eine nach § 399 Alt. 2 unübertragbare Forderung sekundär, also bei nachfolgender Gütergemeinschaft durch § 1416 II vergemeinschaftet wird, vgl. *Lutter* AcP 161 (1962), S. 163 (165, 166).

[198] Vgl. oben § 9.

§ 19 Eheliche Gütergemeinschaft

rechte. Die Verfügungsmacht wird für enumerierte Rechtsgeschäfte eingeschränkt mit dem Erfordernis der Zustimmung durch den Nichtverwalter: § 1423 Verfügung über das Gesamtgut im Ganzen, § 1424 Verfügung über Grundstücke, eingetragene Schiffe oder Schiffsbauwerke und schließlich § 1425 Schenkungen, die nicht einer sittlichen Pflicht oder einer auf den Anstand zu nehmenden Rücksicht entsprechen. Das Zustimmungserfordernis dient einmal dem Schutz des zukünftigen Auseinandersetzungsanspruches und besonders der Sicherung von vorhandenen wirtschaftlichen Grundlagen der Familie[199]. Dogmatisch handelt es sich um die Einschränkung der alleinigen Verfügungsmacht. Ohne Zustimmung des Nichtverwalters ist die Verfügung des Verwalters unwirksam.

Ein anderer Fall unwirksamer Verfügung ist gegeben, wenn der Nichtverwalter handelt. Ihm fehlt die Verfügungsmacht nicht auf Grund von Schutzvorschriften, sondern weil er im Hinblick auf das Gesamtgut nicht Berechtigter (Rechtsträger!) ist.

Für die Diskussion des gutgläubigen Erwerbes ist im folgenden die „Schutzzustimmung" des Nichtverwalters zu unterscheiden von der Zustimmung des Berechtigten (das ist die Gesamthand als Rechtsträger oder der verfügungsberechtigte Alleinverwalter). Die Zustimmungsmängel wirken sich im Hinblick auf die unberechtigte Verfügung und auf die persönliche Verpflichtung des Verfügenden ganz verschieden aus. Das ist näher zu erläutern.

b) Fehlende Verfügungsmacht und Verpflichtung des Verwalters

Im Rahmen der §§ 1423 - 1425 kann der Verwalter ohne Zustimmung des Nichtverwalters wirksam nicht verfügen. Der Zustimmungsmangel wirkt unstr.[200] auf den Bestand von Verfügungs- *und* Verpflichtungsgeschäft ein. Dies ist — wie darzulegen sein wird — eine notwendige Konsequenz der gesetzlichen Schuldenordnung. Andernfalls könnte der erstrebte Schutzzweck nicht verwirklicht werden.

Der Alleinverwalter schließt alle Verwaltungsgeschäfte im eigenen Namen ab[201] und begründet so rechtsgeschäftlich nur persönliche Schulden, durch die dem Gläubiger der Zugriff auf das Individualvermögen ermöglicht würde. Die Aufzehrung des Sonder- und Vorbehaltsgutes

---

[199] Dies sind die Maßstäbe für interessenwidrige Verwaltung; vgl. *Gernhuber* § 38 VII 6, 11, S. 413 ff. und Parallelproblematik bei der Zugewinngemeinschaft a.a.O. § 35 I 3, S. 344.

[200] *Dölle* § 70 VI, S. 908; *Gernhuber* § 38 VII, S. 413; *Erman / Bartholomeyczik* § 1423 Bem. 3: Ohnehin betrifft § 1423 die Verpflichtung, weil nur sie über das Gesamtgut im Ganzen möglich ist; *ders.* § 1424 Bem. 2; *Soergel / Lange* § 1427 Bem. 2; *Staudinger / Felgentraeger* § 1427 Bem. 2, 3.

[201] Sonst handelt die Gesamthand, und die Schutzvorschriften, §§ 1423 ff., treten hinter der gemeinschaftlichen Bestimmungsfreiheit zurück.

liefe nun dem Schutzbestreben des Gesetzes nicht entgegen, und es könnte die persönliche Schuld des Verwalters Bestand behalten. Jedoch ordnet das Gesetz in § 1437 I Alt. 1 einen strikten Haftungsbeitritt der Gesamthand zu allen persönlichen Schulden des Verwalters an. Das Vollstreckungsverfahren läßt für die Vollstreckung in das Gesamtgut stets einen Titel gegen den Verwalter genügen, § 740 I ZPO. Im Konkurs gehört das Gesamtgut zur Konkurmasse des verwaltenden Gatten, § 2 I KO, ohne daß nach § 16 KO eine Auseinandersetzung stattfinden würde[202]. Zwischen persönlichen Schulden aus Gesamtgutsverwaltung und solchen kraft unberührter Verpflichtungsfreiheit im individuellen Vermögenskreis macht das Gesetz hier keinen Unterschied. Vielmehr wird mit der wohl notwendigen Vereinfachung der Weg versperrt, das Risiko der Zustimmungsbeibringung dem Alleinverwalter mit seinem Individualvermögen aufzubürden und ihn damit zugleich zu disziplinieren. Die Schicksale von Individualschuld und Gesamthandsschuld werden durch § 1437 I Alt. 1 untrennbar verbunden[203]. Das Zustimmungsrisiko trägt ungeschmälert der Gläubiger.

c) Fehlende Verfügungsmacht des Verwalters
und gutgläubiger Erwerb

Eine Schmälerung der §§ 1424 bis 1427 darf angesichts des Schutzzweckes mit den bei Gernhuber[204] gegebenen Begründungen zugunsten des redlichen Verkehrs nicht vorgenommen werden. Gutgläubiger Erwerb könnte nur Mängel im Verfügungsgeschäft heilen, würde mithin sogleich zur Rückgewähr an die schützenswerte Gesamthand führen, § 812; der Tatbestand des gutgläubigen Erwerbs würde angesichts der Verlautbarung im Güterrechtsregister meist zu verneinen sein; für einen guten Glauben an das Vorhandensein einer Zustimmung zur Veräußerung der wirtschaftlichen Grundlagen der Familie fehle stets die Rechtsscheinbasis; schließlich ergäbe sich eine Paradoxie gegenüber dem Ausschluß gutgläubigen Erwerbs im Rahmen vinkulierter Geschäfte des Ehegatten, der im gesetzlichen Güterstand der Zugewinngemeinschaft lebt[205].

---

[202] Für den Konkurs bei gemeinschaftlicher Verwaltung vgl. §§ 2 II, 236 a bis 236 c KO. Zur Zwangsvollstreckung beim Güterstand der Gütergemeinschaft vgl. *Schönke / Baur* § 17 IV, S. 82; *Müller* Zwangsvollstreckung gegen Ehegatten, 1970.

[203] Dies gilt auch für einen Schadensersatzanspruch gegen den Verwalter. Bei unberechtigter Verfügung i. R der §§ 1423 ff. ist also nicht nur das Verpflichtungsgeschäft unwirksam, sondern es ist auch ein Schadensersatzanspruch aus c. i. c. zu verneinen. Andernfalls würde die Gesamthand über § 1437 I 1 doch haften (Zerstörung der wirtschaftlichen Basis!). De lege ferenda wären Ausnahmen von Schuldbeitritt der Gesamthand nach § 1437 I zu fordern.

[204] a.a.O. § 38 VII 11, S. 416 f. mit reichen Nachweisen der gegenteiligen, herrschenden Ansicht, S. 417 FN. 2.

### d) Fehlende Verfügungsmacht des Nichtverwalters und gutgläubiger Erwerb

Der Ausschluß des gutgläubigen Erwerbs darf andererseits nur in den durch das Gesetz gezogenen Grenzen erfolgen. — Verfügt der Nichtverwalter über Gesamthandsrechte, so sind diese Akte mangels Verfügungsmacht grundsätzlich unwirksam. Rechtsinhaber ist allein die Gesamthand; Verfügungsermächtigung erteilt das Gesetz nur dem Verwalter, § 1422 S. 1. Nach allgemeinen Regeln wird der Geschäftsgegner geschützt, wenn er ohne grobe Fahrlässigkeit an das Alleineigentum[206] des Nichtverwalters geglaubt hat und die Sache dem unmittelbaren Besitzer nicht abhandengekommen ist, §§ 932, 935 I. Die Gutglaubensvorschriften sind nach dem Schutzzweck des Güterrechtes nur für die Tatbestände der §§ 1423 bis 1425 zu restringieren[207]. Ein Ausschluß[208] darüber hinaus würde statt der wirtschaftlichen Grundlagen der Familie die von den Gatten vereinbarte Verwaltungsregelung schützen. Die Integrität des Verwaltungsrechtes hat der Gesetzgeber wohl gegenüber dem nichtverwaltenden Ehegatten geschützt, nicht aber als Wertposition im redlichen Geschäftsverkehr herausgestellt. Ein uneingeschränkter Ausschluß des gutgläubigen Erwerbs würde die Funktion der §§ 1423 - 1425 verfälschen[209] zu einer Sanktion bei Verstößen gegen die Verwaltungsregelung. — Der Umfang des gutgläubigen Erwerbs nach unberechtigten Verfügungen läßt sich kurz beschreiben: Die Voraussetzungen des gutgläubigen Erwerbs ersetzen materielle Berechtigung, nicht aber heben sie die Schutzbestimmungen der §§ 1423 - 1425 auf.

### e) Mangel der Verfügungsmacht und Verpflichtung des Nichtverwalters

Das Bedürfnis nach Schutz der vereinbarten Verwaltungsregelung fügt sich jetzt als Entscheidungskriterium hinzu zu dem oben herangezogenen Wertungsargument der §§ 1423 - 1425, wenn die Überlegung

---

[205] Im Einzelnen m. w. N. *Gernhuber* § 35 I 4 zur Rechtsnatur der Verfügungsbeschränkung und unter § 35 I 6, S. 344 zum Umfang der Zustimmungsbedürftigkeit.

[206] Zum guten Glauben an die Verfügungsmacht i. R. d. § 366 HGB — vgl. *Gernhuber* LB § 35 I 8, S. 346.

[207] Die Schutznormen der §§ 1423 - 1425 finden nun analoge Anwendung auf die unberechtigten Verfügungen des Nichtverwalters.

[208] Für gänzlichen Ausschluß des gutgläubigen Erwerbs *Gernhuber* LB § 38 VII, S. 417 FN. 3; für unbeschränkte Anwendung der §§ 932, 935 sind *Dölle* § 71 I 1, S. 918; *Staudinger / Felgentraeger* § 1422, Bem. IV 2 b; *Erman / Bartholomeyczik* § 1422 Bem. 5; *Siebert / Vogel* § 1422 Bem. 6.

[209] Dagegen auch *Gernhuber* LB § 35 I 3, S. 344, im Widerspruch zu *Mühlke* AcP 161 (1961), S. 129.

weitergeführt[210] wird zum Problem des Bestandes der obligatorischen Grundbeziehung. Über die Verfügungsproblematik hinaus muß die Frage behandelt werden, ob der Nichtverwalter aus dem Kausalgeschäft[211] persönlich verpflichtet bleibt[212]. Eine Verpflichtung des Alleinverwalters, der im Rahmen der §§ 1423 - 1425 ohne die erforderliche Zustimmung handelt, war oben verneint worden.

Die persönliche Schuld verhaftet nur das Individualvermögen des Nichtverwalters. Mangels Zustimmung des verwaltenden Gatten vollzieht sich kein Haftungsbeitritt der ehelichen Gesamthand, § 1438 I Alt. 2. Dadurch bleibt der Bestand des Gesamtgutes gewahrt und wird das Alleinverwaltungsrecht gesichert. Die wirtschaftlichen Grundlagen der Familie sind nicht bedroht, wenn die Gläubiger in Vorbehalts- und Sondergut vollstrecken[213]. Eine Kürzung des künftigen Auseinandersetzungsanspruches steht nicht zu befürchten, § 1471 I (Auseinandersetzung betrifft nicht das Vorbehalts- und Sondergut). Beschränkt man vom Schutzbereich her die analoge Anwendung der §§ 1423 - 1425 auf die Verfügungsgeschäfte des Nichtverwalters, dann ist hier dem Geschäftspartner das Risiko der Zustimmungsbeibringung abgenommen[214]. Die Verpflichtung des Ehegatten mit seinem gesamten Individualvermögen diszipliniert ihn zur Achtung des Verwaltungsrechtes. Diese Ergebnisse zeitigt eine konsequente Konstruktion nach gewohnten Grundsätzen. Sie offenbart m. E. den Schutzbereich des Gesetzes.

— Die gemeinschaftliche Verwaltung —

a) Rechtslage bei vollmachtslosem Handeln eines Mitverwalters: Verkehrsschutz durch Scheinvollmacht

Bei gemeinschaftlicher Verwaltung handelt die eheliche Gesamthand durch Auftreten beider Gatten[215]. Möglich bleibt die Bevollmächtigung

---

[210] Soweit ersichtlich befaßt sich die Literatur mit zustimmungslosem Handeln nur beim Typus der Gemeinschaftsverwaltung, vgl. §§ 19.1 und 19.2.

[211] Das er ja im eigenen Namen abschloß; sonst fehlt Vertretungsmacht, vgl. § 19.1.1 mit FN. 177 und FN. 184; § 19.1.3 Text zu FN. 217 - 222.

[212] Frage stellt sich nicht, soweit gutgläubiger Erwerb bejaht!

[213] Konsequent ist auch eine Haftungsübernahme durch den Verwalter gegenüber einem Dritten dahin, daß Zustimmung erfolgen wird, nur zulässig, wenn allein das Individualvermögen verhaftet wird; Verwalter und Dritter müssen also den Schuldbeitritt der Gesamthand, § 1438 I Alt. 1 ausschließen bzw. restriktive Auslegung nach dem Schutzzweck der §§ 1423 - 1425 hat zu erfolgen; ohne diese Differenzierung aber zu Recht gegen Verpflichtung der ehelichen Gesamthand *Palandt / Lauterbach* § 1424 Bem. 3; *Staudinger / Felgentraeger* § 1424 Bem. 3 f. Rdn. 23; *Erman / Bartholomeyczik* § 1424 Bem. 4; *Gernhuber* LB § 38 VII 6, S. 414; a. A. *Dölle* § 70 Anm. 67 S. 915; OLG Stettin JW 1930, S. 1013; RG JW 1924, S. 539.

[214] Der Unterschied zum zustimmungslosen Handeln des Alleinverwalters, der von jeder Verpflichtung freigestellt, ergibt sich als (wenig überzeugende) konstruktive Konsequenz aus § 1437 I Alt. 1.

[215] Vgl. allgemein oben § 12.2.

eines Gatten durch die Gesamthand. Verkehrsschutz nach den Grundsätzen der Scheinvollmacht ist anzuerkennen (Wertungsgleichheit zu individueller Rechtsträgerschaft)[216]. Allerdings sollten auch die Regeln über die Scheinvollmacht durch Analogie zu den §§ 1423 - 1425 restringiert werden. Der rechtliche Schutz der wirtschaftlichen Familienbasis geht dem Verkehrsschutz vor.

b) Rechtslage bei vollmachtslosem Handeln eines Mitverwalters: Haftung des Mitverwalters

*Ohne Vollmacht* sind einseitige Rechtsgeschäfte bei Auftreten im Namen der Gesamthand nach § 180 zu beurteilen[217]. Bei Abschluß von Verträgen — Verfügungs- und Verpflichtungsverträgen — gelten die §§ 177 ff. Das Güterrecht ordnet von den allgemeinen Vorschriften keine Ausnahmen an. Konsequent ergibt sich bei Abschluß von Verpflichtungsverträgen ohne Vertretungsmacht eine Haftung des vollmachtslosen Vertreters aus § 179[218]. Der Ehegatte haftet mit seinem Individualvermögen, ohne daß zu dieser Verpflichtung[219] aus § 179 sich ein Haftungsbeitritt der Gesamthand ex lege vollziehen kann[220], §§ 1459 I, 1460 - 1462. Der Mitverwalter trägt mit seinem Vermögen (Vorbehalts- und Sondergut) das Zustimmungsrisiko. Mangels Teilbarkeit des vollmachtslosen Vertretergeschäftes scheidet eine Anwendung des § 139 aus[221]. Ohne Wahl des Dritten ist der vollmachtslose Vertreter nicht automatisch selbst zur Erfüllung verpflichtet[222]. Eine Anwendung des § 139 würde dem Dritten das in § 179 I vorgesehene Wahlrecht nehmen.

---

[216] *Gernhuber* LB § 38 VI 4, S. 409, § 38 VIII 1, S. 423; vgl. auch *Eppig* Diss. 1959.

[217] Einseitige Verfügungen im *eigenen* Namen unterfallen dem § 1453 I i. V. m. § 1367 (Nichtigkeit). Zu beachten sind die §§ 182 III, 111 S. 2, 3 vgl. *Staudinger / Felgentraeger* § 1453 Bem. 3 g, Rdn. 25.

[218] Bei Genehmigung, § 177 I, ist die Gesamthand Vertragspartei und als eigenes Rechtssubjekt verpflichtet. Auf § 1460 I ist nicht zurückzugreifen, weil dort der gesetzliche Haftungsbeitritt zu einer im eigenen Namen begründeten Schuld eines Gatten in Frage steht! vgl. abstrahierend *Gernhuber* § 38 VIII 4, S. 424 (Bereich des Grundsatzes gemeinschaftlichen Handelns durch Rechtsträgerschaft und Rechtssubjektivität der Gesamthand abzustecken); — gegen die Anwendung des § 179, gegen Rechtssubjektivität der Gesamthand *Staudinger / Felgentraeger* § 1450 Rdn. 11; § 1459 Rdn. 9; RGRK-BGB-*Scheffler* § 1450 Anm. 44.

[219] So *Palandt / Lauterbach* § 1450 Bem. 2.

[220] Darauf weist *Dölle* § 75 II 3 (FN. 41) hin, wobei er wohl nur die Freiheit des Mitverwalters zu Verpflichtungen im eigenen Namen bedenken will; *Staudinger / Felgentraeger* § 1453 Bem. 1 a. E.

[221] a. A. *Gernhuber* LB § 38 VIII S. 425 FN. 1, der nicht nach Inhalt des Rechtsgeschäftes, sondern nach beteiligten Rechtssubjekten aufteilt. Nach unserer Ansicht ist die Gesamthand ein unteilbares Rechtssubjekt.

[222] So aber wohl *Staudinger / Felgentraeger* § 1450 Rdn. 10.

c) Rechtslage bei Handeln eines Mitverwalters
ohne Verfügungsmacht: Haftung des Mitverwalters und
Verkehrsschutz durch gutgläubigen Erwerb

Schwierigere Probleme tauchen bei *Verfügungen* eines Mitverwalters *im eigenen Namen* auf, soweit die Einwilligung der Gesamthand fehlt. Festzuhalten ist, daß die zugleich (im eigenen Namen!)[223] abgeschlossenen Verpflichtungsgeschäfte den Mitverwalter als Vertragspartei verpflichten (Haftung mit dem gesamten Vermögen in individueller Rechtszuständigkeit). Ein gesetzlicher Haftungsbeitritt der Gesamthand erfolgt mangels Genehmigung nicht, §§ 1459 I, 1460 I. Einseitige Verfügungsakte ohne Verfügungsmacht sind stets unwirksam[224]. Bei unwirksamen vertraglichen Verfügungen könnte der Vertragspartner nur unter den Voraussetzungen der §§ 932, 935 erwerben.

Nach *Gernhuber*[225] werden bei dem Typus der Gemeinschaftsverwaltung redliche Dritte ebensowenig geschützt wie bei Einzelverwaltung. Dort konnte der Dritte sich gegen zustimmungslose Verfügungen des Verwalters im Kreis der §§ 1423 - 1425 und gegen alle unberechtigten Verfügungen des anderen Gatten nicht durchsetzen. Die Gegenposition vertritt *Dölle*[226], demzufolge der § 1453 jeden gutgläubigen Erwerb von einem Gemeinschaftsverwalter unberührt läßt.

Beide Ansichten haben gemein, daß sie auf eine Sicherung der Familienhabe nicht mehr abstellen. Die wirtschaftlichen Grundlagen der Ehe schützt das Gesetz im gesetzlichen Güterstand[227] in den §§ 1365, 1369 und sichert[228] sie bei der Gütergemeinschaft durch die §§ 1423 bis 1425.

Zu unterscheiden sind Schutz der Familienhabe vor einseitigen Akten des Mitverwalters und vor gutgläubigen Dritten. — Der Grundsatz gemeinschaftlicher Verfügung erübrigt gewiß eine Sicherung der Familienhabe vor Alleinverfügungen. Die gemeinschaftliche Bestim-

---

[223] Zu vollmachtlosem Handeln im Namen der Gesamthand vgl. oben unter b).
[224] § 1453 I i. V. m. § 1367 und auch h. M. zu § 185.
[225] § 38 VIII 1, 4, S. 423 f.
[226] § 75 II 1, S. 948 — guter Glaube, wenn der Dritte an Alleineigentum oder — bei Kenntnis der Gütergemeinschaft — an Zugehörigkeit zum Vorbehaltsgut, also alleinige Rechtsträgerschaft glaubt.
[227] Zu Umfang und Tatbestand *Brox* FamRZ 1961, S. 281 ff.; *Bärmann* AcP 157 (1958/59), S. 145 (159 ff.); *Fischer* NJW 1960, S. 937 ff. *Mühlke* AcP 161 (1961), S. 129 ff.; *Reinicke* BB 1960, S. 1002 ff.; *Wörbelauer* NJW 1960, S. 793 ff. Zum Streit zwischen objektiver und subjektiver Theorie, die um Ausgleich zugunsten des gutgläubigen Dritten bemüht ist, vgl. *Erman / Bartholomeyczik* § 1365 Bem. 4. m. w. N.
[228] Zur Legitimation unterschiedlicher Ausgestaltung je nach Güterstand *Gernhuber* LB § 35 I 1, S. 344 gegen *Boehmer* FS Hedemann (1958), S. 42.

§ 19 Eheliche Gütergemeinschaft

mungsfreiheit genießt Vorrang vor gesetzlichen Schutzbestimmungen, wenn der andere Gatte seine Einwilligung zur Einzelverfügung im eigenen Namen über die materielle Familienbasis erteilt. Problematisch bleibt die Abwägung von Familien- und Verkehrsschutz[229]. Historisch gesehen ersetzt § 1453 im neugeschaffenen Komplex der Mitverwaltung den § 1448 a. F., der für die Alleinverwaltung zu § 1427 umgeformt wurde. Von dort her besteht kein Anlaß zur Annahme, der Gesetzgeber habe die Wertung der §§ 1423 - 1425 im Anwendungsbereich der §§ 1450 ff. ausgeweitet über den Schutz der wirtschaftlichen Familienbasis hinaus. Eine funktionelle Verfälschung des § 1453 zur Garantie des gemeinschaftlichen Verwaltungsrechtes ist mit den oben gegebenen Gründen abzulehnen. Der Ausschluß des gutgläubigen Erwerbs vollzieht sich in den Wertungsgrenzen, die bei der Alleinverwaltung aufgezeigt wurden. Diese restriktive Auslegung kann sich auf den Wortlaut des § 1453 gewiß nicht mehr berufen. Sie vermittelt jedoch zwischen den funktionellen Verfälschungen der Norm durch zwei extreme Theorien und stellt eine Wertungsharmonie innerhalb des einen Güterstandes der Gütergemeinschaft her. — Auch beim Typus der gemeinschaftlichen Verwaltung gilt für den gutgläubigen Erwerb nach unberechtigten Verfügungen eines Mitverwalters: Der Tatbestand des gutgläubigen Erwerbs ersetzt die materielle Berechtigung, nicht aber hebt er die Schutzbestimmungen der §§ 1423 - 1425 auf.

*19.2 Verpflichtungsseite — Dogmatik der rechtsgeschäftlichen Entstehung von Gesamtgutsverbindlichkeiten und der gesetzlichen Anordnung von Haftungsbeitritten — Festlegung der primären Schuld durch den Entstehungstatbestand*

19.2.1 Gemeinschaftliche Verwaltung und Struktur der Schuldenordnung — primäre Schuld und Haftungsbeitritt

Bei der Darstellung der Schuldenordnung steht der Typus der gemeinschaftlichen Verwaltung wieder am Anfang, da er im Gesamthandsrecht den Regelfall abgibt[230]. Auf dem Hintergrund seines Nor-

---

[229] Beim Vertretungsrecht beläßt die Lehre es bei den allgemeinen Regeln (Scheinvollmacht). Das Problem wird bei *Staudinger / Felgentraeger* § 1453 Bem. 1, 2 Rdn. 1 - 4, unzureichend beschrieben, wenn der wesentliche Unterschied zwischen § 1427 und 1453 in der Beschränkung auf *Verfügungs*verträge gesehen wird, nicht angesprochen wird, daß es sich um Verfügungen im eigenen Namen handelt, andernfalls vertretungsrechtliche Fragen auftauchen — ohne daß bei Verfügungsverträgen § 179 relevant werden könnte. Vgl. auch RGRK-BGB-*Scheffler* § 1450 Anm. 28; § 1453 Anm. 3 - 5; *Dölle* § 75 II, S. 946 FN. 26.
[230] Die Voranstellung der Normen über die Alleinverwaltung im BGB ist historisch bedingt. Die Institution der Gütergemeinschaft ist älter als das

menkomplexes können abweichende Vorschriften als Ausnahmen erkannt und Regelungslücken aufgedeckt werden.

Die Entstehung einer Gesamthandsschuld als primärer Schuld, z. B. aufgrund eines rechtsgeschäftlichen Tatbestandes, wird in den §§ 1450 ff. nicht angesprochen. Die Erläuterung der gemeinschaftlichen Verwaltung in § 1450 wendet sich in ihren Beispielen nur der Berechtigungsseite und der Prozeßführung zu: Insbesondere sind die Ehegatten nur gemeinschaftlich berechtigt, über das Gesamtgut zu verfügen und Rechtsstreitigkeiten zu führen. Der Besitz gebührt den Ehegatten gemeinschaftlich. — Der § 1459 II setzt den Bestand einer Gesamtgutsverbindlichkeit voraus und knüpft daran die gesetzlichen Schuldbeitritte beider Ehegatten. Die §§ 1459 I, 1460 bis 1462 befassen sich mit dem gesetzlichen Schuldbeitritt der Gesamthand als sekundärer Verpflichtung zu primär entstandenen Schulden der einzelnen Ehegatten.

Gesamthandsschulden entstehen als primäre Verbindlichkeiten nach den Lehren des Allgemeinen Teiles des BGB[231]. Die eheliche Gesamthand handelt rechtsgeschäftlich durch gemeinschaftliches Auftreten beider Ehegatten. Vollmachterteilung durch die Gesamthand an einen Ehepartner ist möglich. Da die Gesamthand eigene Rechtssubjektivität[232] besitzt, können ihr alle rechtsgeschäftlichen Wirkungen zugerechnet werden.

Auch bei der Gütergemeinschaft versagt das Vorstellungsbild von der Gesamthandsschuld als zwei persönlichen Schulden, durch die eine Haftung des gesamthänderischen Vermögens vermittelt werde. Einmal würde ein Institut der Haftung ohne Schuld dem Reifegrad moderner Dogmatik nicht mehr gerecht[233]. Andererseits kann Gesamtgutshaftung nicht durch individuelles Schulden vermittelt werden[234]: Die Vorstellungsweise, die dies bejaht, wird diktiert von romanistischem Denken, das die Personenmehrheit der Gatten nicht zu neuer Rechtssubjektivität zusammenzuziehen vermag (dualistische Theorie). Zugleich setzt dieses Denken Rechtssubjektivität des Schuldners voraus, wenn eine Verpflichtung zugeordnet werden soll. Ohne Inkaufnahme von system-

---

Gleichberechtigungsgesetz ist, vgl. *Motive* IV S. 147 ff.; *Dölle* § 66 II, S. 869 ff. und § 430, S. 681 ff. Neu aber ist die Anfügung des Typus der gemeinschaftlichen Verwaltung.

[231] Verbindlichkeiten aus Delikt, Bereicherung oder rechtsgeschäftsähnlichen Tatbeständen bereiten keine neuen Schwierigkeiten, wenn die Gesamthand als Rechtssubjekt verstanden wird. Die natürlichen Personen rücken in die Stellung von Repräsentanten bzw. Organen ein, vgl. oben § 12.2.

[232] Vgl. oben § 19.1.2.

[233] Vgl. oben § 1.2 zu Schuld und Haftung.

[234] Vgl. oben § 4 zu den Haftungsbeschränkungsverträgen.

## § 19 Eheliche Gütergemeinschaft

fremden Erscheinungen[235] bleibt das Problem gesamthänderischen Schuldens bei diesen Prämissen unlösbar.

Die dualistische Theorie verwickelt sich bei der Gütergemeinschaft in Widersprüche mit dem Gesetz. Entgegen der Vorschrift des § 1419 I (keine Verfügung über die individuellen Anteile) und des § 1450 I (nur gemeinschaftliche Verfügung über Gegenstände des Gesamtgutes) soll der Gläubiger aufgrund persönlicher Verpflichtungen auf den Gesamthandsgegenstand zugreifen können. Persönliche Schuld ermöglicht aber stets nur den Zugriff auf Rechte des Verpflichteten. Daran ändert sich auch nichts bei Gesamtschuldnerschaft (§§ 421 ff.) von zwei Ehegatten. Zwei persönliche Schulden fügen sich nicht zu einer „Haftung" zusammen. Die Einführung des Haftungsbegriffes überspielt die Rechtsfragen und gibt insoweit den Schuldbegriff preis. Bei persönlichem Schulden läßt sich eine Haftung des Gesamtgutes nicht erklären. Dem persönlichen Gläubiger der Gatten ist der Zugriff auf Anteile an einzelnen Gesamtgutsgegenständen versagt, § 1419 I, die Existenz solcher Anteile muß angesichts eigener Rechtssubjektivität der Gesamthand richtigerweise verneint werden. Der Anteil am Gesamthandsvermögen und der künftige Auseinandersetzungsanspruch führen nicht auf den einzelnen geschuldeten Gesamtgutsgegenstand hin[236].

Inkonsequenzen und Widersprüche werden durch eine Reform der dualistischen Theorie gänzlich aufgehoben. Gesamthandsschulden sind vollgültige Schulden und entstehen bei rechtsgeschäftlichem Handeln der ehelichen Gesamthand. Haftungsobjekt ist das gesamte Vermögen des verpflichteten Rechtssubjektes (Identität von Rechts- und Verpflichtungsträger). Die abnorme Rechtsfigur einer Schuld mit beschränkter Haftung, bei der das Objekt der Haftung jemandem zusteht, der selbst nicht zu erfüllen hat, erübrigt sich[237].

Bei *primärer Gesamtgutsschuld* ordnet das Gesetz in § 1459 II ausnahmslos die Schuldbeitritte der beiden Ehegatten an. Im Zusammenhang mit rechtsgeschäftlichem Handeln der Gesamthand tritt nur diese

---

[235] Vgl. oben: § 2 zur „Schuld mit beschränkter Haftung"; § 4.2 und § 17.2, dazu, daß Haftungsbeschränkungsverträge nicht abgeschlossen werden; § 9.2 mit FN. 28 zur Spaltung der Rechtsträgerschaft in eine formelle und eine materielle, die eine Spaltung der Verpflichtung in eine formelle (= Schuld) und eine materielle (= Haftung) nach sich zieht. Die Spaltung hat unmittelbare Folgen für die Bestimmung des Schuldinhaltes, vgl. § 8 mit FN. 1.
[236] Und sind darüberhinaus selbst als subjektive Rechte aus dem rechtsgeschäftlichen etc. Umlauf herausgenommen: Der Anteil am Gesamtgut ist gem. § 1419 I der Verfügung und nach § 860 ZPO der Pfändung entzogen. Bei dem Auseinandersetzungsanspruch ist str., ob über ihn vor Beendigung des Güterstandes verfügt werden kann; dagegen *Gernhuber* LB § 38 II, S. 398, 399 in Analogie zu § 1378 III; dafür *Dölle* § 72 III, S. 927.
[237] a. A. *Dölle* § 76 II 2, S. 957, der von einer persönlichen Schuld eines Gatten selbst dann noch spricht, wenn die Schuld nur aus dem Gesamtgut zu erfüllen ist, § 76 II 1, S. 956.

als Rechtssubjekt auf[238]. Die Gesamtschuldnerschaft der Eheleute folgt deswegen nicht bereits aus § 427, sondern es bedurfte der besonderen gesetzlichen Anordnung in § 1459 II. Die ratio legis der Haftungsstrenge ergibt sich nicht aus den Anforderungen der wirtschaftlichen Haftungsordnung[239]. Mit der persönlichen Verpflichtung der Ehegatten erweitert sich der Haftungsfundus „Gesamtgut" um die Vorbehalts- und Sondergüter. Aus der Sicht des Gläubigers wird die Haftungserweiterung gleichwohl wirtschaftlich nicht entscheidend sein. Das Sondergut besteht regelmäßig aus unpfändbaren Gegenständen, vgl. § 1417 II, wenn auch § 857 III ZPO zugunsten des Gläubigers eingreift. Das Vorbehaltsgut kann wertmäßig bedeutsam sein, dürfte dem Streben der Gatten nach Gemeinschaftlichkeit zufolge aber gegenüber dem Gesamtgut weit kleineren Umfang haben. Wenn das Gesetz dennoch Gesamtschuldnerschaft anordnet und dem Gläubiger die persönlichen Vermögen freigibt, dann weckt es damit ein Eigeninteresse[240] der Ehepartner an der rechtzeitigen Erfüllung der Gesamthandsschuld mit Gegenständen des Gesamtgutes, um so das Eigenvermögen vor dem Gläubigerzugriff zu bewahren. Folgerichtig erlischt die persönliche Verbindlichkeit eines Ehegatte mit Beendigung der Gütergemeinschaft, wenn die Gesamtgutsschuld im Verhältnis der Ehegatten zueinander nur dem anderen zur Last fällt, § 1459 II 2. Der Ehegatte hat keine Mitverfügungsmacht über das Gesamtgut mehr und die Schuld soll aus dem Privatvermögen des anderen erfüllt werden. Im anderen Falle bleibt die Gesamtschuldnerschaft unberührt. — Bei bestehender Gütergemeinschaft schafft die gesetzliche Gesamtschuld des weiteren einen Ausgleich für die Durchlässigkeit der Vermögenskreise[241]: Während der Gütergemeinschaft bleibt es den Eheleuten nämlich unbenommen, Gesamtgutsgegenstände auf Grund eines nachfolgenden Ehevertrages in individuelle Rechtsträgerschaft zu übertragen, §§ 1418 II Nr. 1, 1415.

Bei *primärer persönlicher Schuld* eines Ehegatten steht umgekehrt ein Schuldbeitritt der ehelichen Gesamthand in Frage, § 1459 I, und beschert das Gesetz dem anderen Gatten ebenfalls eine Schuldübernahme[242], § 1459 II 1.

---
[238] Zum Bereicherungsanspruch gegen das Gesamtgut, § 1457, vgl. *Dölle* § 76 II 1, S. 956, demzufolge der handelnde Ehegatte auch persönlich haftet.

[239] Vgl. oben §§ 17.3, 18.4 zum nichtrechtsfähigen Verein mit wirtschaftlichem Zweck und der unechten Vorgesellschaft.

[240] *Gernhuber* LB § 38 VIII 6, S. 425 und § 38 VII 13, S. 419 f. vertritt die Ansicht, daß die Weckung des Eigeninteresses als ratio legis bei gemeinschaftlicher Verwaltung weithin entfallen sei.

[241] *Staudinger / Felgentraeger* § 1459 Rdn. 3.

[242] Rechtspolitische Bedenken dagegen bei *Dölle* § 76 III, S. 960; *Gernhuber* LB § 38 IX 6, S. 426; bejahend, aber die Gefährlichkeit ausweisend *Staudinger / Felgentraeger* § 1459 Rdn. 3; der Härte dieser Haftung z. B. für deliktische Schulden des anderen kann dieser Ehegatte für die Zukunft das Verlangen der Aufhebung nach § 1469 Nr. 4 entgegenstellen.

§ 19 Eheliche Gütergemeinschaft

Primäre persönliche Schulden eines Ehegatten können aus der Zeit vor der Begründung einer Gütergemeinschaft stammen. Während der Gütergemeinschaft entstehen z. B. deliktische und rechtsgeschäftliche Verbindlichkeiten eines Gatten nach allgemeinem Recht. Für den Abschluß von Rechtsgeschäften im eigenen Namen ist jedem Ehegatten die volle Verpflichtungsfähigkeit verblieben[243]. Persönliche Verbindlichkeiten verhaften das (individuelle) Vermögen des Rechtssubjektes, das sich hier aus Vorbehalts- und Sondergut zusammensetzt.

Auf Grund des § 1459 I tritt die Gesamthand grundsätzlich einer Verpflichtung eines Ehegatten als Gesamtschuldnerin bei. Dieser Grundsatz wird für Schulden aus der Zeit vor Begründung der Gütergemeinschaft ohne differenzierende Wertung[244] durchgehalten. Der Haftungsbeitritt erfolgt ebenso bei deliktischen Schulden. Zur Regelung der Haftungsordnung bei später entstandenen Verbindlichkeiten enthält § 1460 I den materiellen Grundsatz[245]: Unter gemeinschaftlicher Verwaltung erfolgt ein Haftungsbeitritt der Gesamthand nur, wenn beide Ehegatten ihr Placet geben.

Der Haftungsbeitritt der ehelichen Gesamthand folgt aus der Grundvorstellung von der Gütergemeinschaft. Das gemeinschaftliche Vermögen tritt an die Stelle der individuellen Vermögen der Ehegatten[246]. Die Gemeinschaftsanteile sollen während der gemeinsamen Ehewirtschaft nicht hervortreten[247]; ein persönlicher Gläubiger kann auf sie nicht zugreifen, § 1419 I, § 860 ZPO. Während der Gütergemeinschaft erworbene Rechte aus einem Vertrag z. B. gehen nach § 1416 I 2, II ex lege auf die Gesamthand über. Notwendig wird als Ausgleich ein Haftungsbeitritt des Rechtssubjektes, bei dem das Aktivvermögen konzentriert ist (Identität von Rechts- und Verpflichtungsträger). Eine Grenze für den Haftungsbeitritt setzt das gemeinschaftliche Verwaltungsrecht. Der einzelne Mitverwalter darf nach Abschluß von Rechtsgeschäften im eigenen Namen[248] aufgrund eines gesetzlichen Haftungsbeitrittes nicht die Gesamthand schuldrechtlich binden. Ein Schuldbeitritt würde das Mitbestimmungsrecht des anderen Gatten aushöhlen[249]. Deswegen ordnet das Gesetz in § 1460 I den Haftungsbeitritt des Gesamtgutes nur an, wenn der Mitverwalter seine Zustimmung zu dem

---

[243] *Dölle* § 76 I 2, S. 955; *Gernhuber* LB § 38 III, 2, S. 403.
[244] Kritisch deswegen die Literatur, vgl. *Gernhuber* LB § 38 IX, S. 426 FN. 1 m. w. N.
[245] Damit erscheint § 1459 I als rechtstechnisches Prinzip.
[246] *Motive* IV S. 364.
[247] *Staudinger / Felgentraeger* § 1459 Rdn. 2.
[248] Zur eigenmächtigen Vertretung ohne Vertretungsmacht vgl. oben § 19.1.3.
[249] *Gernhuber* LB § 38 VII 13, S. 420, im Zusammenhang mit der Parallelnorm § 1438 I.

Rechtsgeschäft des anderen erklärt[250]. Die Garantie des gemeinschaftlichen Verwaltungsrechtes und der Ausgleich für die Konzentrierung des Vermögens in gesamter Hand sind die beiden widersprüchlichen Interessenpositionen, die der Gesetzgeber zu bewerten hatte. Vorrang[251] hat grundsätzlich die Gemeinschaftlichkeit des Bestimmungsrechts der Ehegatten erhalten, § 1460 I. Ausnahmen[252] bestehen zugunsten der Gerichtskasse und des Prozeßgegners, § 1460 II, zugunsten der Gläubiger nach einer Erbschaft oder einem Vermächtnis, das ein Ehegatte zum Gesamtgut erwirbt, §§ 1459, 1461, zugunsten der Gläubiger in einem konsentierten Erwerbsgeschäft, § 1456, § 741 ZPO, ganz gleich, ob es zum Vorbehalts-[253] oder Gesamtgut gehört, und zugunsten der Gläubiger von Verbindlichkeiten, die die Voraussetzungen des § 1462 S. 2 darlegen können[254].

Als Folge des gesetzlichen Haftungsbeitrittes der Gesamthand zur persönlichen Schuld eines Gatten nach den Voraussetzungen der §§ 1459 I, 1460 - 1462 ergibt sich nun ein weiterer gesetzlicher Haftungsbeitritt des anderen Ehepartners, § 1459 II. Zur ratio legis können die Erörterungen über den Haftungsbeitritt beider Ehegatten zu einer primären Gesamthandschuld wiederholt werden. Der persönliche Schuldbeitritt übernimmt die Funktion von fehlenden Vorschriften über die Trennung und Erhaltung des Gesamtgutes[255].

### 19.2.2 Alleinverwaltung und Struktur der Schuldenordnung — primäre Schuld und Haftungsbeitritt

Haben die Ehepartner das Alleinverwaltungsrecht eines Gatten durch Vereinbarung begründet, so tritt dieser bei Verwaltungsgeschäften im

---

[250] Erklärungsgegner ist der Gläubiger. Anders als in § 182 geht es nicht um die Wirksamkeit des Vertrages, sondern um den Tatbestand des gesetzlichen Haftungsbeitrittes. (So wohl auch *Staudinger / Felgentraeger* § 1460 Rdn. 6 im Zusammenhang mit dem Problem der Zustimmung unter Vorbehalt des persönlichen Haftungsausschlusses.) Lehnt der Gläubiger die angetragene Vereinbarung des persönlichen Haftungsausschlusses ab, so ist die Zustimmung nicht erteilt. Zur Zustimmung unter Bedingung der persönlichen Haftungsfreiheit vgl. auch *Erman / Bartholomeyczik* § 1460 Bem. 2; *Baligand* S. 47 ff.; RGRK-BGB-*Scheffler* § 1460 Anm. 6.

[251] Dadurch ist das gemeinschaftliche Verwaltungsrecht sehr weitgehend und unabhängig von der Vorstellung des Gläubigers über den Güterstand geschützt. Der Gläubiger trägt das Risiko, daß er ggf. nur mit Vorbehaltsgut befriedigt werden kann. Vgl. zum Schutz des Verwaltungsrechtes und dem Schutz der wirtschaftlichen Familienbasis oben § 19.1.3.

[252] Es sind materiellrechtlich gesehen Ausnahmen von § 1460 I (Entscheidungsfreiheit der Gatten in Gemeinschaft), die den formellen Grundsatz des § 1459 I (Haftungsbeitritt des Gesamtgutes zu jeder Schuld eines Gatten) bestätigen.

[253] Zur Lastenverteilung vgl. § 1463 Ziff. 2 und *Staudinger / Felgentraeger* § 1456 Rdn. 14.

[254] Vgl. im einzelnen *Dölle* § 67 II c, S. 959; *Gernhuber* LB § 38 VIII 6, S. 425.

[255] Zur Abdingbarkeit dieses Haftungsbeitrittes vgl. oben FN. 250.

eigenen Namen auf. Rechtsgeschäftliche Verpflichtungen begründet er im eigenen Namen, so daß seine Gläubiger ohne weiteres nur ihn mit seinem Individualvermögen zum Schuldner haben.

Zu den *primären Schulden des Verwalters* bestimmt das Gesetz einen strikten Haftungsbeitritt der Gesamthand, § 1437 I HS 1. Als bemerkenswert erscheint diese materiellrechtliche Regelung angesichts des § 740 I ZPO, wonach ein Gläubiger des Verwalters prozeßrechtlich jederzeit die Möglichkeit hat, eine Haftung des Gesamtgutes zu realisieren. Augenscheinlich begnügt sich das Gesetz hiermit nicht: Zwangsvollstreckung setzt Schuld voraus. Deswegen hat das Gesetz richtigerweise eine materiellrechtliche Schuld angeordnet[256]. Der Schuldbeitritt schafft einen Ausgleich dafür, daß der Verwalter Verpflichtungen im eigenen Namen eingeht und im Zusammenhang damit erworbene Rechte sogleich auf die Gesamthand übergehen[257], § 1416 I 2, II. Die eigentlichen Privatgläubiger (Nichtverwaltungsgläubiger) des Verwalters aus Geschäften, bei denen Nichtverwalter - Gläubiger nur unter den Voraussetzungen der §§ 1437 I, 1438 - 1440 auf das Gesamtgut zugreifen können, werden ebenso undifferenziert begünstigt wie „voreheliche"[258] Gläubiger. Bei ersteren ergibt sich eine Bevorzugung gegenüber Privatgläubigern des Nichtverwalters. Eine Rechtfertigung dafür läßt sich wohl allein in der besseren Übersichtlichkeit der Schuldenordnung finden.

Ein Haftungsbeitritt des Nichtverwalters zu persönlichen Schulden des Verwalters, wie er im Recht der Mitverwaltung bestimmt ist[259], vollzieht sich bei der Alleinverwaltung nicht.

Rechtsgeschäftliches Handeln des Nichtverwalters im eigenen Namen[260] bleibt auch nach Vereinbarung der Gütergemeinschaft uneingeschränkt möglich. Der Nichtverwalter verpflichtet rechtsgeschäftlich nur sich selbst.

Zu *primären Schulden des Nichtverwalters* erfolgt ein grundsätzlicher[261] Haftungsbeitritt der Gesamthand, §§ 1437 I HS 2, 1438 - 1440,

---

[256] Hiermit bestätigen sich die Ausführungen zu Schuld und Haftung, oben § 1 — Der Gläubiger hat die Wahl, ob er im Prozeß gegen den Alleinverwalter oder gegen das Gesamtgut (aufgrund der Gesamthandsschuld ex lege) vorgehen will. In § 1422 ist weder das Verfügungsrecht noch das Prozeßführungsrecht Exklusivrecht des Verwalters. Im Gesamtgutsprozeß sind die Gatten notwendige Streitgenossen.

[257] Zur Durchgangs- und Zwischenerwerbstheorie vgl. oben § 19.1.1.

[258] Sofern Abschluß des Güterrechtsvertrages und Eheschluß zusammenfallen.

[259] Vgl. oben vor § 19.2.2.

[260] Handeln im Namen des Verwalters oder der Gesamthand mit wirksamer Vollmacht ergibt gegenüber Handeln des Vertretenen selbst keine Abweichung; zur Restriktion der Scheinvollmacht vgl. § 19.1.3.

[261] Zur Charakterisierung formell/materiell oben § 19.2.1 mit FN. 245.

und das Gesetz mutet in der Folge dem Verwalter eine persönliche Schuldübernahme zu[262], § 1437 II 1. Die akzessorische Verbindlichkeit des Verwalters erlischt mit Beendigung der Gütergemeinschaft, wenn die primäre Schuld im Innenverhältnis dem Nichtverwalter allein zur Last fällt, § 1437 II 2. Die Rechtslage ist identisch mit dem Fall primärer persönlicher Schuld eines Mitverwalters[263]. Der gesetzliche Schuldbeitritt des Gesamtgutes erklärt sich wieder aus der beschriebenen Grundidee der Vermögensgemeinschaft wie auch als funktionaler Ersatz für „Kapitalerhaltungsvorschriften". Gesamtgutsverbindlichkeiten, die im Auseinandersetzungsverfahren entgegen § 1475 I nicht berichtigt wurden, erlöschen mit Fortfall des Schuldners „Gesamthand". Der Gesamthandsgläubiger ist auf die regelmäßige Forthaftung beider (Ausnahme: §§ 1437 II 2, 1459 II 2) Gesamthänder angewiesen (vgl. §§ 1480, 1498 gesetzlicher Haftungsbeitritt aus Anlaß der Auseinandersetzung).

Wie bei Gemeinschaftsverwaltung, §§ 1460 - 1462, wird die Integrität des Verwaltungsrechts durch die §§ 1438 - 1440 zu Lasten der Gläubiger garantiert. Der in der Folge ausgelöste Schuldbeitritt des Alleinverwalters ermöglicht es hier, für die Vollstreckung einen Titel zu erwirken, § 740 ZPO. Die persönliche Verpflichtung weckt das Eigeninteresse des Alleinverwalters an rechtzeitiger Befriedigung der Gesamtgutsgläubiger mit Gegenständen des Gesamtgutes. So bewahrt er sein Eigenvermögen (aus Vorbehalts- und Sondergut) vor Einbußen.

Primäre Schulden der ehelichen Gesamthand können auch nach Vereinbarung der Alleinverwaltung entstehen. Beide Eheleute können sich zu gemeinsamem Auftreten als Gesamthänder entschließen und Rechtsgeschäfte tätigen. Berechtigter und Verpflichteter wird unmittelbar das Gesamtgut. Die gesetzlichen Schuldbeitritte der Ehegatten werden nicht in § 427 angeordnet. Die §§ 1422 ff. lassen diesen Fall ungeregelt. Die Gesetzeslücke wird mühelos mit einer Analogie zu der Haftungsordnung beim Typus der Gemeinschaftsverwaltung gefüllt, vgl. §§ 1459, 1460 - 1462.

Zusammengefaßt: Der vorstehende Überblick über die Verpflichtungsseite hat keine solchen *Ergebnisse* gebracht, wie sie auf der Berechtigungsseite herausgearbeitet worden sind. Bei *Darstellung der Aktivseite* war zu verzeichnen, daß ein Bedürfnis besteht, eine rechtsgeschäftliche Handlungsfähigkeit des Rechtssubjektes „Gesamthand" zu bejahen. Die hier vertretene Theorie gesamthänderischer Rechtssubjektivität unterscheidet die beiden Ehegatten und die eheliche Gesamthand als drei Rechtssubjekte. In der Folge lassen sich die Fälle fehlender Vertretungs-

---

[262] Vgl. oben § 19.2.1 und besonders vor § 19.2.2.
[263] Wie dort führen auch hier deliktische Schulden stets zum Schuldbeitritt des Gesamtgutes.

und Verfügungsmacht klar nach Personen trennen. Dies führte zu einer Korrektur der zum Anwendungsbereich der §§ 1423 - 1425, 1453 vertretenen Theorien.

Bei *Darstellung* der *Passivseite* war aufzuzeigen, daß sich in den sonst sehr undogmatisch bezeichneten Fällen der „einseitig" oder „doppelseitig angelehnten" Schuld regelrechte Schuldbeitritte (hier terminologisch auch „Haftungsbeitritte") ex lege vollziehen. Die weitere Analyse machte deutlich, daß ein Schluß von der Gesamthandsstruktur auf die Gesamtschulden der Gesamthänder der ratio legis nicht gerecht wird. Das bei der Darstellung verwandte Aufbaukonzept war bei beiden Verwaltungstypen durchgängig dasselbe: Zuerst wurde gefragt, welche Schuld in welcher Person nach allgemeinen Lehren entsteht (sog. primäre Schuld) und dann untersucht, aus welchen Gründen andere Rechtssubjekte als Schuldner beitreten. Diese Betrachtungsweise, die von Schuldbeitritten ausgeht, blieb bislang verschlossen, weil die dualistische Lehre stets die Ehegatten als persönliche Schuldner ansieht.

### § 20 Haftungsordnung bei der Miterbengemeinschaft — Rechtssubjektivität der Gesamthand

*20.1 Berechtigungsseite — Struktur der gemeinschaftlichen Rechtsträgerschaft — rechtsgeschäftliches Handeln der Miterbengemeinschaft*

Neben der Gesellschaft bürgerlichen Rechts und der ehelichen Gütergemeinschaft steht die Miterbengemeinschaft als dritte Gesamthandsgemeinschaft des BGB. Im Gegensatz zu Zeiten anderen Rechtsdenkens und anderer Sozialstruktur stellt sie heute keine familiäre Einheit mehr dar, die sich auf Zusammenhalt und Bewahrung eines Sicherheit spendenden Familiengutes ausrichtet[264]. Als gesetzgeberisches Vorbild dienten der zweiten Kommission die Vorschriften des ALR[265]. Die Miterbengemeinschaft hatte in preußischer Gesetzgebung und Rechtsprechung ihre Ausgestaltung erfahren, bevor das Gesamthandsprinzip theoretisch herausgearbeitet war[266]. Auf diesem dogmengeschichtlichen Hintergrund erscheint es methodisch gerechtfertigt, insbesondere hier die Struktur ohne Rekurs auf das Gesamthandsprinzip zu beschreiben.

---

[264] Vgl. dazu *Kipp / Coing* § 114 I, S. 488; *v. Lübtow* S. 796 f.

[265] Damit war die von der ersten Kommission bevorzugte gemeinrechtliche Lösung einer Bruchteilsgemeinschaft verworfen, vgl. *Motive* V, S. 527 f.; *Protokolle* S. 8085.

[266] Vgl. *Kipp / Coing* § 114 I, S. 489 unter Bezugnahme auf *Eidenmüller* Die Entwicklung zur heutigen Erbengemeinschaft an Hand der Materialien zum ALR und der Rechtsprechung des preuß. Obertribunals, ungedr. Frankfurter Diss. 1953.

Der Miterbengemeinschaft spricht man durchweg eigene Rechtssubjektivität ab[267]. Das Verfügungsrecht wird vom Vollrecht abgespalten: Gesamthänderische Rechtsträgerschaft erscheint unter Geltung der dualistischen Lehre als mehrfache individuelle Rechtszuordnung verbunden mit einer Verfügungsgemeinschaft. Wie dargelegt besitzt die Gesamthand jedoch eigene Rechtssubjektivität. Rechtsgeschäfte und Rechtshandlungen, die dem Berechtigten oder Verpflichteten *gegenüber* vorzunehmen sind, müssen deswegen der Personengemeinschaft gegenüber vorgenommen werden[268]: z. B. Kündigung einer Nachlaßschuld, Anfechtung von Willenserklärungen, Aufrechnung gegen Nachlaßforderungen, § 2040 II. Die Empfangszuständigkeit für Erfüllungsleistungen liegt bei der Gesamthand, § 2039 S. 1.

Die *systematische* Erfassung des rechtsgeschäftlichen Handelns einer Personengesellschaft erfolgt primär durch die Unterscheidung des *Innen-* und *Außenverhältnisses* (Geschäftsführung und Vertretung). Hinzu kommen die bei Einzelpersonen üblichen Zurechnungsprinzipien, nämlich die gegenstandsbezogene *Ermächtigung* und die subjektbezogene *Vertretung*[269]. Gegenüber diesen Kategorien ist jedoch die *gesetzliche* Regelung der Erbengemeinschaft abweichend[270] aufgebaut und erschwert dadurch das — stets systemorientierte — Verständnis. So sind in § 2038 die Verwaltungshandlungen der Gemeinschaft oder eines Gemeinschafters angesprochen. Dabei ist der Verwaltungsbegriff als Oberbegriff über Geschäftsführung und Vertretung einzuordnen. Der § 2040 I regelt das Verfügungsrecht bez. der einzelnen Nachlaßgegenstände. Die Verfügungsmacht liegt grundsätzlich bei dem Rechtsträger, also bei der Gesamthand. Schließlich räumt das Gesetz in § 2039 jedem Gesamthänder das Recht ein, Nachlaßansprüche gegenüber Dritten im eigenen Namen zugunsten der Gesamthand geltend zu machen[271].

Die folgende kurze Übersicht geht von den genannten systematischen Kriterien aus. Sie soll zeigen, daß die hier vertretene Theorie gesamthänderischer Rechtsträgerschaft geeignet ist, die gesetzlichen Einzelbestimmungen unabhängig vom Gesamthandsprinzip im herkömmlichen Verständnis darzustellen.

Die *Befugnis* zur *Führung* der *Geschäfte* des Gesamthandsvermögens steht den Erben prinzipiell gemeinschaftlich zu, § 2038 I 1. Dieses Ein-

---

[267] *Bartholomeyczik* FS Nipperdey I (1965), S. 171; *v. Lübtow* S. 795; *Kipp / Coing* § 114 III, IV, S. 490 f.

[268] Ergebnis unstr. vgl. *v. Lübtow* S. 806; *Kipp / Coing* § 114 V 2, 3, S. 398.

[269] Der Begriffe „Erwerbsmacht" oder „Verpflichtungsermächtigung" bedarf es auch hier nicht. Es besteht keine Notwendigkeit, bei der Darstellung des Gesamthandsrechts von den bewährten systematischen Kategorien abzuweichen. Vgl. *Bartholomeyczik* § 38, S. 239 ff.

[270] *Bartholomeyczik* § 38 I, S. 239; *Kipp / Coing* § 114 IV, S. 491.

[271] Vgl. dazu *v. Lübtow* S. 812.

## § 20 Miterbengemeinschaft

stimmigkeitsprinzip wird unter den Voraussetzungen der §§ 2038 II, 745 (Ordnungsmäßigkeit der Verwaltung und keine wesentliche Veränderung des Gegenstandes) durch das Mehrheitsprinzip ersetzt[272]. Alleinige Geschäftsführungsbefugnis erteilt das Gesetz jedem Miterben zur Besorgung notwendiger Maßregeln, § 2038 I HS 2.

Die *Vertretungsmacht* für die Gesamthand ist parallel zur Geschäftsführungsbefugnis geregelt. Der Grundsatz der Einstimmigkeit wird auch im Außenverhältnis vom Mehrheitsprinzip[273] überwunden. Handeln der Gesamthand selbst und Handeln in Vertretung der Gesamthand sind im folgenden zu unterscheiden.

Bei gmeinsamem Handeln aller Miterben, § 2038 I, handelt die Gesamthand als Rechtssubjekt. Sie ist im rechtsgeschäftlichen Tatbestand als Erwerberin von Rechten oder als Verpflichtete ausgewiesen[274]. Für eine solche rechtsgeschäftliche Handlungsfähigkeit der Gesamthand als Rechtssubjekt besteht nur in den Fällen der Surrogation, § 2041, kein Bedürfnis.

Liegt ein Mehrheitsbeschluß über tatsächliche Verwaltungsmaßnahmen vor, so kann er ohne weiteres ausgeführt werden. Verlangt die Ausführung den Abschluß eines Rechtsgeschäftes, so besitzt die Mehrheit auf das Rechtssubjekt „Gesamthand" bezogene Vertretungsmacht[275]. Die überstimmte Minderheit braucht nach richtiger Ansicht nicht gesondert Vollmacht zu erteilen. In Fällen der Notverwaltung hat jeder Gesamthänder ex lege Geschäftsführungsbefugnis und Vertretungsmacht[276] für die Miterbengemeinschaft, § 2038 I HS 2. Bei Handeln im Namen der Gesamthand ohne Vertretungsmacht greift § 179 ein[277].

*Verfügungsmacht* bez. der Nachlaßgegenstände besitzt nach dem Wortlaut des § 2040 I nur die Gesamthand. Streitig ist die Rechtslage, wenn eine Verwaltungsmaßnahme eine Verfügung erfordert[278]. Nach herrschender Ansicht wird das Einstimmigkeitsprinzip unter den Kautelen der §§ 2038 II, 745 auch für ordnungsgemäße Verwaltungsmaß-

---

[272] Vgl. dazu *Kipp / Coing* § 114 IV 1, 3 b, S. 491 f.
[273] Nachweise sogleich in FN. 275.
[274] Das oben in § 19.1.1 zur Gütergemeinschaft Ausgeführte gilt sinngemäß auch für die Handlungsfähigkeit anderer Gesamthandstypen.
[275] Gegen *v. Lübtow* S. 806 und *Bartholomeyczik* § 38 V 3, S. 245 die h. M., *Planck-Ebbecke* § 2038 Anm. 1; *Lange* JuS 1967, S. 453 (456); *Jülicher* AcP 175 (1975), S. 143 und die Rechtsprechung, OLG Hamm BB 1969, S. 514; BGHZ 56, 47 (52). Vgl. auch oben in § 14.3 FN. 23.
[276] Vgl. *v. Lübtow* S. 806; *Bartholomeyczik* § 38 V 4, S. 246; *Staudinger / Lehmann* § 2040 Rdn. 23.
[277] Vgl. *v. Lübtow* S. 803; BGHZ 56, 47 (51) und oben § 19.1.3, während in der Literatur z. T. bei der Gütergemeinschaft eine Anwendung des § 139 befürwortet wird.
[278] Vgl. die in FN. 275 angegebene Literatur und Rechtsprechung.

nahmen, die keine wesentliche Veränderung des Gegenstandes herbeiführen, vom Mehrheitsprinzip abgelöst. — Der Notverwalter besitzt gemäß § 2038 I HS 2 Geschäftsführungsbefugnis und Vertretungsmacht ex lege[279]. Verfügt ein Miterbe eigenmächtig und ohne daß die Voraussetzungen der Notverwaltung vorliegen, so gelten die allgemeinen Regeln über eine Verfügung ohne Verfügungsmacht[280]. Gutgläubiger Erwerb vollzieht sich nach allgemeinen Grundsätzen[281].

*20.2 Verpflichtungsseite — Gesamthandsschuld,
Gesamtschulden und Teilschulden — Haftungsbeschränkungen*

Gläubiger des Erblassers sollen auch nach dessen Tod aus seinem Vermögen befriedigt werden. Hinterläßt der Erblasser mehrere Erben, so wird der Nachlaß gemeinschaftliches (Aktiv-) Vermögen, § 2032. Die Schulden des Erblassers gehen auf die Miterbengemeinschaft über, § 1922 II, 1967 I. Dem Erfüllungsbegehren des Gesamthandsgläubigers stehen die aufschiebenden Einreden der Gesamthänder (§ 2059 I)[282] und ihre Haftungsvorbehalte nicht entgegen, vgl. § 2059 II, § 780 I ZPO. Der Nachlaßgläubiger ist rechtlich so gestellt, als ob der Erblasser weiterhin Inhaber seines Vermögens wäre.

Neben dieser Gesamthandsschuld ordnet das Gesetz in § 2058 die gesamtschuldnerische Haftung der einzelnen Erben an. Infolge der persönlichen Verpflichtung treten als Haftungsfundus zu dem Nachlaß die individuellen Vermögen der Miterben hinzu. Das oben erörterte System von Haftungsbeschränkungen[283] verhindert gleichwohl, daß der Nachlaßgläubiger Vorteil aus dem Erbfall zieht.

Die Frage der Haftungsbeschränkung, §§ 1975 ff., stellt sich bei Miterben und Alleinerben in gleicher Weise. Die aufschiebenden Einreden sind verschieden ausgestaltet. Zu denen des Alleinerben nach §§ 2014 ff. tritt zunächst die Einrede des Miterben nach § 2059 I 1, die *Beschränkbarkeit* der Haftung und *Ungeteiltheit* des Nachlasses voraussetzt. Die Erfüllungsverweigerung des Miterben wirkt materiell rechtshemmend und führt prozessual zu einer grundsätzlichen Haftungsfreistellung des Vermögens in individueller Rechtszuständigkeit. Ausgenommen ist der Anteil am Nachlaß. Den Zugriff des Nachlaßgläubigers einer Geld-

---

[279] *v. Lübtow* S. 806; *Bartholomeyczik* § 38 V 4, S. 248; *Lange* Heinrich § 45 IV 3; *Lange* Hermann JuS 1967, S. 453; *Staudinger / Lehmann* § 2040 Rdn. 23; *Palandt / Keidel* § 2038 Anm. A 3 d.

[280] *Erman / Bartholomeyczik* § 2040 Rdn. 2 m. w. N.; BGHZ 19, 138 (139); RGZ 152, 380 (382) entg. RGZ 93, 292 (296).

[281] *v. Lübtow* S. 804; *Kipp / Coing* § 114 V 1 b, S. 498.

[282] Die Dreimonatseinrede (§ 2014) und die Einrede des Aufgebotsverfahrens (§ 2015) steht der Gesamthand zu.

[283] Vgl. oben § 5.

§ 20 Miterbengemeinschaft

forderung[284] auf dieses Recht im Privatvermögen kann der Miterbe nicht abwehren. Das Gesetz erlaubt ihm insoweit zwar Erfüllungsverweigerung mit Eigenmitteln, aber keine Haftungsbeschränkung[285]. Wenn der Miterbe endgültig unbeschränkt haftet, verliert er die Einrede des § 2059 I 1 und müßte grundsätzlich den zwangsweisen Zugriff auf sein *weiteres* Privatvermögen über den Anteil hinaus[286] hinnehmen. Gleichwohl bestimmt § 2059 I 2, daß der Miterbe sein weiteres Privatvermögen nur für die Befriedigung der Quote einer Nachlaßschuld herzugeben hat, die der Erbquote entspricht[287].

Das Prinzip der gesamtschuldnerischen Haftung der Erben wird nach Teilung[288] des Nachlasses verstärkt[289]: Die Einreden des § 2059 entfallen. Nur in den Fällen des § 2060 werden die Miterben durch eine Teilhaftung begünstigt. Das Teilhaftungsprinzip betrifft den Inhalt der persönlichen Schuld. Die gesamtschuldnerische Haftung bleibt aber bestehen, soweit die Miterben entgegen § 2046 I Nachlaßverbindlichkeiten nicht berichtigt haben[290].

Von hier aus erschließt sich die ratio legis der gesamtschuldnerischen Haftung. Sie ist auch bei diesem Gesamthandstyp nicht einfach eine Konsequenz des Vielheitsgedankens. Zur Erklärung der mehrheitlichen Haftung erübrigt sich ein Rekurs auf das Gesamthandsprinzip. Die Anordnung der Gesamtschulden schafft eine Sicherung dafür, daß das Gesamthandsvermögen auch tatsächlich zur Befriedigung der Nachlaßgläubiger verwandt wird und nicht in die Privatvermögen abfließt. Sie weckt ein Eigeninteresse an rechtzeitiger Befriedigung der Nachlaßforderung mit Mitteln des Nachlasses[291]. Die Gesamtschulden sollen andererseits die Nachlaßgläubiger nicht begünstigen. Das wird durch ein System von prozessualen Haftungsbeschränkungen erreicht.

---

[284] Geld als Schuldinhalt ist Voraussetzung für Pfändung und Verwertung des Anteiles, § 859 II ZPO; Nachlaßforderung ggf. analog § 61 KO in Geld auszudrücken wie im Fall des § 2059 I 2, dazu *v. Lübtow* S. 1185 vor IV.

[285] Prozessuale Natur der Einrede *Soergel / Wolf* § 2059 Rdn. 5/ a. A. für Doppelnatur der Einrede *v. Lübtow* S. 1183 unten; *Dernburg* V S. 545 Anm. 3; str. ob zur Geltendmachung der Einreden Vorbehalt im Urteil nötig: bejahend *Soergel / Wolf* § 2059 Rdn. 5; verneinend *v. Lübtow* S. 1184 m. w. N. in FN. 25.

[286] *v. Lübtow* S. 1184.

[287] Zur Begründung *Kipp / Coing* § 121 III 2 b, S. 531 f.; *v. Lübtow* S. 1185; *Protokolle* S. 8126.

[288] Zur Frage, wann Teilung vorliegt, vgl. *v. Lübtow* S. 1179; *Strohal* S. 527.

[289] Vgl. *v. Lübtow* S. 1188.

[290] Im einzelnen vgl. *Kipp / Coing* § 121 IV 3, S. 533 f.; *v. Lübtow* S. 1191 ff. und oben § 14.2 FN. 8 zur Forthaftung mit Gegenständen aus einem liquidierten Gesamthandsvermögen.

[291] Vgl. bei der Gütergemeinschaft oben § 19.2.1.

VIERTER TEIL

## Gesamthand im Erkenntnis- und Vollstreckungsverfahren — Identität der Gesamthand im materiellen Recht

### § 21 Gesamthandsklage; Bedeutungsmehrheit — Gesamthandsgemeinschaften im materiellen Recht und in der Prozeßordnung

Im Anschluß an die materiellrechtliche Argumentation soll vom Prozeßrecht her die Untersuchung der Theorie aufgenommen werden, die den Bestand einer Gesamthandsschuld leugnet[1]. Sie spricht von persönlichen Gesamthänderschulden, die das Gesamthandsvermögen allein oder neben den Privatvermögen verhaften. Dieses Vorstellungsbild hat im Vollstreckungsrecht seine Bewährungsprobe zu bestehen, wenn der Gläubiger allein aus dem Gesamthandsvermögen zu befriedigen ist[2]. Die Anhänger dieser Theorie sprechen von einem Haftungsbeschränkungsvertrag[3], demzufolge allein das Sondervermögen verhaftet wird.

Eine Haftungsbeschränkung braucht nur gegenüber einem Titel geltend gemacht zu werden, der eine Vollstreckung über die Grenzen des Gesamthandsvermögens hinaus erlaubt. Die Erörterung beginnt deshalb mit der Rechtsstellung der Gesamthandvermögen im Erkenntnis- und Vollstreckungsverfahren. Es ist herauszuarbeiten, wieweit in den Gesamthandsverfahren erwirkte Titel eine Vollstreckung ermöglichen.

#### 21.1 *Gesamthänder und Gesamthand als Schuldner im Erkenntnis- und Vollstreckungsverfahren*

Die materiellrechtliche Dogmatik der Gesamthandsgesellschaften erfährt eine Prüfung im Vergleich mit deren Behandlung durch das

---

[1] Vgl. *Buchner* AcP 169 (1969), S. 483 (490, 491, 498).

[2] Der Begriff der „Gesamthandshaftung" wird nicht einfach ausgetauscht gegen „Gesamthandsschuld". *Dölle* § 72 III 1, S. 926 führt aus, daß der Haftung des Gesamthandsvermögens stets eine individuelle Schuld mindestens eines Gesamthänders zugrunde liegt. Auf die persönliche Schuld dessen, der nichts zu zahlen hat, darf die dualistische Lehre nicht verzichten: Die Gesamthand kann mangels Rechtsfähigkeit nicht schulden, wohl aber „haften". Eine Haftung ohne Schuld würde den begrifflichen Unterschied in Frage stellen (Funktionsverschiebung des Schuldens in die Haftung). Einheitsbetrachtung bez. Haftungszuständigkeit, Mehrheitsbetrachtung bez. Schuldzuständigkeit — ein Widerspruch innerhalb des materiellen Rechts.

[3] Vgl. zur Haftungsbeschränkung oben § 4.

§ 21 Folgerungen für das Verfahrensrecht 125

Prozeßrecht. Angesichts der Altersunterschiede von dem ADHGB über die CPO zum BGB und angesichts des Einflusses verschiedener Rechtstraditionen können Unstimmigkeiten der lex lata wie unversöhnliche Auseinandersetzungen nicht überraschen.

Die folgende Bestandsaufnahme setzt die prozessuale Rechtslage in ein Verhältnis zu den materiellen Ergebnissen. Die verschiedenen dogmatischen Konzeptionen wirken sich gravierend bei Passivprozessen gegen die Gesamthand und die Gesamthänder aus[4]. Die Darlegung soll in die Prozeßrechtslehren so weit vordringen, als es die Widerlegung der Haftungsbeschränkungstheorie erfordert.

Im Erkenntnis- und Vollstreckungsverfahren stellt sich als erstes die Frage nach der beklagten Partei. — Von allen Gesamthandstypen sind parteifähig auf Grund besonderer Vorschriften die oHG, KG, §§ 124 I, 161 II HGB[5]; und beschränkt auf die Passivprozesse auch der nichtrechtsfähige Verein, § 50 II ZPO. Dieselbe beschränkte Parteifähigkeit wird überwiegend auch den echten Gründungsgesellschaften beigelegt, § 50 II ZPO analog[6]. Zur Zwangsvollstreckung in das Gesamthandsvermögen ist dann ein besonderer Gesamthandstitel erforderlich, §§ 124 II, 161 II HGB; § 735 ZPO.

Aus dem Gesamthandstitel kann in die Privatvermögen der Gesamthänder nicht vollstreckt werden §§ 129 IV, 161 II HGB[7]. Dies ist un-

---

[4] Vgl. zu den Aktivprozessen *Kornblum* BB 1970, S. 1445 (1448 ff.), *Hadding* Actio pro socio, 1966. Regelmäßig gibt es bei Aktivprozessen gegen Dritte keine Prozeßführungsbefugnis, sondern einzelne Prozesse der Gesamthänder sind nötig (keine Abweichung von der Verwaltungsregelung), wobei die Verfahren nach den Regeln der notwendigen Streitgenossenschaft verbunden sind, § 62 ZPO. Als Ausnahme actio pro socio analog §§ 432, 2039 stets bei Wahrnehmung von Gesamthandsrechten (Sozialansprüche).

[5] OHG und KG sind parteifähig: *Stein / Jonas* § 50 Bem. II 5 unabhängig vom Streit um die privatrechtliche Stellung; *Baumbach / Lauterbach* § 50 Anm. 2 D a; RGRK-HGB *Weipert* § 124 Anm. 8, 9; *Westermann* Rdn. 346; *Hueck* § 22 I, S. 331, 332; *Huber* S. 80 f.; *ders.* ZZP 82 (1969), S. 224; *Noack* DB 1970, S. 1817; *Eickmann* Rpfl 1970, S. 113; *Blomeyer* JR 1971, S. 397 (398) schließt von Parteifähigkeit auf relative Rechtsfähigkeit ohne Erörterung vermögensrechtlicher Funktionen der Rechtsfähigkeit; a. A. *Schlegelberger / Geßler* § 124 Anm. 9; *Lehmann / Dietz* § 21, III 2, S. 160.

[6] Soweit der Gründungsgesellschaft der Charakter eines nichtrechtsfähigen Vereins zugeschrieben wird, folgt dies schon aus § 50 II ZPO. Für passive Parteifähigkeit *Baumbach / Hueck* AktG § 29 Rdn. 4 ff.; *Fischer* in Großkomm. AktG § 22 Anm. 8; *Stein / Jonas* § 50 Bem. IV 2; *Stein / Jonas / Münzberg* § 735 Bem. IV; BAG NJW 1963, S. 680 (GmbH); BGHZ 17, 391 (Genossenschaft) mit Anm. Pohle in ZgGenW IV (1956) S. 313; BGHZ 25, 311 (zu korporativ verfaßten Bruchteilseigentümern § 50 II ZPO analog); a. A. *Brüggemann* DGVZ 1961, S. 35 für Anwendung des § 736 ZPO.

[7] Bei Umwandlung einer oHG in eine BGB-Gesellschaft erteilt die Praxis „Klarstellungsklauseln", mit denen der Gesamthandstitel gegen die oHG auf die Gesellschafter umgeschrieben wird, *Eickmann* Rpfl 1970, S. 113 (115) — höchst problematisch, vgl. § 425; § 129 IV HGB; zum entgegengesetzten Fall, Erstarken der BGB-Gesellschaft zur oHG, §§ 2, 4 HGB, *Noack* DB 1970,

126    4. Teil: Gesamthand als Rechtssubjekt

streitig auch für den nichtrechtsfähigen Verein[8]. Auf Grund ausdrücklicher Anordnung des Gesetzes unterscheiden Rspr. und Lehre sowohl im Erkenntnis- wie im Vollstreckungsverfahren zwischen Gesamtschuldklage und Gesamthandsklage. In diesem Zusammenhang weist die begriffliche Unterscheidung darauf hin, daß mit Gesamtschuldklage und Gesamthandsklage zwei verschiedene Parteien überzogen werden. Der Erlaß der persönlichen Gesamthänderschuld führt zur Sachabweisung im Gesamtschuldprozeß[9]. Im Rahmen der Gesamthandsklage spielt eine etwaige Haftungsbeschränkung auf das Gesamthandsvermögen keine Rolle[10]. Der Gesamthandstitel ermöglicht eine Zwangsvollstreckung ohnehin nur in das Sondervermögen. — Die im materiellen Recht unbegründeten Widersprüche von Seiten der dualistischen Lehre verstummen im Verfahrensrecht angesichts der Gesetzeslage.

Anders verlaufen die Problemstrukturen bei der BGB-Gesellschaft, der Erbengemeinschaft und der Gütergemeinschaft. Diese Gesamthandsgemeinschaften können im Gegensatz zur obigen Gruppe nicht Partei in einem Verfahren werden. Mangels materieller Rechtsfähigkeit fehlt ihnen nach absolut herrschender Meinung[11] die Parteifähigkeit, § 50 I ZPO. Dieses Ergebnis stimmt mit der Ordnung des Prozeßrechts überein, das hier im Gegensatz zur ersten Gruppe von der dualistischen Theorie geprägt ist[12]. Partei im Erkenntnis- und Vollstreckungsverfahren werden demzufolge die Gesellschafter[13], Ehe-

---

S. 1817; Verzicht auf Gesamthandstitel, wenn der Gläubiger keine Kenntnis vom Erstarken hat, BGH DB 1967, S. 241.

[8] *Stein / Jonas* § 50 Bem. IV 1 a. Zieht der Gläubiger entgegen § 50 II ZPO es vor, gegen alle Mitglieder persönlich zu klagen, dann ist für die Vollstreckung § 736 analog heranzuziehen, vgl. § 100 GVGA; *Stein / Jonas / Münzberg* § 735 Bem. I FN. 5, und es taucht das bei § 736 aufzuwerfende Problem auf, ob und wie eine Haftungsbeschränkung durchzusetzen ist.

[9] Bei der oHG unstr.; zum nichtrechtsfähigen Verein vgl. FN. 8. — Ob die Gesellschafter der oHG in ihren Prozessen untereinander wie einfache Streitgenossen stehen, so RGZ 64, 77 (79); *Stein / Jonas* § 62 Bem. II 1; *Schlegelberger / Geßler* § 128 Anm. 20, und wie das Verhältnis des Gesamthandsprozesses der oHG zum Prozeß der Gesellschafter vgl. (im Regelfall notwendige Streitgenossen) RGZ 136, 266 (268); BGH BB 1961, S. 148; *Noack* DB 1970, S. 1817 (1818); (a. A. einfache Streitgenossen) *Stein / Jonas* § 62 Bem. II 2; *Hueck* § 22 IV 3, S. 339; *Wagner* § 3 V 4, S. 140; *Huber* S. 80 f.; ders. ZZP 82 (1969), S. 236 f.; *Kornblum* S. 167; BGHZ 54, 251 (254); OLG Celle NJW 1969, S. 515.

[10] Dies der Grund, warum die handelsrechtliche Literatur stets der Theorie von der Gesamthandsschuld freundlicher gegenüberstand.

[11] Vgl. *Stein / Jonas* § 50 Bem. III 1 m. w. N.

[12] Anerkennt man eine eigene Parteifähigkeit auch der restlichen Gesamthandsgesellschaften, unterscheidet man in der Folge auch bei ihnen zwischen Gesamtschuldtitel und Gesamthandstitel, erübrigt sich wie dargelegt jede Haftungsbeschränkungstheorie.

[13] Vgl. *Stein / Jonas* § 50 Bem. III 1; *Stein / Jonas / Münzberg* § 736 Bem. I mit der Formulierung, daß die BGB-Gesellschaft trotz ihres Aufbaues nach dem Grundsatz der gesamten Hand nicht parteifähig ist; *Staudinger / Keßler*

leute[14] und Miterben[15] individuell. Zur Zwangsvollstreckung in das Gesamthandsvermögen ist ein gegen alle Gesamthänder ergangenes Urteil nötig[16], §§ 736, 740 II, 747 ZPO. Im Erkenntnis- wie auch im Vollstreckungsverfahren sind immer die Gesamthänder als einzelne Personen Prozeßrechtssubjekte. Dies zu betonen erscheint wichtig im Hinblick auf die Fälle der sog. „Gesamthandsklage", mit der der Gläubiger Befriedigung allein aus dem Gesellschaftsvermögen, Gesamtgut oder dem ungeteilten Nachlaß erstrebt. Das Gesamthandsprinzip vermag nach absolut herrschender Ansicht die Gesamthänder nicht zu neuer, einheitlicher Parteistellung zusammenzuziehen[17] (Konsequenz der dualistischen Theorie). Es erheben sich aber die Fragen, ob der Gesamthandsgläubiger gezwungen ist, stets alle Gesamthänder zu verklagen, ob das Verhältnis der Einzelprozesse nach besonderen Vorschriften ausgeformt ist und ob das Prozeßrecht auch hier Gesamthandstitel kennt.

Verlangt der Kläger in einer Klage gegen einen Gesamthänder allein die Übereignung eines Gegenstandes, der im gesamthänderischen Eigentum einer Personenmehrheit steht, so wird seine Klage als unbegründet abgewiesen[18]. Die Notwendigkeit zur Erhebung gleichzeitiger Klagen gegen alle Gesamthänder ergibt sich aus der Erfolgsabhängigkeit des Klagebegehrens vom materiellen Recht. Die ZPO normiert keinen Zwang zu mehrfacher Klageerhebung gegen alle Gesamthänder. Das Gesamthandsprinzip faßt prozessual weder die Personen zu einer Partei noch die Verfahren zu einem Prozeß zusammen[19]. Sie stellt

---

§ 714 Rdn. 18; *Soergel / Schultze-v. Lasaulx* § 714 Rdn. 12; *Binder* Persönlichkeit S. 100 f.; a. A. Klage und Titel gegen die Gesamthand *Hölder* Person S. 276 f.; vgl. auch *Fabricius* GD Schmidt (1966), S. 171.

[14] Vgl. *Gernhuber* § 38 VIII, S. 424; *Dölle* § 75 I 3, S. 943; *Baur* FamRZ 1962, S. 508 (510 f.); *Stein / Jonas / Münzberg* § 740 Bem. II 3.

[15] Vgl. *Soergel / Wolf* vor § 2058 Rdn. 2; § 2058 Rdn. 8; § 2059 Rdn. 8; *Erman / Bartholomeyczik* § 2058 Rdn. 2; *Stein / Jonas / Münzberg* § 747 Bem. I 1.

[16] Zur Alleinverwaltung, § 1422, vgl. oben § 19.2.2 und § 740 I ZPO.

[17] Unklar, ob *Kornblum* S. 61 dies leugnen will oder ob er nur von einer Verbindung der Verfahren nach den §§ 59, 62, 63 ZPO spricht.

[18] Problem der Klage gegen einen notwendigen Streitgenossen — sehr str. Nur wenn der Kläger zu Unrecht eine Prozeßführungsbefugnis des Beklagten behauptet, erfolgt Klageabweisung durch Prozeßurteil. Für Grundsätzliche Sachabweisung *Stein / Jonas* § 60 Bem. III 2 b, § 62 Bem. III 5 (aber § 52 Bem. B 3 b Prozeßabweisung bei Passivprozessen gegen die Gütergemeinschaft!); BGHZ 30, 195 (197) = LM § 62 Nr. 7 und BGH FamRZ 1975, S. 405 gegen BGHZ 36, 187 (191): bei Nichtbeteiligung eines notwendigen Streitgenossen Klageabweisung durch Prozeßurteil, weil der geltendgemachte Anspruch durch das Prozeßrecht seine Prägung erhalte, mithin vom Kläger zu Unrecht die Prozeßführungsbefugnis vorgetragen werde; ebenso für Prozeßabweisung *Schwab* FS Lent (1957), S. 286 (295); *Kornblum* BB 1970, S. 1445 (1447— unter II 1); ders., S. 61 (Zulässigkeitsproblem).

[19] Dies wird m. E. von *Kornblum* S. 61 FN. 91 nicht hinreichend unterschieden.

4. Teil: Gesamthand als Rechtssubjekt

jedoch die einzelnen Prozesse, die der Gesamthandsgläubiger gleichzeitig gegen alle Gesamthänder anstrengt[20], gem. §§ 59, 62, 63 ZPO in ein besonderes Verhältnis zueinander[21]. Das Verhältnis der BGB-Gesellschafter[22], Eheleute[23] und Miterben[24] in Passivprozessen wird von der Literatur und Rechtsprechung weithin als das einer materiellrechtlich notwendigen Streitgenossenschaft nach § 62 ZPO angesehen, sofern der Gläubiger zu erkennen gibt, daß er die Gesamthandsschuld einklagt und Befriedigung nur aus dem Gesamthandsvermögen sucht[25]. Sofern der Gläubiger die Gesamthänder aber als Gesamtschuldner in Anspruch nimmt, so sind diese in dem Rechtsstreit nur einfache Streitgenossen[26].

Sehr unterschiedlich werden die Umstände bestimmt, nach denen das Vorliegen dieser Gesamthandsklage festzustellen ist. Zum Teil wird eine ausdrückliche Beschränkung des Klageantrags[27] verlangt, zum Teil auf die Auslegung des Klagevortrages abgestellt[28], von anderen

---

[20] Erhebung mehrerer Klagen steht im Belieben des Gläubigers *Stein / Jonas* § 59 Bem. I, notwendige Streitgenossenschaft setzt voraus, daß eine Mehrheit von Beklagten bereits besteht, *Stein / Jonas* § 62 Bem. I, vgl. aber auch BGHZ 36, 187 (191); *Rosenberg* (9. Aufl.) § 95 I 1, III 1 a, b; *Nikisch* § 110 I 1; *Schwab* a.a.O.; *Kornblum* S. 61.

[21] Zu den Wirkungen *Stein / Jonas* § 62 Bem. IV, V; *Rosenberg / Schwab* § 50 IV S. 231 ff.

[22] Vgl. *Rosenberg / Schwab* § 50 III 1 b, S. 229 mit Differenzierung zwischen Leistungs- und Feststellungsklage; RGRK-BGB *Fischer* § 714 Anm. 10; *Westermann* Rdn. 377, S. 268; *Nicknig* S. 129; *Konrblum* BB 1970, S. 1445 (1448); *ders.* Haftung S. 23 m. w. N. Ohne Unterscheidung zwischen Gesamthands- und Gesamtschuldklage, für einfache Streitgenossenschaft: *Staudinger / Keßler* § 714 Rdn. 19; *Esser* § 95 V 3 S. 291 mit dem Hinweis, daß der Titel i. S. d. § 736 ja auch in mehreren selbständigen Prozessen erwirkt werden kann. So auch *Erman / Schulze / Wenck* § 718 Rdn. 8. Dieser Hinweis betrifft jedoch die Voraussetzungen der Zwangsvollstreckung, das Problem der vorrangigen Befriedigungsmöglichkeit der Gesellschaftsgläubiger gegenüber Privatgläubigern und nicht das Verhältnis von mehreren anhängigen Verfahren, § 59 ff. ZPO.

[23] Vgl. *Baur* FamRZ 1962, S. 508 (511); *Gernhuber* LB § 38 VIII 5, S. 424; *Dölle* § 75 I 3, S. 943; *Erman / Bartholomeyczik* § 1450 Bem. 3; *Staudinger / Felgentraeger* § 1450 Rdn. 38; *Stein / Jonas* § 52 Bem. V B 3 a, b.

[24] Für die Gesamthandsklage § 2059 II, *Soergel / Wolf* § 2059 Rdn. 8, § 2058 Rdn. 8; *Erman / Bartholomeyczik* § 2059 Rdn. 9; *v. Lübtow* S. 1181.

[25] Übergang von der Gesamtschuldklage zur Gesamthandsklage gegen die Miterben stellt keine Parteiänderung, keine Klagänderung dar, es gilt § 268 Nr. 2 ZPO, *Soergel / Wolf* § 2058 Rdn. 8; für Klagänderung im umgekehrten Fall OLG Karlsruhe Bad. Rspr. 1931, S. 15; anders bei der OHG, vgl. BGHZ 62, 131.

[26] Weichen die Urteile gegen die einfachen Streitgenossen voneinander inhaltlich ab, so kann der Gläubiger nicht gem. §§ 736, 740 II, 747 ZPO in das Gesamthandsvermögen vollstrecken. Einfache Streitgenossenschaft im Gesamtschuldprozeß bejaht neuerdings BGH FamRZ 1975, S. 405 (406).

[27] So *Erman / Bartholomeyczik* § 2059 Rdn. 9.

[28] So BGH NJW 1963, S. 1612 = JZ 1964, S. 722 mit Anm. *Bötticher / Erman / Bartholomeyczik* § 2058 Rdn. 2, § 2059 Rdn. 5 *Scheyhing* JZ 1963, S. 477.

## § 21 Folgerungen für das Verfahrensrecht

wird der Richter auf § 139 ZPO (Aufklärungspflicht)[29] hingewiesen oder wird ein formloses Begehren des Beklagten nach Vorbehalt der Haftungsbeschränkung abgewartet[30]. Die notwendige Streitgenossenschaft bewirkt z. B. bei Frist- oder Terminversäumung, daß ein Gesamthänder den anderen vertritt. Die Rechtsmitteleinlegung des Nichtsäumigen gilt für die Säumigen[31]. Die Regeln der notwendigen Streitgenossenschaft bewirken eine prozessuale Erstreckung von bestimmten Rechtsfolgen aus einem der Parallelprozesse auf den anderen. Diese Verbindung ist entweder vorhanden oder nicht[32]. Die unverrückbare Alternativität wird in der Literatur selten angesprochen[33]. Mangels klaren Gebrauchs des Terminus „Gesamthandsklage" nimmt man an, Gleichzeitigkeit von Gesamthandsklage und Gesamtschuldklage sei möglich. Da prozessual aber beide Male das Verfahren gegen die einzelnen Gesamthänder in Frage steht, kann bei Säumnis im Termin nicht hinsichtlich der Gesamtschuldklage ein Versäumnisurteil ergehen, hinsichtlich der Gesamthandsklage aber weiterverhandelt werden[34]. Das Versäumnisurteil würde die Vollstreckung in das gesamte Schuldnervermögen (einschließlich Anteilspfändung §§ 725 I, 2033 I — aber § 1419 I) ermöglichen und nach h. M. auch als Titel i. S. der §§ 736, 747 ZPO den Zugriff auf das Gesamthandsvermögen eröffnen[35]. Erhebt der Gläubiger „zugleich" Gesamtschuld- und Gesamthandsklage, so wird die Gesamthand nicht Partei, sondern es bleiben dies die Gesamthänder. Es ist unzutreffend, von einer prozessualen Doppelrolle der Gesamthänder zu sprechen, wenn der Gläubiger die Haftung der Eigenvermögen und zugleich die Haftung des Gesamthandsvermögens geltend macht. Die Gesamtschuldklage tritt auch nicht etwa an die Stelle der Gesamthandsklage[36]. Die Besonderheit gleichzeitiger Erhebung von Gesamtschuld- und Gesamthandsklage liegt vielmehr darin, daß die Regeln der notwendigen Streitgenossenschaft eingreifen, die in ihrer Wirkung über die der einfachen Streitgenossenschaft hinausgehen[37].

---

[29] So *Kornblum* BB 1970, S. 1445 (1449 — B II 2 a) bb)) und FN. 53.

[30] So *Esser* § 95 V 3, S. 291.

[31] Für materielle Rechtsgeschäfte bleibt es bei den Vorschriften des BGB, z. B. §§ 709 I, 714; 1450; 2040; vgl. *Stein / Jonas* § 62 Bem. V 4.

[32] Abzulehnen *Kornblum* BB 1970, S. 1445 (1451 — B II 2 b) bb)) a. E., und S. 1454, der sich von seinem Ziel leiten läßt, die Vollstreckung in das Gesamthandsvermögen nur Gesellschaftsgläubigern zu erlauben.

[33] Vgl. aber *Pohle* JZ 1961, S. 175; *Hueck* § 22 IV 3, S. 339.

[34] a. A. *Kornblum* BB 1970, S. 1445 (1454) Zusammenfassung.

[35] *Kornblum* a.a.O. zielt mit seiner Unterscheidung Gesamtschuld-/Gesamthandsschuldklage wieder auf Restriktion des § 736 ZPO ab, vgl. oben FN. 32 und unten FN. 40.

[36] Zur Vollstreckung in die Eigenvermögen auf Grund von Urteilen, die in den Fällen der §§ 736, 740 II, 747 ZPO bei notwendiger Streitgenossenschaft ergangen sind, vgl. unten FN. 39.

[37] Zur ratio legis des § 62 ZPO vgl. *Stein / Jonas* § 62 Bem. I.

Soweit der Gläubiger nur mit seiner Gesamthandsklage durchdringen soll, weil mindestens ein Streitgenosse persönliche Einwendungen, § 425, erheben konnte, so ist dies im Einzelurteil ggf. durch Haftungsvorbehalt[38] zu berücksichtigen. Die begriffliche Unterscheidung zwischen Gesamtschuldklage und Gesamthandsklage zielt bei dieser Gesamthandsgruppe (BGB-Gesellschaft, Gütergemeinschaft, Erbengemeinschaft) nicht auf eine Unterscheidung von zwei Parteien hin; vielmehr betrifft sie das Verhältnis der streitgenössischen Einzelprozesse und die Aufnahme von Haftungsbeschränkungen in die Endurteile. Die Urteile ergehen in den Fällen der §§ 736, 740 II, 747, gegen die Gesamthänder persönlich und können stets in die Privatvermögen vollstreckt werden[39]. Es steht im Belieben der Gesamthänder, der Vollstreckung in ihre Privatvermögen zu begegnen.

Das Prozeßrecht trägt der eigenen Rechts- und Verpflichtungsträgerschaft durch die Gesamthandsgemeinschaften der §§ 705 ff; 1415, 1450 ff. 2032 ff. keine Rechnung[40].

---

[38] BGH LM § 780 Nr. 3: Bei vertraglicher Haftungsbeschränkung auf bestimmte Gegenstände sind diese im Tenor aufzuführen. *Staudinger / Keßler* § 714 Rdn. 19, § 718 Rdn. 12 Tenor muß zum Ausdruck bringen, daß Zahlung nur aus dem Gesamthandsvermögen. *Erman / Bartholomeyczik* § 2059 Rdn. 9 a. E. führen aus, daß Haftungsvorbehalt auch gegenüber Gesamthandsklage zulässig ist. Dies ist nötig, weil das Urteil stets gegen den Gesamthänder ergeht und dann Vollstreckung in das Privatvermögen ermöglicht.

[39] Vgl. *Kornblum* BB 1970, S. 1445 (1452); *Noack* JR 1971, S. 223 (224). Dies muß auch für die Gütergemeinschaft gelten, § 740 II ZPO!

[40] Unterscheidet mithin nicht zwischen Privat- und Gesamthandsgläubigern. Die Vollstreckung gem. §§ 736, 740 II, 747 ZPO in die Gesamthandsvermögen verlangt „einen Titel gegen alle Gesamthänder". Entgegen der h. M. will *Kornblum* S. 62/63; *ders.* BB 1970, S. 1445 (1451) aus dem Wortlaut der Vorschriften das besondere Erfordernis ableiten, daß der Titel gegen alle Gesamthänder in einem Verfahren erlangt wurde: Das Gesamthandsvermögen solle vorrangig Gesellschaftsgläubigern offenstehen. Dem Titel jedoch sieht man nicht an, ob die Schuldner Streitgenossen nach § 59 ZPO oder §§ 59, 62 ZPO waren. Für die Gegenposition:
(1) BGB-Gesellschaft, § 736 ZPO
*Motive* II S. 427 ff.; *Staudinger / Keßler* § 718 Rdn. 10; 12; *Esser* § 95 V 3, S. 291; *Larenz* II § 56 V a, S. 303; *Erman / Schulze / Wenck* § 718 Rdn. 4; *Stein / Jonas / Münzberg* § 736 Bem. II.
(2) Gütergemeinschaft unter gemeinschaftlicher Verwaltung, § 740 II ZPO
Die Literatur betont, daß bei Gemeinschaftsverwaltung Einzeltitel nötig sind, damit die persönlichen Gläubiger einen Titel zur Vollstreckung in Vorbehalts- und Sondergut erlangen. — Ob ein Gläubiger, dem persönlich beide Ehegatten schulden, ohne daß gleichzeitig eine Gesamtgutsverpflichtung vorliegt, auf Grund der Einzeltitel in das Gesamtgut vollstrecken kann, wird — soweit ersichtlich — als praktisch rarer Fall — nicht abgehandelt, vgl. *Stein / Jonas / Münzberg* § 740 Bem. II 3. Erlaubt man die Vollstreckung, dann ergibt sich eine Durchbrechung des Grundsatzes der gemeinschaftlichen Verwaltung, und den Gesamtgutsgläubigern wird das ihnen haftende Vermögen entzogen.
(3) Miterbengemeinschaft, § 747 ZPO
BGHZ 53, S. 110, (114) mit weitergehender Differenzierung; *Wieczorek* § 747

## § 21 Folgerungen für das Verfahrensrecht

Die Vollstreckung gegen diese Gesamthandstypen geschieht auf Grund von Titeln gegen die Gesamthänder auch dann, wenn nach materiellem Recht nur das Sondervermögen der Befriedigung des Gläubigers zur Verfügung steht. In diesem Falle haben die Gesamthänder den Gebrauch der gegen sie gerichteten Titel zu beschränken[41].

Gilt es ausschließlich die materielle Gesamthandsschuld durchzusetzen, weil die Gesamtschulden mit Einwendungen erfolgreich bekämpft wurden, verurteilt das Gericht gleichwohl die Gesamthänder persönlich und nimmt den Haftungsvorbehalt in den Tenor auf[42]. Die Gesamthand haftet, und die Gesamthandsschuld besteht. Über den Bestand der Gesamtschulden hat das Gericht erkannt[43]: Sein negatives Urteil spricht es durch den Haftungsvorbehalt aus, da Klagabweisung insoweit nicht möglich ist.

Andernfalls — wenn der Gläubiger allein auf Grund der Gesamtschulden durchdringt, der Gesamthandsschuld aber Einwendungen entgegenstehen — bedarf es keines Haftungsvorbehaltes. Die Gesamtschuldner werden verurteilt, und der Privatgläubiger kann nun auch in das Sondervermögen vollstrecken[44]. §§ 736, 740 II, 747 ZPO.

---

Anm. A I b; *Schönke / Baur* § 18 A, S. 86; *Stein / Jonas / Münzberg* § 747 Bem. I 1 solange nicht Nachlaßverwaltung § 1984 od.-konkurs §§ 14, 221 KO; *v. Lübtow* S. 1182.
Die Zusammenstellung ergibt, daß bei oHG, KG, nichtrechtsfähigem Verein und echter Gründungsgesellschaft das Sondervermögen in der Einzelvollstreckung (§§ 124 II, 161 II HGB, § 735 ZPO) und im Konkurs (§§ 209, 213 KO) vorrangig den Gesellschaftsgläubigern dient. Dogmatisch und gesetzestechnisch geschieht dies durch Anerkennung eigener Rechts- und Verpflichtungsträgerschaft im materiellen Recht und im Prozeßrecht. Privatgläubiger erhalten nur etwaige Auseinandersetzungsguthaben. Innerhalb der zweiten Gesamthandsgruppe steht nach h. M. das Sondervermögen Privat- und Gesellschaftsgläubigern in der Einzelzwangsvollstreckung gleichermaßen offen (§§ 736, 740 II, 747 ZPO), während seine „Konkursfähigkeit" darüber entscheidet, ob die Gesellschaftsgläubiger eine „Kollektivvollstreckung" beantragen können, § 236 a KO (Gütergemeinschaft), § 217 KO (Nachlaßkonkurs), in der sie die Privatgläubiger vom Zugriff ausschließen (bei der BGB-Gesellsch. nach h. M. nicht möglich).
[41] Str., ob nach § 766 ZPO (Erinnerung), § 767 ZPO (Vollstreckungsgegenklage) oder § 771 ZPO (Drittwiderspruchsklage), vgl. unten § 21.2; *Kornblum* BB 1970, S. 1445 (1454); *Bürk* ZZP 85 (1972), S. 391 (392 f.).
[42] Zu erwägen bleibt, ob das erkennende Gericht Einwendungen prüft oder ob Prüfung und Entscheidung dem Vollstreckungsgericht vorbehalten sind, vgl. u. § 21.2.
[43] Str., vgl. unten § 21.2 zu FN. 56.
[44] Zusammenstellung oben FN. 40; a. A. *Westermann* Rdn. 378, Urteil müsse auf Duldung der ZV in das Gesellschaftsvermögen lauten; *Kornblum* BB 1970, S. 1445 (1452), der in der Konsequenz zu seiner Sondermeinung erwägt, jede Vollstreckung in das BGB-Gesellschaftsvermögen setze einen Tenor voraus, der expressis verbis Zahlung aus dem Gesamthandsvermögen gebietet. Dies liefe auf einen dem Gesetz unbekannten Gesamthandstitel hinaus. Nicht eindeutig *Staudinger / Keßler* § 714 Rdn. 19 und § 718 Rdn. 12, die wohl der Ansicht von *Westermann* zuneigen.

Das Erkenntnis- und Vollstreckungsverfahren ignoriert die Selbständigkeit der Gesamthandsschuld. Die Gesamthand ist der Vollstreckung auch ohne materiellrechtliche Schuld ausgesetzt, wenn nur alle Gesamthänder schulden! Die Gesamthänder oder andere Gläubiger haben keine Möglichkeit, den Vollstreckungszugriff auf die Privatvermögen hinzulenken. Die gesamtschuldnerische Haftung schließt nach dem Tatbestand der §§ 736, 740 II, 747 ZPO die Gesamthandshaftung ein. Das Vollstreckungsrecht hebt in diesem Falle, in dem materiellrechtlich nur die Gesamthänder persönlich verpflichtet sind, die Selbständigkeit der Gesamthandsschuld und damit die Sonderung des Gesamthandsvermögens auf.

Damit wird die Dogmatik der selbständigen Gesamthandsschuld nicht insgesamt gegenstandslos. Sie behält ihren Erklärungswert im Fall der „Haftungsbeschränkung auf das Sondervermögen" und in den Prozessen gegen die oHG, die KG und den nichtrechtsfähigen Verein (§§ 124 I, 161 II HGB, § 735 ZPO). De lege ferenda wäre freilich wünschenswert, einheitliche und einfache Lösungen zu formulieren. Sie sollten die materiellrechtliche Sonderung des Gesamthandsvermögens auch prozessual anerkennen. Auch bei der BGB-Gesellschaft, der Gütergemeinschaft und bei der Miterbengemeinschaft sollte eine passive Parteifähigkeit der Gesamthand anerkannt werden. Damit würde im Prozeßrecht das ungelenke System der Haftungsbeschränkungen entfallen, das sich im materiellen Recht als unhaltbar erwiesen hat[45] und weitere Schwierigkeiten bereitet, die sogleich darzustellen sind.

### 21.2 Haftungsbeschränkungen des Prozeßrechts und Schuldenordnung des materiellen Rechts — Urteilstenor

Bei *einer* Gruppe von Gesamthandsgemeinschaften verzichtet das positive Recht auf einen gesonderten Gesamthandstitel zur Vollstreckung der Gesamthandsschuld in das Sondervermögen. Das hat Ungereimtheiten zur Folge. Zum einen steht das Sondervermögen nun neben den Gesellschaftsgläubigern auch jedem beliebigen Gläubiger aller Gesamthänder offen. Zum anderen führt ein Ausschluß der persönlichen Haftung[46] eines oder aller Gesamthänder, vgl. § 425, nicht zur Klagabweisung, sondern zur Verurteilung unter Haftungsvorbehalt[47].

---

[45] Vgl. oben insbes. §§ 1, 2, 4, 17.

[46] Vgl. oben § 4 zur Rechtsnatur der sog. Haftungsbeschränkung. Die „Haftungsbeschränkung des Gesellschafters" läßt sich nicht als Einigung von Gläubiger und Schuldner bloß über das Vollstreckungsverfahren bezeichnen, vgl. *Kornblum* BB 1970, S. 1445 (1454).

[47] Eine ausdrückliche Regelung dieser Problematik fehlt, vgl. *Kornblum* BB 1970, S. 1445 (1452). Angesichts dieser Verfahrensgestaltung ist jeder Rückschluß auf die materielle Schuldenlast unzulässig, a. A. *Kornblum* S. 38, 39.

§ 21 Folgerungen für das Verfahrensrecht

Das Fehlen eigener materieller Verpflichtung kann der Gesellschafter nach freiem Belieben, aber erst gegenüber einem bestimmten Zwangsvollstreckungsakt durchsetzen. In der ungewöhnlichen Verschiebung der materiellrechtlichen Überprüfung[48] in einen späteren Verfahrensabschnitt findet das dogmatische Bestreben, im materiellen Recht zwischen Schuld und Haftung zu unterscheiden, eine weitere Ursache. Die Ausgestaltung des Prozeßrechts hat Ausnahmecharakter[49] und kann prinzipiell schon deswegen nicht zur Grundlage der Theorie genommen werden, die stets individuelle Schulden der Gesamthänder annimmt und nach Haftungskreisen differenziert. Eine weitere Argumentation im engeren Kreis des materiellen Rechts sei angefügt.

Die individuelle Verpflichtung verhaftet das Schuldnervermögen (Identität von Rechts- und Verpflichtungsträger). Darin befindet sich allein der zum subjektiven Recht ausgeformte Anteil am Gesamthandsvermögen. Dieser ist zum Teil unpfändbar, § 1419 I, § 860 ZPO. Soweit er der Pfändung unterworfen ist, §§ 725 I, 2033 I, § 859 ZPO, erhält der Gläubiger nur das Auseinandersetzungsguthaben, §§ 734, 2047 I, nicht aber die gesamthänderischen Gegenstände, auf die sich die Schuld ihrem Inhalte nach richtet. Die Teilnahme am Auseinandersetzungsverfahren und die Erfüllung des primären Anspruchs sind ganz verschiedene rechtliche Ergebnisse. Individuelles Schulden führt mithin nie auf die Gesamthandsgegenstände selbst hin. Sie stehen in anderer Rechtszuständigkeit[50].

Gleichzeitiges Schulden aller Gesamthänder ohne Verhaftung der Privatvermögen bedeutet Haftung des Gesamthandvermögens[51] angeblich ohne Gesamthandsschuld. Für das materielle Recht wird damit die Funktion der Schuld voll in den Begriff der Haftung verschoben. Für das Prozeßrecht ist bei einer Gruppe[52] der Gesamthandsgemeinschaften zwar nach der lex lata richtig die Parteistellung aller Gesamthänder angesprochen, wird aber verdeckt, daß die materielle Schuldenordnung nur in ungewohnten Verfahrensabschnitten zu prüfen ist[53]. Die Beson-

---

[48] Str., wenigstens die spätere Geltendmachung, vgl. § 21.2.

[49] Im Verzicht auf den Gesamthandstitel würde die dualistische Theorie zwar eine logische Regelmäßigkeit erblicken, jedoch müßte auch sie den Ausnahmecharakter beim modus operandi der Haftungsbeschränkung bejahen, namentlich im Vergleich aller Gesamthandsgesellschaften.

[50] Vgl. oben § 12.2 und § 15.1 zur Rechtsträgerschaft und § 19 zur Gütergemeinschaft.

[51] *Stein / Jonas / Münzberg* § 736 Bem. I, die Mitgesellschafter machen gesamthänderische Rechtsträgerschaft mit der Drittwiderspruchsklage geltend, nicht setzen sie einen Haftungsbeschränkungsvertrag vollstreckungsrechtlicher Rechtsnatur mit der Erinnerung, § 766 ZPO, durch — dazu *Bürk* ZZP 85 (1972) S. 391 (32 f.).

[52] Nämlich BGB-Gesellschaft, Gütergemeinschaft und Erbengemeinschaft.

[53] Im Erkenntnisverfahren wird der Gesamthänder unter Vorbehalt verurteilt, im Vollstreckungsverfahren ist der Vorbehalt durchzusetzen, vgl. i. E. sogleich und oben § 21.1.

derheit liegt also in einer atypischen Verteilung von Prüfungsgegenständen auf die Abschnitte des Erkenntnis- und Vollstreckungsverfahrens, nicht in einer gesetzlichen Unterscheidung von Schuld und Haftung. Das Verfahren der Haftungsbeschränkung ist im Gesetz ebensowenig geregelt wie der persönliche Schuldausschluß eines Gesamthänders. Die Gesetzeslücke wird durch analoge Anwendung der §§ 780 ff. ZPO gefüllt Ein Hinweis auf die Streitpunkte[54] rundet die Darstellung ab.

Den Vorbehalt der Haftungsfreiheit seines Privatvermögens muß der Gesamthänder in das Urteil aufnehmen lassen[55]. Streitig ist, ob das Gericht die Begründetheit des Haftungsvorbehaltes prüfen muß. Ein Teil der Literatur[56] bejaht dies für den Fall, daß der Gläubiger gleichzeitig bei einem Gericht alle Gesamthänder verklagt und alle persönliche Haftungsfreiheit vorträgt. Dann solle das erkennende Gericht darüber entscheiden und im Tenor aussprechen müssen, daß Zahlung nur aus dem Gesamthandsvermögen zu erfolgen habe.

Nach anderer Ansicht steht es dem Gericht frei, die sachliche Begründetheit des Haftungseinwandes zu überprüfen oder den Vorbehalt formell in den Tenor aufzunehmen[57]. Der Vorzug ist freilich einer obligatorischen Prüfung und Entscheidung zu geben. Untersucht und verneint das Gericht z. B. zuerst die Gesamtschulden, kommt es — wie dargelegt[58] — nicht zu einer Klagabweisung, sondern muß das Gericht sogleich die Begründetheit der Gesamthandsschuld beurteilen. Erst wenn es die letztere Verpflichtung auch verneint, darf die Klage abgewiesen werden. Untersucht und bejaht das Gericht zuerst die Gesamthandshaftung, wäre ein alsbaldiger Erlaß eines Vorbehaltsurteiles vertretbar. Doch sollte die Reihenfolge der Prüfung nicht maßgebend für den Prüfungsumfang sein. Der sachliche Zusammenhang von Gesamthandsschuld und Gesamtschuld wie auch prozeßökonomische Gründe verlangen, daß stets beide Schulden bereits im Erkenntnisverfahren geprüft werden.

Einigkeit ist wiederum darin anzutreffen, daß dem Gesamthänder die Initiative zufällt gegenüber einem konkreten Akt der Zwangsvoll-

---

[54] Die Kommentare und Lehrbücher nehmen bei der Darstellung des Gesamthandsrechtes kaum Stellung zum Verfahren.

[55] Andernfalls stehe die Rechtskraft des vorbehaltslosen Urteiles einer späteren Haftungsbeschränkung entgegen, vgl. *Baumbach / Lauterbach* § 780 Anm. 2 B; *Stein / Jonas / Münzberg* § 780 Bem. II 1 a zum Erbrecht; allgemein *Schönke / Baur*, § 11 III, S. 44; unmittelbar zum Gesamthandsrecht *Esser* § 95 V, S. 291; a. A. *Westermann* Rdn. 378; *Kornblum* BB 1970, S. 1445 (1453).

[56] *Westermann* Rdn. 378; *Staudinger / Keßler* § 714 Rdn. 19.

[57] *Kornblum* BB 1970, S. 1452 FN. 113 - 115 unter Berufung auf Literatur, die ausschließlich das Erbrecht behandelt.

[58] Vgl. oben § 21.1.

§ 21 Folgerungen für das Verfahrensrecht

streckung in sein Privatvermögen die Haftungsfreiheit geltend zu machen. Sofern das erkennende Gericht die sachliche Begründetheit des Haftungsvorbehaltes beurteilt hat, bleibt dem Vollstreckungsverfahren die Klärung, ob der gepfändete Gegenstand zum Vermögen der Gesamthand oder zum Vermögen des Gesamthänders gehört. Die Vollstreckungsklage, §§ 785, 767 ZPO analog, erscheint als das zulässige Rechtsmittel[59]. Das Vollstreckungsgericht hat nun über die sachenrechtlichen Verhältnisse zu erkennen. Allein diese Lösung besitzt Praktikabilität. Der Tenor des erkennenden Gerichts kann keine vollstreckungsrechtlich bestimmte Beschreibung, Auflistung von allen Gesamthandsgegenständen enthalten. Im Zeitpunkt der Urteilsfällung ist der Umfang des Gesamthandsvermögens zwar bestimmbar, aber noch nicht bestimmt[60].

Dem Grundsatz der Prozeßökonomie widerspricht in diesem Zeitpunkt das Bemühen um eine Vermögenserfassung, die möglicherweise im Vollstreckungsverfahren unproblematisch bleibt oder nach dem Willen eines Gesamthänders nicht in Streit gezogen werden soll. — Anders liegen die Verhältnisse bei gegenständlichen Haftungsbeschränkungsverträgen. Durch sie werden bei einheitlicher Rechtsträgerschaft dem Schuldner sachenrechtlich bestimmte Gegenstände vorbehalten. Durch positive Aufzählung oder negative Beschreibung von Sachen und Rechten wird das Zugriffsrecht des Gläubigers beschränkt. Für diesen Fall verlangt der BGH[61], daß das erkennende Gericht über die Haftungsbeschränkung entscheidet und im Tenor die haftungsfreien Gegenstände bezeichnet.

---

[59] *Kornblum* BB 1970, 1445 (1454) — Erhebung der Drittwiderspruchsklage als unzulässig anzusehen, nachdem der Gesamthänder, auf den ja der Titel lautet, kein echter Dritter mehr ist.

[60] Im Unterschied zur Bestimmtheit in den Fällen haftungsrechtlicher Fortwirkung ehemaliger Rechtsträgerschaft und Vermögenseinheit, vgl. oben § 5.1.

[61] BGH LM Nr. 3 zu § 780 ZPO = ZZP 68 (1955), S. 101; vgl. aber auch allgemein: *Emmerich* ZZP 82 (1969), S. 417 (433), daß die Rechtskraft des Urteils nie dem Schuldner die Berufung auf vor Urteilserlaß geschlossene Vollstreckungsverträge abschneidet, m. w. N. in FN. 84, § 767 II ZPO direkt oder analog nicht anzuwenden ist. Speziell für gegenständliche Haftungsbeschränkungsverträge: Präklusion durch Rechtskraft des vorbehaltlosen Urteils *Bartels* Anm. in JW 1933, S. 2849; *A. Blomeyer* AcP 165 (1965), S. 481 (495); *Stein / Jonas / Münzberg* § 766 Bem. II 1 der zwischen materiellrechtlichen (vor Beendigung des Erkenntnisverfahrens) und Prozessualen (Haftungsbeschränkung nach Erlaß des Urteils) unterscheidet; ähnlich *Schönke / Baur* § 7 II 3, S. 36.

## § 22 Identität des Gesamthandvermögens im materiellen Recht — Regelungsbereich des Anwachsungsprinzips

### 22.1 Identität des Gesamthandvermögens

Das Gesamthandsvermögen mit Aktiva und Passiva wird systematisch ausgegrenzt durch die eigenständige Rechtsträgerschaft der Gesamthand. Tatsächlich unterscheiden sich mehrere Gesamthandsgesellschaften durch die Verschiedenheit ihres jeweiligen Zweckes und ihrer jeweiligen Mitglieder. Bei personengleichen Gesamthandsgesellschaften wird man z. B. im Rahmen des § 771 ZPO oder der §§ 387, 719 II, 1419 II, 2040 II genötigt, den Tatbestand[62] „Rechtsträgerschaft" durch Rückgriff auf den Zweckbezug zu klären[63]. Dieses Verfahren, an wirtschaftliche, soziologische etc. Lebenszusammenhänge anzuknüpfen, zeigt keine Besonderheit und deutet nicht an, besser den Zweck zu einem System- und Strukturmerkmal zu erheben. Die Gesamthand erlangt im Vermögensrecht ihre Identität durch die Rechtsträgerschaft. Beispiele sollen den Satz veranschaulichen.

Bei personengleichen Erbengemeinschaften[64] verlangt die Schuldenordnung eine klare Abgrenzung unterschiedlicher Rechtssubjektivität. Dem Nachlaßgläubiger des einen Erblassers steht als Verpflichtungssubjekt neben den Gesamthändern, § 2058, nur die Erbengemeinschaft nach diesem Erblasser gegenüber. Für eine Aufrechnung gegen Forderungen des anderen Erblassers fehlt es an der Gegenseitigkeit. Die Rechtssubjektivität der einen Erbengemeinschaft setzt sich gegenüber der der anderen ebenso ab[65] wie gegenüber den einzelnen Gesamthändern i. R. des § 2040 II. Die Schuldenordnung weist den jeweiligen Nachlaß den Gläubigern des jeweiligen Erblassers vorrangig zu[66]. Die Haftungsordnung mit prozessualen Haftungsbeschränkungen regelt den Gläubigerzugriff auf die persönlichen Vermögen der Gesamthänder.

Die eigene Rechtssubjektivität macht unmittelbar verständlich, daß zwischen personengleichen Gemeinschaften Rechtsbeziehungen möglich sind und ihr Schicksal sich nach allgemeinen Grundsätzen bestimmt. Rechtsübertragungen von einer Gesamthand auf eine personengleiche

---

[62] So schon *Schönfeld* FS Reichsgericht II (1929), S. 223 ff. — ein Tatbestand, dessen Merkmale hier im Gegensatz zur dualistischen Lehre über natürliche Personen und juristische Person erweitert werden.

[63] Dem folgend zwecks Unterscheidung personengleicher Erbengemeinschaften im Grundbuch anzugeben, nach welchem Erblasser die Gesamthand entstanden ist, § 47 GBO, vgl. OLG Köln OLGZ 1965, 117.

[64] Zur Bildung einer oHG im Güterstand der Gütergemeinschaft vgl. neuerdings BGH FamRZ 1975, S. 572 mit Anm. Beitzke.

[65] Im Ergebnis ebenso *Bartholomeyczik* § 36 I 8, S. 231.

[66] Im Nachlaßkonkurs sogar ausschließlich, dazu vgl. oben § 6.2.

§ 22 Folgerungen für das materielle Recht

andere folgen den §§ 398, 413, 873, 925, 929 ff.[67]. Einsichtig wird zugleich, daß die Umwandlung von Bruchteils- in Gesamthandseigentum konstruktiv als Rechtsübertragung[68] zu erfassen ist. Die Bruchteilsberechtigten übertragen jeder seinen Anteil, § 747 S. 1, auf das Rechtssubjekt Gesamthand, §§ 929, 873, 925 analog.

Anzuführen sind zwei weitere Fallgruppen, deren Eigenarten eine Differenzierung verlangen: Die Umwandlung von oHG zu BGB-Gesellschaft und die Verschiebung eines Gegenstandes innerhalb personengleicher Gesamtgesellschaften[69] durch Zweckänderung. Fraglich ist, inwieweit die angeführten Veränderungen die Identität der Gesamthandsgesellschaft (Rechtsträgerschaft) berühren.

Schrumpft eine oHG dem Umfange nach zu einem Kleingewerbe zusammen oder vergrößert umgekehrt eine BGB-Gesellschaft ihren Geschäftsumfang i. S. der §§ 2, 4 HGB, dann bleiben Gesellschaftszweck und die Identität der Gesamthandsgesellschaft unverändert. Rechtsübertragungen werden nicht erforderlich[70]. Ein Wechsel tritt nur bezüglich des einschlägigen Rechtsstatuts ein[71], §§ 105 ff. HGB bzw. §§ 705 ff. Darin herrscht weithin Einigkeit.

Umstritten aber ist die Frage, ob ein Gesamthandsrecht durch gesellschaftsvertragliche Änderung seines Zweckbezuges in das Vermögen einer anderen, personengleichen Gesamthand überführt werden kann[72] oder ob es dazu einer Rechtsübertragung bedarf[73]. Zustimmung verdient die letztere Ansicht. Bei Grundstückseigentum bestände sonst „die Gefahr, daß die Beteiligten zur Umgehung einer notwendigen Auflassung sich auf eine in Wirklichkeit nicht getroffene mündliche

---

[67] OLG Köln OLGZ 1965, S. 117 (Grundstücksübertragung zwischen personengleichen Erbengemeinschaften); *Hueck* § 1 III, S. 18, Eigentumsübertragung zwischen personengleichen oHG, m. w. N. der Rspr.; prinzipiell konträr, aber mit gleichem Ergebnis *Schulze-Osterloh* S. 198 ff., 204 (unter 3) und m. w. N. in FN. 71 zum Wechsel unter personengleichen BGB-Gesellschaften; RGZ 136, 402 (Grundstücksübertragung zwischen personengleicher oHG und BGB-Gesellschaft); OLG Hamm DNotZ 1958, S. 416 (Erbengemeinschaft auf KG).

[68] Umwandlung Erbengemeinschaft in Bruchteilsgemeinschaft: BGHZ 21, 229.

[69] Ungenau *Schulze-Osterloh* S. 198, der von Änderung des Zweckes des gemeinschaftlichen Gegenstandes spricht.

[70] RGZ 155, 76 (85 f.); vgl. auch BGHZ 32, 307; BGH BB 1962, S. 349. Zu der Frage, ob nachträgliches Schrumpfen des Geschäftsvolumens die Wirksamkeit des Gesellschaftsvertrages berührt, vgl. *Battes* AcP 174 (1974), S. 429 (457 f.).

[71] Zu einer weiteren Veränderung im Geschäftsbetrieb *Hueck* § 1 III 2, S. 16: Verpachtung des Betriebes an eine Betriebs-GmbH.

[72] So *Larenz* JJ 83 (1933), S. 161; *Kaufmann* S. 75.

[73] So *Engländer* S. 212; *Staudinger / Seufert* §§ 925, 925 a Rdn. 11; RGZ 136, 402 (404).

Vereinbarung berufen könnten, um so im „Berichtigungswege" eine Eintragung zu erlangen, die das Grundbuch unrichtig machen würde, ohne daß der Grundbuchrichter es verhindern könnte"[74]. Eine formelle Rechtsübertragung trägt den Interessen des Gesamthandgläubigers Rechnung, der so nicht im Ungewissen bez. des gesamthänderischen Vermögensstandes bleibt. — Konstruktiv folgt das Erfordernis der Übertragung wiederum sogleich aus der eigenständigen Rechtssubjektivität auch personengleicher Gesamthandsgesellschaften.

*22.2 Regelungsbereich des Anwachsungsprinzips*
Scheidet ein Gesellschafter aus der Gesellschaft aus, so wächst sein Anteil am Gesellschaftsvermögen den übrigen Gesellschaftern zu, § 738 I 1. Die Vertreter der dualistischen Theorie messen dem Anwachsungsprinzip durchweg sachenrechtliche Bedeutung zu und schätzen es als Wesensmerkmal der Gesamthand ein[75]. Sie sehen den Gesamthänder als natürlichen Rechtsträger an und benötigen eine Erklärung für den Fortfall der Rechtszuständigkeit bei dem Ausscheidenden[76]. Da die verbleibenden Gesamthänder nach dieser Theorie bereits über eigene Vollrechtszuständigkeit verfügen, tritt eine Änderung nur hinsichtlich der personalen Bindung in der Rechtsausübung ein. Wer allerdings sachenrechtlich nicht faßbare Anteile am Einzelgegenstand als Vorstellungsbild[77] bejaht, für den beinhaltet die Dekreszenz einen gesetzlichen Rechtsübergang. — Angesichts der eigenen Rechtssubjektivität muß demgegenüber hier jede sachenrechtliche Bedeutung des Anwachsungsprinzips[78], § 738 I 1, verneint werden. Die Gesamthand als Rechtsträger ist unabhängig von dem wechselnden Mitgliederbestand gerade wie die juristische Person[79]. Die Bedeutung des § 738 I 1 ist in einer vermögensrechtlichen Sicherung des Ausscheidenden[80] zu sehen, der in Höhe seines fiktiven Auseinandersetzungsguthabens einen Ausgleichsanspruch erhält. Seine Rechtsbeziehungen zu den ehemaligen Mitgesellschaftern wie sein Verhältnis zur Gesamthand werden nicht

---

[74] RGZ 136, 402 (404) und 407.
[75] *Soergel / Schultze-v. Lasaulx* Rdn. 39 vor § 705; *Staudinger / Keßler* Rdn. 44 c vor § 705; RGRK-BGB-*Fischer* § 738 Anm. 1; dagegen *Schulze-Osterloh* S. 128 unter Berufung auf die Gesetzgebungsgeschichte — vgl. aber oben § 15.3 zu ihrer dogmatischen Indifferenz.
[76] Kein Rechtsübergang *Huber* S. 64.
[77] *Schulze-Osterloh* S. 127 f., 130.
[78] Gleichermaßen die sog. Akkreszenz zugunsten des Eintretenden.
[79] Zutreffend *Huber* S. 63. Die Mitgliedschaft ist abtretbar grundsätzlich wie bei den juristischen Personen, vgl. *Flume* FS Larenz (1973), S. 769 und ständige Rspr. seit RG DNotZ 1944, S. 195; BGHZ 13, 179; 45, 221.
[80] Insoweit auch *Schulze-Osterloh* S. 128.

## § 22 Folgerungen für das materielle Recht

durch Akkreszenz und Dekreszenz, sondern nach Vertrags- und „Sozialrecht" abgewickelt.

Vom Vorstehenden setzt sich allerdings der Regelungsgehalt des § 142 HGB ab, für den Literatur und Rechtsprechung gleichermaßen den Terminus „Anwachsung" verwenden. „Ein Ausscheiden eines Gesellschafters im eigentlichen Sinn ist nur möglich, wenn mindestens zwei Gesellschafter übrig bleiben, die die oHG fortsetzen[81]." Sind nur zwei Gesellschafter vorhanden und scheidet dann einer aus, so gibt das Gesetz dem verbleibenden unter bestimmten Voraussetzungen ein Übernahmerecht[82]. Macht er davon Gebrauch, dann gehen alle Rechte ohne rechtsgeschäftlichen Akt auf ihn über (sog. Anwachsung)[83]. Mit der Modifikation, daß es sich um einen gesetzlichen Rechtsübergang vom Rechtsträger Gesamthand auf den Übernehmer handelt, kann der Lösung gefolgt werden.

Dogmatische Brauchbarkeit und Bedeutung eigener Rechtssubjektivität der Gesamthand wurden in ausgewählten Problembereichen erläutert. Damit ist ein Rahmen gesetzt, innerhalb dessen auch zu belegen wäre, daß Vorgesellschaft und juristische Person ihre Identität[84] in der Rechtsträgerschaft der nichtrechtsfähigen Personengemeinschaft finden.

---

[81] *Hueck* § 30 I, S. 464.
[82] Analog § 142 HGB nach Rspr. auch dem BGB-Gesellschafter, BGHZ 32, 307 (314 ff.); zum Streitstand in der Literatur *Huber* S. 67 FN. 15; *Rimmelspacher* AcP 173 (1973), S. 1.
[83] *Hueck* § 30 III, S. 468; *Huber* S. 66.
[84] Vgl. dazu *Schultze-v. Lasaulx* FS Olivecrona (1964), S. 576; *Rittner* S. 126 ff. 134, 328 ff.; *Büttner* Identität und Kontinuität bei der Gründung juristischer Personen, 1967.

# Literaturverzeichnis

*Affolter*, A.: Die rechtliche Natur der offenen Handelsgesellschaft, ArchBürgR 5 (1891), S. 1.
— Zur Lehre der Gesellschaft, ArchBürgR (1910), S. 225.
Aktiengesetz, Großkommentar, 3. neu bearb. Aufl., 1. Band, 1. Lieferung §§ 1 bis 53, Bearbeiter: Meyer / Landrut, Würdinger / Barz; zit.: AktG-Großkomm.
*Amira*, Karl v.: Nordgermanisches Obligationenrecht, Bd. I, Leipzig 1882.
*Bachof*, Otto: Teilrechtsfähige Verbände des öffentlichen Rechts. Die Rechtsnatur der technischen Ausschüsse des § 24 der Gewerbeordnung, AöR 83 (1958), S. 208.
*Bärmann*, Johannes: Das neue Ehegüterrecht, AcP 157 (1958/1959), S. 145.
*Baligand*, Albert v.: Der Ehevertrag, München 1906.
*Ballerstedt*, Kurt: Der gemeinsame Zweck als Grundbegriff des Rechts der Personalgesellschaften, JuS 1963, S. 253.
— Zur Haftung für Culpa in contrahendo bei Geschäftsabschluß durch Stellvertreter, AcP 151 (1950/1951), S. 501.
*Barner*: Die Arbeitsgemeinschaft in der Bauindustrie als besonderer gesellschaftlicher Typus, Diss. Mannheim 1971.
*Bartels*: Anmerkung zu LG Dresden, JW 1933, S. 2849.
*Bartholomeyczik*, Horst: Das Gesamthandsprinzip beim gesetzlichen Vorkaufsrecht der Miterben, in: Festschrift für Hans Carl Nipperdey, Berlin 1965.
— Erbrecht, 9. ergänzte Aufl., München 1971.
*Battes*, Robert: Rechtsformautomatik oder Willensherrschaft? Die Unzulässigkeit der gewählten Rechtsform und ihr Einfluß auf Bestand und Rechtsverhältnisse der Personengesellschaften, AcP 174 (1974), S. 429.
*Baumbach / Hefermehl*: Wechselgesetz und Scheckgesetz, 11. Aufl., München 1973.
*Baumbach / Hueck*: Aktiengesetz, 13. Aufl., München 1968.
*Baumbach / Lauterbach*, *Albers / Hartmann*: Zivilprozeßordnung, 32. Aufl., München 1974.
*Baumgärtl*, Gottfried: Wesen und Begriff der Prozeßhandlung einer Partei im Zivilprozeß, Berlin und Frankfurt 1957.
*Baur*, Fritz: Der Konkurs der Vorgesellschaft, DRZ 1950, S. 9.
— Lehrbuch des Sachenrechts, 7. neubearbeitete Aufl., München 1973.
— Zivilprozessuale Fragen zum Gleichberechtigungs- und zum Familienrechtsänderungsgesetz 1961, FamRZ 1962, S. 508.
— Der Testamentsvollstrecker als Unternehmer, in: Festschrift für Hans Dölle Bd. I, S. 249, Tübingen 1963; zit.: FS Dölle I.

*Baur*, Jürgen: Investmentgesetze, Kommentar, Berlin 1970.

*Beitzke*, Günther: Familienrecht, 16. erg. Aufl., München 1972.

*Berman*, Harold J.: Justice In Russia, An Interpretation Of Soviet Law, Harvard University Press, Cambridge/Mass. 1950.

*Beseler*, Georg: System des gemeinen Deutschen Privatrechts, 2. Aufl., Berlin 1866; zit.: System.

— Volksrecht und Juristenrecht, Leipzig 1843; zit.: Volksrecht.

*Binder*, Julius: Das Problem der juristischen Persönlichkeit, Leipzig 1907; zit.: Persönlichkeit.

— Die Rechtsstellung des Erben nach dem deutschen Bürgerlichen Gesetzbuch, III. Teil, Leipzig 1905.

*Binz*, Harald: Das Handelsgeschäft als Sacheinlage bei der Gründung einer Aktiengesellschaft, Diss. Mainz 1972.

*Blomeyer*, Arwed: Einzelanspruch und gemeinschaftlicher Anspruch von Miterben und Miteigentümern, AcP 159 (1960/1961), S. 385.

— Rechtskraft- und Gestaltungswirkung der Urteile im Prozeß auf Vollstreckungsgegenklage und Drittwiderspruchsklage, AcP 165 (1965), S. 481.

*Blomeyer*, Jürgen: Die Rechtsnatur der Gesamthand, JR 1971, S. 397.

*Boehmer*, Gustav: Einige kritische Gedanken zum Gleichberechtigungsgesetz, in: Festschrift für Justus Wilhelm Hedemann, Berlin 1958, S. 24; zit.: FS Hedemann.

— Erbfolge und Erbhaftung, Halle 1927.

*Boesebeck*, Ernst: Die kapitalistische Kommanditgesellschaft, Frankfurt a. M. 1938.

*Bötticher*, Eduard: Anmerkung zu BGH Urt. v. 24. 4. 1963, JZ 1964, S. 722.

— Die Konkursmasse als Rechtsträger und der Konkursverwalter als ihr Organ, ZZP 77 (1964), S. 55.

*Brecher*, Fritz: Subjekt und Verband, Prolegomena zu einer Lehre von den Personenzusammenschlüssen, in: Festschrift für Alfred Hueck, München und Berlin 1959.

*Breetzke*, Ernst: Anmerkung zu LG Berlin Urt. vom 29. 11. 1960, NJW 1961, S. 1406.

*Brodmann*, Erich: Gesetz betr. die Gesellschaften mit beschränkter Haftung, 2. verb. Aufl., Berlin und Leipzig 1930.

*Brox*, Hans: Die Vinkulierung des Vermögens im ganzen sowie der Haushaltsgegenstände und ihre Auswirkungen im Zivilprozeß, FamRZ 1961, S. 281.

*Buchda*, Gerhard: Geschichte und Kritik der deutschen Gesamthandlehre, Marburg 1936.

*Buchner*, Herbert: Gesellschaftsschuld und Gesellschafterschuld bei der OHG, JZ 1968, S. 622.

— Zur rechtlichen Struktur der Personengesellschaften, AcP 169 (1969), S. 483.

— Rezension Kornblum und Nicknig, AcP 175 (1975), S. 265.

*Bürck*, Harald: Erinnerung oder Klage bei Nichtbeachtung von Vollstreckungsvereinbarungen durch Vollstreckungsorgane?, ZZP 85 (1972), S. 391.

*Büttner*, Hermann: Identität und Kontinuität bei der Gründung juristischer Personen, Bielefeld 1967.

*Coing*, Helmut: Die Treuhand kraft privaten Rechtsgeschäfts, München 1973; zit.: Treuhand.

*Crüger / Crecelius:* Das Reichsgesetz betr. die Gesellschaften mit beschränkter Haftung, Berlin und Leipzig 1922.

*Dackweiler*, Edgar W.: Zur Rechtsstellung des Schuldners bei vereinbarungswidrigen Vollstreckungsmaßnahmen, JW 1934, S. 1155.

*Dantz*, J.: Die Haftung der Mitglieder eines nichtrechtsfähigen Vereins mit ihrem Vermögen, DJZ 1907, S. 378.

*Dernburg / Engelmann:* Deutsches Erbrecht, Halle 1905.

*Dilcher*, Gerhard: Rechtsfragen der sogenannten Vorgesellschaft, JuS 1966, S. 89.

*Dittrich:* Die sog. Exklusivverträge über prozessuale Rechtsverhältnisse, Diss. 1908.

*Dölle*, Hans: Familienrecht, Band I, Karlsruhe 1964.

— Neutrales Handeln im Privatrecht, in: Festschrift Fritz Schulz, II. Band, Weimar 1951, S. 268; zit.: FS Schulz.

*Doris*, Philippos: Die rechtsgeschäftliche Ermächtigung bei Vornahme von Verfügungs-, Verpflichtungs- und Erwerbsgeschäften, München 1974.

*Dregger*, Alfred: Haftungsverhältnisse bei der Vorgesellschaft vor AG, GmbH, Genossenschaft und Verein.

*Düringer / Hachenburg:* Das Handelsgesetzbuch, I. und II. Band, 3. Aufl., Mannheim, Berlin, Leipzig 1930 und 1932.

*Eccius:* Die Stellung der offenen Handelsgesellschaft als Prozeßpartei, ZHR 32 (1886), S. 1.

— Relative Nichtigkeit von Verfügungen des Gemeinschuldners und des Erben, Gruchot 50 (1906), S. 481.

*Eickmann*, Dieter Vollstreckungstitel und Vollstreckungsklausel gegen Personengesellschaften, Rpfl. 1970, S. 113.

*Engländer*, Konrad: Die regelmäßige Rechtsgemeinschaft, Teil I: Grundlegung, Berlin 1914.

*Enneccerus / Lehmann*, Recht der Schuldverhältnisse, 15. Bearb., Tübingen 1958.

*Enneccerus / Nipperdey:* Allgemeiner Teil des Bürgerlichen Rechts, 15. neubearbeitete Aufl., Tübingen 1960.

*Emmerich*, Volker: Zulässigkeit und Wirkungsweise der Vollstreckungsverträge, ZZP 82 (1969), S. 417.

*Eppig:* Verwaltungsbeschränkungen und Verkehrsschutz bei der Zugewinngemeinschaft, Diss. München 1959.

*Erman*, Walter: Handkommentar zum Bürgerlichen Gesetzbuch, 5. Aufl., 1. und 2. Band, Münster/Westf. 1972.

*Ernst*, Liselotte: Schuld und Haftung bei der BGB-Gesellschaft, Diss. Heidelberg 1973.

*Esser*, Josef: Grundsatz und Norm in der richterlichen Fortbildung des Privatrechts, Tübingen 1956; zit.: Grundsatz.
— Schuldrecht, Bd. I Allgemeiner Teil, 4. neubearb. Aufl., Karlsruhe 1970; Bd. II Besonderer Teil, 4. neubearb. Aufl., Karlsruhe 1971.
— Möglichkeiten und Grenzen des dogmatischen Denkens im modernen Zivilrecht, AcP 172 (1972), S. 97.

*Eucken*, Walter: Grundsätze der Wirtschaftspolitik, Bern und Tübingen 1952.

*Fabricius*, Fritz: Zur Dogmatik des „sonstigen Rechts", AcP 160 (1961), S. 273.
— Relativität der Rechtsfähigkeit, München und Berlin 1963.
— Zur Haftung der BGB-Gesellschaft für unerlaubte Handlungen aus der Geschäftsführung von Gesellschaftern, in: Gedächtnisschrift für Rudolf Schmidt, S. 171, Berlin 1966; zit.: GD Schmidt.

*Feine*, Hans Erich: Die Gesellschaft mit beschränkter Haftung, in: Handbuch des gesamten Handelsrechts, hrsg. von Victor Ehrenberg, Dritter Band, III. Abteilung, Leipzig 1929.

*Fikentscher*, Wolfgang: Die Interessengemeinschaft, eine gesellschafts- und kartellrechtliche Untersuchung, 1966.
— Schuldrecht, 4. Aufl., Berlin, New York 1973.
— Zu Begriff und Funktion des „gemeinsamen Zwecks" im Gesellschafts- und Kartellrecht, in: Festschrift für Harry Westermann, Karlsruhe 1974; zit.: FS Westermann.

*Fischer*, Robert: Die Haftung des Gesellschafters für Schulden der offenen Handelsgesellschaft, Diss. Jena 1936.
— Die faktische Gesellschaft, NJW 1955, S. 849.
— Auseinandersetzung über Betriebsgrundstücke einer Personalgesellschaft nach Erbfällen, NJW 1957, S. 894.
— Die Personalhandelsgesellschaft im Prozeß, in: Festschrift für J. W. Hedemann, Berlin 1958, S. 75; zit.: FS Hedemann.
— Kollision zwischen Gesellschaftsrecht und ehelichem Güterrecht, NJW 1960, S. 937.

*Fitting*, Hermann: Das Reichs-Konkursrecht und Konkursverfahren, 3. Aufl., Berlin 1904.

*Flume*, Werner: Die Gesamthand als Besitzer, in: Freundesgabe für Hans Hengeler, 1972, S. 76; zit.: FS Hengeler.
— Der Inhalt der Haftungsverbindlichkeit des Gesellschafters nach § 128 HGB, in: Festschrift für Rudolf Reinhardt, S. 223, Köln 1972.
— Gesellschaft und Gesamthand, ZHR 136 (1972), S. 177.
— Gesellschaftsschuld und Haftungsverbindlichkeit des Gesellschafters bei der OHG, in: Festschrift für Alexander Knur, S. 125, München 1972; zit.: FS Knur.
— Die Rechtsnachfolge in die Mitgliedschaft in einer Personengesellschaft durch Übertragung der Mitgliedschaft, in: Festschrift für Karl Larenz, S. 769, München 1973; zit.: FS Larenz.
— Gesamthandsgesellschaft und juristische Person: in Festschrift für Ludwig Raiser, S. 27, München 1974.

*Flume*, Werner: Schuld und Haftung bei der Gesellschaft des Bürgerlichen Rechts, in: Festschrift für Harry Westermann, S. 119, Karlsruhe 1974; zit.: FS Westermann.

— Allgemeiner Teil des Bürgerlichen Rechts, Zweiter Band, Das Rechtsgeschäft, 2. Aufl., Berlin, Heidelberg, New York 1975.

*Frotz*, Gerhard: Verkehrsschutz im Vertretungsrecht, Tübingen 1966.

*Gadow*: Der Eintritt der Aktiengesellschaft in die vor ihrer Entstehung begründeten Rechtsverhältnisse, JJ 87 (1937/1938), S. 245.

*Ganßmüller*, Helmut: Die werbende Vor-GmbH, GmbHRdsch 1953, S. 116.

— Anmerkung zu OLG Hamburg Urt. vom 8. 7. 1955, GmbHRdsch 1955, S. 228.

— Die Vorgesellschaft auf mangelhafter Grundlage, DB 1955, S. 713.

*Gareis*, Karl: Das deutsche Handelsrecht, 8. Aufl., Berlin 1909.

*Gaul*, Hans F.: Das Rechtsbehelfssystem der Zwangsvollstreckung — Möglichkeiten und Grenzen einer Vereinfachung, ZZP 85 (1972), S. 251.

*Gernhuber*, Joachim, Lehrbuch des Familienrechts, 2. neubearb. Aufl., München 1971.

*Gierke*, Julius von: Handelsrecht und Schiffahrtsrecht, Zweiter Teil, 8. Aufl., Berlin 1958.

*Gierke*, Otto von: Genossenschaftstheorie und die Deutsche Rechtsprechung, Berlin 1887; zit.: Genossenschaftstheorie.

— Deutsches Privatrecht, I. Band, Allg. Teil und Personenrecht, Leipzig 1895, III. Band, Schuldrecht, Leipzig 1936.

— Vereine ohne Rechtsfähigkeit, 2. Aufl., Berlin 1902.

— Deutsches Privatrecht, III. Band, Schuldrecht, Leipzig und München 1917; zit.: DPR III.

*Godin / Wilhelmi*: Gesetz über Aktiengesellschaften und Kommanditgesellschaften auf Aktien, 2. Aufl. 1950.

*Grossfeld-Rohlff*: Anmerkung zu BGH Urt. vom 30. 3. 1967, JZ 1967, S. 705.

*Habscheid*, Walther J.: Der nichtrechtsfähige Verein zwischen juristischer Person und Gesellschaft, AcP 155 (1956), S. 375.

*Hachenburg* (-Bearbeiter): Kommentar zum Gesetz betreffend die Gesellschaften mit beschränkter Haftung, Band I, II, 6. Aufl., Berlin 1956/1959.

*Hackenbroch*, Rüdiger: Die Verpfändung von Mitgliedschaftsrechten in oHG und KG an den Privatgläubiger des Gesellschafters, Köln 1970.

*Hadding*, Walther: Actio pro socio, Die Einzelklagebefugnis des Gesellschafters bei Gesamthandansprüchen aus dem Gesellschaftsverhältnis, Marburg 1966.

*Haff*, Karl: Institutionen der Persönlichkeitslehre und des Körperschaftsrechts, Zürich 1918; zit.: Persönlichkeitslehre.

— Institutionen des deutschen Privatrechts, Basel 1927.

*Hanisch*, Hans: Rechtszuständigkeit der Konkursmasse. Die Wiederentdeckung selbständiger Rechtsbeziehungen der Konkursmasse in rechtsvergleichender Sicht, Frankfurt 1973.

*Hanke*, Wanda: Rechtsfähigkeit, Persönlichkeit, Handlungsfähigkeit, Berlin 1928.

## Literaturverzeichnis

*Hamburger,* Georg: Das Recht aus der Haftung und die Unmöglichkeit der Leistung, Diss. Berlin 1914.

*Hamel,* Walter: Die Rechtsnatur der offenen Handelsgesellschaft, Diss. Bonn 1928.

*Hauer,* Peter Jens: Rechtsnatur und Schuldinhalt der Haftung des Gesellschafters einer OHG nach § 128 HGB, Diss. Tübingen 1966.

*Haupt / Reinhardt:* Gesellschaftsrecht, 4. neubearb. Aufl., Tübingen 1952.

*Heim,* F. F.: Duldung der Zwangsvollstreckung, 1911.

*Heinemann,* Gustav: Die Verwaltungsrechte an fremden Vermögen, Gruchot 70 (1929), S. 496.

*Hellmann,* Friedrich: Lehrbuch des deutschen Konkursrechts, Berlin 1907.

*Hellwig,* Konrad: Prozeßhandlung und Rechtsgeschäft, in: Festgabe der Berliner jur. Fakultät für Otto v. Gierke, Bd. II, Breslau 1910, S. 41; zit.: FS Gierke.

*Hess:* Drittorganschaft bei Personengesellschaften des Handelsrechts, Diss. Freiburg 1971.

*Heymann,* Ernst: Die nichteingetragene Gesellschaft mit beschränkter Haftung im deutsch-ausländischen Rechtsverkehr, JJ 75 (1925), S. 408.

*Hölder,* Eduard: Natürliche und juristische Personen, Leipzig 1905.

*Hoffmann,* Hans-Joachim: Gesamthandsverpflichtungen bei der BGB-Gesellschaft ohne gesamtschuldnerische Haftung der Gesellschafter, NJW 1969, S. 724.

*Huber,* Ulrich: Vermögensanteil, Kapitalanteil und Gesellschaftsanteil an Personalgesellschaften des Handelsrechts, Heidelberg 1970, Heidelberger rechtsvergleichende und wirtschaftsrechtliche Studien, Bd. 2.

*Hübner,* Rudolf: Grundzüge des Deutschen Privatrechts, 5. Aufl., Leipzig 1930.

*Hueck,* Alfred: Das Recht der Offenen Handelsgesellschaft, 4. Aufl., Berlin 1971.

*Iber,* Hans: Der Inhalt der Gesellschaftsverbindlichkeit — Ein Problem aus dem Recht der OHG. Diss. Heidelberg 1956.

*Immenga,* Ulrich: Die personalistische Kapitalgesellschaft. Eine rechtsvergleichende Untersuchung nach deutschem GmbH-Recht und dem Recht der Corporations in den Vereinigten Staaten, Bad Homburg 1970.

*Isay,* Hermann: Schuldverhältnis und Haftungsverhältnis im heutigen Recht, JJ 48 (1904), S. 187.

*Jaeger,* Ernst: Die offene Handelsgesellschaft im Zivilprozeß, in: Festgabe der Leipziger Juristenfakultät für Dr. Rudolph Sohm, München und Leipzig 1915; zit.: FG Sohm.

— Konkursordnung, Kommentar, 8. Aufl., Berlin 1958 - 1973; zit.: Jaeger (Bearbeiter).

*Jahn,* Erhard: Die Haftung der Gesellschafter einer offenen Handelsgesellschaft, Diss. Hamburg 1957.

*Jahr,* Günther: Die gerichtliche Zuständigkeit für das Konkursverfahren und für die Entscheidung von Streitigkeiten, die mit dem Konkursverfahren zusammenhängen, ZZP 79 (1966), S. 347.

*Joerges,* Ernst: Zur Lehre von Miteigentum und der gesammten Hand nach deutschem Reichsrecht, ZHR 49 (1900), S. 140 und ZHR 51 (1902), S. 47.

*Jülicher,* Friedrich: Mehrheitsgrundsatz und Minderheitenschutz bei der Erbengemeinschaft. Zum Abschluß von Verpflichtungsgeschäften im Rahmen ordnungsmäßiger Verwaltung des Nachlasses, AcP 175 (1975), S. 143.

*Kasper,* Franz: Das subjektive Recht — Begriffsbildung und Bedeutungsmehrheit, Karlsruhe 1967.

*Kattausch,* Karl: Die Anteile der Miteigentümer und der Gesamthänder an den gemeinschaftlichen Sachen, Diss. Gießen 1911.

*Kaufmann,* Hannes: Das Eigentum am Gesellschaftsvermögen, München 1911.

*Kiehl:* Der Eintritt des sachlich Berechtigten in einen Prozeß, den ein Anderer kraft der ihm zustehenden Verfügungsmacht geführt hat, ZZP 30 (1902), S. 289.

*Kipp / Coing:* Erbrecht, 12. Bearb., Tübingen 1965.

*Kipp / Wolff:* Das Familienrecht, 7. Aufl., Marburg 1931.

*Kisch,* Wilhelm: Das Reichsgericht und der Parteibegriff, in: Die Reichsgerichtspraxis im deutschen Rechtsleben, Sechster Band, Berlin und Leipzig 1929, S. 15.

*Knoke,* Paul: Das Recht der Gesellschaft nach bürgerlichem Gesetzbuch, Jena 1901.

Kölner Kommentar zum Aktiengesetz, von Kurt Biedenkopf hrsg. von Wolfgang Zoellner, Köln, Berlin, Bonn, München 1970; zit.: (Bearbeiter)-Kölner Komm. AktG.

*Koetter,* Hans-Wilhelm: Handelsgesetzbuch, begr. von Ernst Heymann, 4. Aufl., Berlin, New York 1971.

*Kohler,* Josef: Lehrbuch des Konkursrechts, Stuttgart 1891.

— Die Handelsgesellschaft als juristische Person, ZHR 74 (1913), S. 456.

— Die offene Handelsgesellschaft als juristische Person, ZHR 74 (1913), S. 456 und ArchBürgR 40 (1914), S. 229.

*Kornblum,* Udo: Die Rechtsstellung der BGB-Gesellschaft und ihrer Gesellschafter im Zivilprozeß — Erkenntnisverfahren und Zwangsvollstreckung, BB 1970, S. 1445.

— Die Haftung der Gesellschafter für Verbindlichkeiten von Personengesellschaften, Frankfurt 1972.

*Koschaker,* Paul: Bedingte Novation und Pactum im Römischen Recht, in: Festschrift für Gustav Hanusek, Graz 1925, S. 118; zit.: FS Hanusek.

*Kreller,* Hans: Mehrheit von Gläubigern und Schuldnern, AcP 146 (1941), S. 97.

*Krückmann:* Verein, Verbindung, Gesellschaft, Korporation, Gruchot 37 (1893), S. 217.

*Krüger / Breetzke / Nowack:* Gleichberechtigungsgesetz, Kommentar, München und Berlin 1958.

*Kühne,* Gunther: Gläubigersicherung und Gesellschafterschutz im Rahmen der §§ 128, 129 HGB, ZHR 133 (1970), S. 149.

*Kunz*, Romano: Über die Rechtsnatur der Gemeinschaft zur gesamten Hand, Bern 1963.

*Laband:* Beiträge zur Dogmatik der Handelsgesellschaften. I Gesellschaft und juristische Person, ZHR 30 (1895), S. 469.

— Beiträge zur Dogmatik der Handelsgesellschaften. II Das Gesellschaftsvermögen, ZHR 33 (1885), S. 1.

*Lange*, Heinrich: Lehrbuch des Erbrechts, München und Berlin 1962.

*Lange*, Hermann: Verfügung und Auseinandersetzung bei der Erbengemeinschaft, JuS 1967, S. 453.

*Larenz*, Karl: Zur Lehre von der Rechtsgemeinschaft, JJ 83 (1933), S. 108.

— Allgemeiner Teil des Deutschen Bürgerlichen Rechts, 2. Aufl., München 1972; zit.: AT.

— Lehrbuch des Schuldrechts, Zweiter Band, Besonderer Teil, 10. Aufl., München und Berlin 1972.

*Lehmann*, Heinrich: Gesellschaftsrecht, 2. Aufl., Berlin, Frankfurt a. M. 1959.

*Lehmann*, Karl: Entgegnung (zu Kohler), ZHR 74 (1913), S. 462.

— Rezension von Ernst Jaeger, Die offene Handelsgesellschaft im Zivilprozesse, ZHR 78 (1916), S. 306.

*Lehmann / Dietz:* Gesellschaftsrecht, 3. Aufl., Berlin und Frankfurt 1970.

*Lehmann / Henrich:* Deutsches Familienrecht, 4. neubearb. Aufl., Berlin 1967.

*Lehmann / Hübner:* Allgemeiner Teil des Bürgerlichen Gesetzbuches, 16. Aufl., Berlin 1966.

*Lent / Friedrich:* Zur Lehre von der Partei kraft Amtes, ZZP 62 (1941), S. 129.

*Lent / Jauernig:* Zwangsvollstreckungs- und Konkursrecht, 12. Aufl., München und Berlin 1972.

*Leonhard*, Franz: Besonderes Schuldrecht des BGB, Zweiter Band, München und Leipzig 1931.

*Lieb*, Manfred: Abschied von der Handlungshaftung. Versuch einer Neubestimmung der Haftung aus Rechtsgeschäft im Gründungsstadium von Kapitalgesellschaften, DB 1970, S. 961.

*Löbl*, Rudolf: Geltendmachung fremder Forderungsrechte im eigenen Namen, AcP 129 (1928), 257.

*Löwisch*, Manfred: Der Deliktsschutz relativer Rechte, Berlin 1970.

*Lübtow*, Ulrich von: Insichgeschäfte des Testamentsvollstreckers, Zum Urteil BGHZ 30, 67, JZ 1960, S. 151.

— Erbrecht, Berlin 1971.

*Lutter*, Marcus: Zum Umfang des Sonderguts, AcP 161 (1962), S. 163.

*Makower*, Felix: Handelsgesetzbuch mit Kommentar, 13. Aufl., Band I, Berlin 1906.

*Mentzel / Kuhn:* Kommentar zur Konkursordnung, 7. neub. Aufl., Berlin und Frankfurt 1962.

*Merkert*, Erich: Der Gesellschafterwechsel im Gründungsstadium der GmbH, BB 1951, S. 322.

*Meyer-Arendt:* Die Gesellschafterhaftung bei der OHG, Diss. Köln 1951.

*Molitor,* Erich: Die Kündigung, 1935.

Motive zu dem Entwurfe eines Bürgerlichen Gesetzbuches für das Deutsche Reich, Amtliche Ausgabe, Berlin, Leipzig 1888.

*Mugdan:* Die gesammten Materialien zum Bürgerlichen Gesetzbuch für das Deutsche Reich, Berlin 1899.

*Müller-Erzbach,* Rudolf: Das private Recht der Mitgliedschaft als Prüfstein eines kausalen Rechtsdenkens, Weimar 1948.

*Müller-Freienfels:* Zur Lehre vom sogenannten „Durchgriff" bei juristischen Personen im Privatrecht, AcP 156 (1957), S. 522.

*Mülke,* Horst: Zur Verwaltungsbeschränkung des § 1365 Abs. I BGB, AcP 161 (1962), S. 129.

*Nagler,* Johannes: Die gesamte Hand im Gesellschaftsrechte (Ein Beitrag zum neudeutschen Gesellschaftsrechte), Sächs. ArchBürgR 10 (1900), S. 695.

*Nicknig,* Paul-Georg: Die Haftung der Mitglieder einer BGB-Gesellschaft für Gesellschaftsschulden, Berlin 1972.

*Niese,* Werner: Prozeßhandlungen und Verträge über Prozeßhandlungen, Diss. 1931.

*Nikisch,* Arthur: Zivilprozeßrecht, 2. erg. Aufl., Tübingen 1952.

*Nielsen,* Jens: Die Haftung der Gesellschafter der offenen Handelsgesellschaft für Handlungen und Unterlassungen, Diss. Kiel 1957.

*Nitschke,* Manfred: Die körperschaftlich strukturierte Personengesellschaft, Bielefeld 1970.

*Noack,* Wilhelm: Aktuelle Fragen der Zwangsvollstreckung gegen die offene Handelsgesellschaft, DB 1970, S. 1817.

— Die Gesellschaft bürgerlichen Rechts in der Zwangsvollstreckung, JR 1971, S. 223.

*Opitz,* Georg: Depotgesetz, 2. Aufl., Berlin 1955.

*Ott,* Claus: Typenzwang und Typenfreiheit im Recht der Personengesellschaft, Diss. Tübingen 1966.

*Otto,* Heinz G. C.: Die Haftung aus einem von der Vorgesellschaft aufgenommenen Geschäftsbetrieb, insbesondere gegenüber Arbeitnehmern, BB 1954, S. 572.

*Oertmann,* Paul: Bürgerliches Gesetzbuch, Allgemeiner Teil 3. Aufl., Berlin 1927; Recht der Schuldverhältnisse, 2. Abt., 5. Aufl., Berlin 1929.

*Palandt:* Bürgerliches Gesetzbuch, 34. neubearb. Aufl., München 1975.

*Paul,* W.: Ausschluß aus der zweigliederigen Vor-GmbH, NJW 1947/48, S. 417.

*Pawlowski,* Hans-Martin: Zum Verfolgungsrecht des Gerichtsvollziehers — Eine Kritik der Interessen- und Wertungsjurisprudenz, AcP 175 (1975), S. 189.

*Planck,* Gottlieb: Bürgerliches Gesetzbuch, Bd. 5, Berlin 1930; zit.: Planck-(Bearbeiter).

*Planitz,* Hans: Grundzüge des Deutschen Privatrechts, 3. Aufl., Berlin, Göttingen, Heidelberg 1949.

*Pleyer,* Klemens: Die Bedeutung von System und Dogmatik für Rechtsfragen des Massenverkehrs in der DDR, AcP 172 (1972), S. 155.

*Pohle,* Rudolf: Anmerkung zu KG Urt. v. 27. 10. 1960, JZ 1961, S. 175.

*Posch,* Martin: Neugestaltung des Kaufrechts, VEB Deutscher Zentralverlag, Berlin 1961.

Protokolle der Kommission für die 2. Lesung des Entwurfs des Bürgerlichen Gesetzbuches, Berlin 1898.

*Raape,* Leo: Das gesetzliche Veräußerungsverbot des BGB, Berlin 1908.

Reichsgerichtsrätekommentar-BGB, Das Bürgerliche Gesetzbuch, Kommentar hrsg. von Reichsgerichtsräten und Bundesrichtern, 11. Aufl., II Bd., 2. Teil, Berlin 1960; zit.: RGRK-BGB-(Bearbeiter).

Reichsgerichtsrätekommentar zum Handelsgesetzbuch, Zweiter Band, §§ 105 bis 177, §§ 335 - 342; Zweite Aufl., Berlin 1950; zit.: RGRK-HGB-Weipert.

Reichsgerichtsrätekommentar zum Handelsgesetzbuch, Großkommentar, 3. Aufl., neubearb. Zweiter Band, 1. Halbband, §§ 105 - 144, Berlin 1973; zit.: RGRK-HGB-Fischer.

*Reinecke,* Günter: Rückgriffshaftung bei der Vorbereitungsgesellschaft, AG 1962, S. 66.

*Reinhardt,* Rudolf: Gesellschaftsrecht, Tübingen 1973.

*Reinicke,* Dietrich: Verwaltungsbeschränkungen im Güterstand der Zugewinngemeinschaft und Gesellschaftsrecht, BB 1960, S. 1002.

*Rimmelspacher,* Bruno: Das Recht auf Übernahme des Gesellschaftsvermögens in einer Zweimann-Gesellschaft des Bürgerlichen Rechts, AcP 173 (1973), S. 1.

*Ritter,* Karl und Justus: Aktiengesetz, 2. Aufl., Berlin und München 1939.

*Rittner,* Fritz: Die werdende juristische Person, Tübingen 1973.

*Roquette:* Vollstreckungsverträge, ZZP 49 (1925), S. 160.

*Rosenberg / Schwab:* Zivilprozeßrecht, 10. neubearb. Aufl., München 1969.

*Rümelin,* Max: Zur Frage nach der Haftung der Mitglieder eines nicht rechtsfähigen Vereins, AcP 101 (1907), S. 361.

*Saenger,* August: Gemeinschaft und Rechtsteilung, Marburg 1913.

*Schafheutle,* Josef: Gesellschaftsbegriff und Erwerb in das Gesellschaftsvermögen, Mannheim, Berlin, Leipzig 1931.

*Scherf,* Dieter: Vollstreckungsverträge, Köln, Berlin, Bonn, München 1971.

*Scheyhing,* Robert: Anmerkung zu BGH Urteil vom 24. 10. 1962, JZ 1963, S. 477.

*Schlegelberger,* Franz: Aktiengesetz, 3. erg. u. erw. Aufl., Berlin 1939; zit.: Schlegelberger-(Bearbeiter).

— Handelsgesetzbuch, 4. und 5. Aufl., München 1960 - 1966, 1973.

*Schmidt,* Karsten: Liquidationszweck und Vertretungsmacht der Liquidatoren, AcP 174 (1974), S. 55.

*Schmitz,* Heinz-Emil: Rechtsnatur und Inhalt der Haftung des Gesellschafters einer offenen Handelsgesellschaft, Diss. Münster 1952.

*Schönfeld,* Walther: Zur Konstruktion der Offenen Handelsgesellschaft. Versuch einer juristischen Theorie der Rechtsperson, JJ 75 (1925), S. 333.

*Schönke / Baur:* Zwangsvollstreckungs-, Konkurs- und Vergleichsrecht, 9. neubearb. Aufl., Karlsruhe 1974.

*Scholz,* Franz: Die Haftung der Gründergesellschaft, JW 1938, S. 3149.

— Die Haftung der Handelnden in der Vor-GmbH, GmbHRdsch 1956, S. 3.

— Kommentar zum GmbH-Gesetz, 5. Aufl., Köln 1964.

*Schreiber,* Otto: Die Kommanditgesellschaft auf Aktien, München 1925.

*Schultze-von Lasaulx,* Hermann: Die Unechte Vorgesellschaft, JZ 1952, S. 390.

— Gedanken zur Rechtsnatur der sog. Vorgesellschaft. Zugleich ein Beitrag zur Frage nach den Grenzen rechtsschöpferischer richterlicher Gestaltung, in Festskrift Tillägnad Karl Olivecrona, Stockholm 1964, S. 576; zit.: FS Olivecrona.

— Zur Stellung des nichtrechtsfähigen Vereins im Handelsrecht, in: Festschrift für Alfred Schultze, Weimar 1934, S. 1.

*Schumann,* Hans: Zur Haftung der nichtrechtsfähigen Vereine, Köln, Berlin 1956.

*Schulze-Osterloh,* Joachim: Das Prinzip der gesamthänderischen Bindung, München 1972.

— Willensbildung in verschachtelten Rechtsgemeinschaften, in: Festschrift für Harry Westermann, Karlsruhe 1974, S. 541.

*Schwab,* Karl Heinz: Festschrift für Friedrich Lent zum 75. Geburtstag 6. 1. 1957, S. 286, München und Berlin 1957; zit.: FS Lent.

*Schwarz,* Gustav: Rechtssubjekt und Rechtszweck. Eine Revision der Lehre von den Personen, ArchBürgR 32 (1908), S. 12.

*Sellert,* Wolfgang: Zur Anwendung der §§ 831, 31 BGB auf die Gesellschaft bürgerlichen Rechts, AcP 175 (1975), S. 77.

*Serick,* Rolf: Rechtsform und Realität juristischer Personen. Ein rechtsvergleichender Beitrag zur Frage des Durchgriffs auf die Personen oder Gegenstände hinter der juristischen Person, Berlin und Tübingen 1955.

*Siber,* Heinrich: Zur Theorie von Schuld und Haftung nach Reichsrecht, JJ 50 (1906), S. 55.

— Das Verwaltungsrecht an fremdem Vermögen im Deutschen BGB, JJ 67 (1917), S. 81.

— Grundriß des deutschen Bürgerlichen Rechts, Bd. 2 Schuldrecht, Leipzig 1931.

— Haftung für Nachlaßschulden, Berlin und Leipzig 1937; zit.: Haftung.

*Sieveking:* Die Haftung des Gemeinschuldners für Masseansprüche, 1937 (Beitr. z. ZZP Heft 17).

*Simitis,* Spiros: Die Bedeutung von System und Dogmatik — dargestellt an rechtsgeschäftlichen Problemen des Massenverkehrs, AcP 172 (1972), S. 131.

*Soergel / Siebert:* Bürgerliches Gesetzbuch, 10. neubearb. Aufl., Stuttgart, Berlin, Köln, Mainz, Bd. 3 Schuldrecht II, 1969; Bd. 5 Familienrecht, 1971; Bd. 6 Erbrecht, 1974; zit.: Soergel-(Bearbeiter).

*Sohm*, Rudolph: Der Gegenstand, in: Festschrift für Hans Degenkolb, Leipzig 1905, S. 1.

— Vermögensrecht, Gegenstand, Verfügung, ArchBürgR 28 (1906), S. 173.

*Staudinger:* Kommentar zum Bürgerlichen Gesetzbuch, 11. neubearb. Aufl., I. Band, 1957; II. Band, Teil 1 b, 1961; Teil 4 hfg. 1, 1958; hfg. 2, 1959; III. Band, Teil 2, 1963; IV. Band, Teil 2, 1970; zit.: Staudinger-(Bearbeiter).

*Stein / Jonas:* Kommentar zur Zivilprozeßordnung, 19. Aufl., Tübingen 1972; zit.: Stein / Jonas-(Bearbeiter).

*Steinlechner*, Paul: Das Wesen der Juris communio und juris quasi communio. Eine civilistische Abhandlung: Revision der Lehre von der Teilbarkeit auf dem Rechtsgebiete, 1876; Zweite Abteilung: Das Miteigentum in seinen prinzipiellen Einzelbeziehungen, 1878.

*Sternberg*, Leo: Anm. zu KG Urt. JW 1928, S. 3055.

*Stoll*, Heinrich: Gegenwärtige Lage der Vereine ohne Rechtsfähigkeit, in: Die Reichsgerichtspraxis im deutschen Rechtsleben, Festgabe der juristischen Fakultäten zum 80jährigen Bestehen des Reichsgerichts, 2. Bd., Berlin und Leipzig 1929.

*Strohal*, Emil: Das deutsche Erbrecht auf Grundlage des Bürgerlichen Gesetzbuches, Bd. I und II, 3. Aufl., Berlin 1903/04.

— Schuldübernahme, JJ 57 (1910), S. 231.

*Sudhoff:* Kapitalbeteiligung und Einbringung bei der offenen Handelsgesellschaft und Kommanditgesellschaft, NJW 1956, S. 321.

*Teichmann / Koehler:* Aktiengesetz, 3. Aufl., Heidelberg 1950.

*Tiedtke*, Klaus: Gesamthand- und Gesamtschuldklage im Güterstand der Gütergemeinschaft, FamRZ 1975, S. 538.

*Tuhr*, Andreas von: Der Allgemeine Teil des Deutschen Bürgerlichen Rechts, Erster Band, Berlin 1910.

*Wagner*, Klaus: Gesellschaftsrecht, Göttingen 1970.

*Wahl*, Eduard: Vereinheitlichung des Handelsgesellschaftsrechts in der EWG, Bericht über das zweite gemeinsame Seminar der Juristischen Fakultäten von Montpellier und Heidelberg, 3. - 18. Mai 1970.

*Westermann*, Harm P.: Vertragsfreiheit und Typengesetzlichkeit im Recht der Personengesellschaften, Berlin, Heidelberg, New York 1970.

*Westermann*, Harry: Personalgesellschaftsrecht, BGB-Gesellschaft — OHG — KG, 2. Aufl., Münster 1973.

*Weyrich:* Das Verhältnis der Vorgesellschaft und Gründervereinigung zur Körperschaft nach deutschem Privatrecht, Diss., Frankfurt/Main 1931.

*Wieacker*, Franz: Societas, Hausgemeinschaft und Erwerbsgesellschaft, Untersuchungen zur Geschichte des römischen Gesellschaftsrechts, Weimar 1936.

— Zur praktischen Leistung der Rechtsdogmatik, in: Festschrift für Hans Georg Gadamer, Bd. II, S. 311, Tübingen 1970; zit.: FS Gadamer.

— Zur Theorie der Juristischen Person des Privatrechts, in: Festschrift für Ernst Rudolf Huber, S. 340, Göttingen 1973.

*Wieczorek*, Bernhard: Zivilprozeßordnung, Berlin 1957.

*Wieland,* Karl: Handelsrecht, Bd. I, Das kaufmännische Unternehmen und die Handelsgesellschaften, München/Leipzig 1921.

*Wilmowski,* G. von: Deutsche Reichs-Konkursordnung, 3. Aufl. 1885.

*Windscheid / Kipp:* Lehrbuch des Pandektenrechts, 9. Aufl., Band I, Frankfurt am Main 1906.

*Wolff,* Th.: Die Massegläubiger im Konkurse, ZZP 22 (1896), S. 207.

*Wolff,* Hans Julius: Organschaft und Juristische Person, Bd. I, Juristische Person und Staatsperson, Berlin 1933.

*Wörbelauer,* Herbert: Zum Begriff der Verfügung über das Vermögen im ganzen (§ 1365 BGB), NJW 1960, S. 793.

*Würdinger,* Hans: Die Theorie der schlichten Interessengemeinschaft, ZHR Beiheft 1, 1934.

— Gesellschaften, 1. Teil, Recht der Personalgesellschaften, Hamburg 1937.

*Zweigert / Kötz:* Einführung in die Rechtsvergleichung, Bd. I, Tübingen 1971.

## Schlagwortverzeichnis

Alleinverwaltung 104 ff.
Anteile 46, 52 f.
— bei der Gesamthand 62
— gegenstandsbezogene — 53 f.
— ideelle — 54, 56 f., 59
— Verfügung über — 68
Anwachsungsprinzip 138
Amtstheorie 37
Aufgliederungstheorie 51 f.
Aufhebung 67
Aufrechnung 25, 30, 136
Ausscheiden
— aller Gesamthänder 19, 138

Beendigung der Gütergemeinschaft 114
BGB-Gesellschaft 72 ff.
Berechtigung
— gemeinschaftliche 13 f., 45 ff.
Bruchteile 54 f.
Bruchteilsgemeinschaft 55 ff., 65 ff.

Direkterwerb 103
Dogmatik
— Aufgabe der — 12, 18 f.
Dualistische Theorie 13, 15, 16, 47, 79, 80, 112, 113
Durchgangserwerb 103

Erbenhaftung 31, 38

Fehlende Verfügungsmacht
— bei Alleinverwaltung 104 ff.
— bei gemeinschaftlicher Verwaltung 108 ff.
Funktionszusammenhang
— zw. Rechts- und Verpflichtungsträger 13, 44, 46, 72 f.

Gemeinschaftliche Verwaltung 108 ff.
Gesamtgutsverbindlichkeit 111 ff.
Gesamthand
— als Gesellschafter 74 (Fn. 35)
— als Rechtsträger 17, 45 f.
— als Verfügungsgemeinschaft 50
— als vermögensrechtlicher Verband 16
— personenrechtlicher Aspekt 11
— vermögensrechtlicher Aspekt 11
Gesamthandsklage 126, 128 f., 130
Gesamthandsschuld 15, 35, 65, 80, 122, 124, 131, 132, 133
Gesamthänderschuld
— s. Gesamtschuld
— mit beschränkter Haftung 23 ff.
Gesamthandstitel 125, 132
Gesamtschuld 18, 35, 66, 75, 76 ff., 80, 81, 84, 112, 123
Gesamtschuldklage 126, 129, 130
Gründungsgesellschaften 86 ff.
— echte 89 f.
— unechte 81 f.
— Rechtsnatur 89 (Fn. 124), 92 f.
Gütergemeinschaft 33, 98 ff.
— fortgesetzte — und Haftungsbeschränkung 31
— und Zwangsvollstreckung 34 f.
Gutgläubiger Erwerb 104 ff.

Haftung
— des Gesamtgutes 111 ff.
— Interessehaftung 15, 21 ff.
— persönliche (s. Gesamtschuld) 16, 25 ff.
— und Schuld 15, 21 ff.
Haftungsbeschränkung
— allgemein 15, 17, 23 ff.
— im Auseinandersetzungsverfahren 67 (Fn. 8)
— Beispiele 39 ff., 50
— Dogmatik der — 74 f., 82 ff., 91, 96, 97 f.
— gesetzliche 30 ff., 35 ff.
— im Konkurs 40, 42 f.
— Rechtsnatur 16, 30, 33, 44
— im Tenor — siehe dort
— nach Testamentsvollstreckung 39
— im Verfahrensrecht 39 ff., 40, 42 f., 44, 123
— vertragliche 27 ff.

— bei Zwangsverwaltung 37 (Fn. 66)
Haftungsformen 22, 29
Haftungsinhalt 15, 23 f.
Haftungsordnung 16 f., 26/27, 46, 80
Handlungsfähigkeit 17, 45 ff., 64, 65, 74, 80, 98 ff., 100, 101, 118

Idealverein 82
Identität
— von Rechts- und Verpflichtungsträger 13, 24 ff., 35, 37, 43, 45, 73, 111 ff., 113

Juristische Person 25 ff., 45 ff., 79

Kapitalanlagegesellschaft 60
Konkurs
— und Haftungsbeschränkung 40, 42 f.
Konkursvorrecht 18

Methodischer Ausgangspunkt 11, 45 (Fn. 1)
Mitgliedschaft
— Nießbrauch an der — 19
— Pfandrecht an der — 19
— als subjektives Recht 19

Nachlaßverwaltungsschuld 38
— und Haftungsbeschränkung 39
Nichtrechtsfähiger Verein 81 ff.

OHG 78 ff.

Parteifähigkeit 126 ff.
Passivprozeß 125
Personalgesellschaft
— und juristische Person 18, 45 ff.
Personenbegriff 46
Personengleichheit 136 f.
Privatvermögen
— Abgrenzung zum Sondervermögen 13, 15, 80
Prozeßvertrag
— vollstreckungsbeschränkender — 28 f.

Rechtserwerb
— bei gemeinschaftlicher Verwaltung 101
— bei Einzelverwaltung 103
Rechtsträgerschaft
— begriffliche Abgrenzung 45 ff.
— der Gütergemeinschaft 98 ff., 101, 118

— der Gesamthandstypen 72 f., 79, 120
— und Verfügungsmacht 13, 30, 44
— und Vermögenseinheit 24, 26, 27, 33, 73, 136 ff.
Rechts- und Verpflichtungsträger
— Funktionszusammenhang 13, 44
— Gesamthand als — 44, 17 f.
— Identität von — 13, 24, 35, 111 ff.

Sachabweisung 126, 132
Sammelverwahrung 60
Scheinvollmacht 104 ff.
Schuld
— und Haftung 15, 21 ff., 35, 66
— mit beschränkter Haftung 23 ff., 35, 80, 113
— s. auch Verpflichtung
Schuldbeitritt
— bei Alleinverwaltung 116 ff.
— der Ehegatten 113
— des Gesamtgutes 114 f.
— und Gütergemeinschaft 35, 111 ff., 119
— bei gemeinschaftlicher Verwaltung 111 ff.
— bei Vermögensübernahme 30, 67 (Fn. 8)
Schuldenordnung 15, 16, 17, 133
Schuldinhalt 15, 23 f., 32, 80
Schutz des Verwaltungsrechts 116, 118
— des Gesamtgutes 105 ff.
Sondergut 33 f.
Streitgenossenschaft 128, 129
Strukturmodell der Gemeinschaftlichkeit 55 ff., 61 ff.

Teilschuld 66, 123
Tenor und Haftungsvorbehalt 131, 132, 134 f.
Testamentsvollstreckung 36
— und Haftungsbeschränkung 39
Trennung von Rechtsträgerschaft und Verfügungsbefugnis 16, 30, 35, 36, 49 f.
— bei Testamentsvollstreckung 39 f., 50
— im Konkurs 40, 42, 50

Umwandlung 137

Verfügungsmacht und Rechtsträgerschaft 13, 16, 35
Verkehrsschutz 104 ff.

Vermögenssonderungen
— Arten 43 f.
— auf der Aktivseite 12, 13 f., 31 f., 39
— auf der Passivseite 12, 15 f., 33 f.
— vertragliche — 16, 27 ff.
— gesetzliche — 16, 33 f.
— im materiellen Recht 26, 39
— im Verfahrensrecht 27 ff., 30 ff., 39, 40, 44
— im Konkurs 43
— bei Testamentsvollstreckung 39
Vertretertheorie 37
Vertretungsmacht des Verwalters 36/37, 41 ff.
Verwaltung
— bei der Bruchteilsgemeinschaft 57 f.
— bei den Gesamthandstypen 57 f., 61 f., 98 f., 102 f., 120 f.

— ordnungsgemäße — 36, 41, 42
Vielheitsgedanke 16, 76, 123
Vollrechtsträgerschaft der Gesamthänder 47 ff.
Vollstreckungsbefugnis
— vertraglicher Ausschluß 27 ff., 30
— gesetzlicher Ausschluß 30 ff.
Vollstreckungsvereinbarung 28
Vorbehaltsgut 33 f.

Wirtschaftsverein 84
Wohnungseigentum 60

Zuordnungsfähigkeit 46 f.
Zwangsvollstreckung 124 ff.
— und Haftungsbeschränkung 30 f., 33, 35, 39
— und Schuldinhalt 23 ff.
— und Vermögenssonderung 44
Zweckwidmung 13 f., 32, 50, 136

Printed by Libri Plureos GmbH
in Hamburg, Germany